Matthias Heine

Kluge Wörter

Matthias Heine

Kluge Wörter

Wie wir den Bildungswortschatz nutzen können – und wo seine Tücken liegen

Dudenverlag
Berlin

Schwere Wörter – mots savants – inkpot words

Wer im englischen Sprachraum anzeigen will, dass er gebildet ist, der gebraucht das Wort *Bildungsroman*. Denn dieses Literaturgenre, das Goethe 1795 mit »Wilhelm Meisters Lehrjahre« prototypisch prägte, ist so deutsch, dass sich seine Bezeichnung offenbar nicht übersetzen lässt. Ganz offensichtlich ist in jener Zusammensetzung nicht der zweite Wortbestandteil das, was dem Übersetzer Probleme bereitet, denn *Roman* lässt sich einigermaßen verlustfrei mit *novel* ins Englische bringen. Sondern es ist der schillernde Begriff *Bildung*, der seit Wilhelm von Humboldt und den Weimarer Klassikern so sehr philosophisch und patriotisch aufgeladen ist, dass er gewissermaßen zu einem Baustein deutschen Nationalbewusstseins wurde. Als deutsche Intellektuelle im 19. Jahrhundert die französische Formel vom »Volk der Dichter und Denker« übernahmen, da taten sie das in der stolzen Überzeugung, dass hier die *Bildung* wahrhaft zu Hause sei.

Wer von der *Bildungssprache* und dem *Bildungswortschatz* berichten will, muss also zunächst klären, was überhaupt mit *Bildung* gemeint ist. Offensichtlich ist das Wort in den beiden genannten Zusammensetzungen nicht hundertprozentig bedeutungsgleich mit dem Gebrauch in Wörtern wie *Bildungsministerin*, *Bundesministerium für Bildung und Forschung* oder *Bildungspolitik*. Denn in diesen Bezeichnungen ist mit *Bildung* jede Art von schulischer, fachhochschulischer sowie universitärer Lehre und Ausbildung meist jüngerer Menschen gemeint. Doch nicht alle, die einen Schulabschluss, ein Fachhochschuldiplom oder einen universitären Grad unterhalb des Doktoren- oder Professorentitels haben, werden deshalb automatisch von ihren Mitmenschen als *gebildet* angesehen.

Bildung

Die Begriffsgeschichte des Wortes *Bildung* kann hier nicht ansatzweise nacherzählt werden. Das entsprechende, von dem Historiker Rudolf Vierhaus verfasste Kapitel im Standardwerk »Geschichtliche Grundbegriffe« umfasst 43 Seiten. Für uns genügt es, den Bildungsbegriff Wilhelm von Humboldts kurz zusammenzufassen. Denn was wir als *Bildung* ansehen und welche Menschen wir *gebildet* nennen, ist immer noch bestimmt von den Ansichten des Sprachwissenschaftlers, der zu Beginn des 19. Jahrhunderts das preußische Bildungssystem reformierte und für lange Zeit prägte. Auch für den hohen Stellenwert, den Bildung bis heute im deutschsprachigen Raum besitzt, ist Humboldt mitverantwortlich. Bildung war für ihn nicht die bloße Aneignung von nützlichem Wissen, sondern ein Prozess, in dem man die eigene Individualität und den eigenen Charakter ausbildet. Humboldt erklärt:

> Der wahre Zwek des Menschen – nicht der, welchen die wechselnde Neigung, sondern welchen die ewig unveränderliche Vernunft ihm vorschreibt – ist die höchste und proportionirlichste Bildung seiner Kräfte zu einem Ganzen.

Diese Selbstbildung diente keinem äußeren Ziel und konnte somit nicht einfach als beendet betrachtet werden, wenn man sich ein bestimmtes Maß an brauchbarem Wissen angeeignet hatte. Sie war, wie alles, was ganzheitlich ist, im Prinzip endlos. Dieses niemals als beendet zu betrachtende Streben erinnert nicht zufällig an das niemals abgeschlossene Ringen religiöser Menschen um die Erkenntnis von Gottes Willen und den eigenen Stand der Gnade. Das säkulare Bildungsideal trat an die Seite der religiösen Vervollkommnung, und mehr und mehr trat es auch an deren Stelle.

Doch so wie Humboldts Bildungsideal eine säkulare Religiosität war, wurde Bildung allmählich weiter säkularisiert, und der quasireligiöse Anspruch, mit dem der Begriff aufgeladen war, verdunstete mehr und mehr. Unterhalb der idealischen Sphäre Humboldts betrachtete man *Bildung*, die an den von Humboldt und seinen Schülern reformierten Gymnasien und Universitäten vermittelt wurde, nicht nur als eine Summe von Wissen und Fähigkeiten, sondern ebenso als einen Habitus, an dem sich die Absolventen solcher Einrichtungen erkannten.

Bildungssprache

Zu diesem Habitus gehört die *Bildungssprache*. Der Soziologie Pierre Bourdieu, der den Ausdruck → *Habitus* in den Bildungswortschatz einschleuste, zählt sie in seinem epochalen Werk »Die feinen Unterschiede« zum »symbolischen Kapital«; in diesem Sinne dient sie nicht zuletzt als Signal von Prestige und → *Distinktion*. Aus einer anderen Perspektive beschreibt der Linguist Gerhard Augst die Bildungssprache als

> Sprache des öffentlichen Diskurses, in dem akademisch gebildete Laien sich zur eigenen Lebensbewältigung mit den Problemen in der Welt auseinandersetzten. Sie übernehmen dabei auch, wo nötig, Fachsprache und lehnen sich in der Erkenntnisgewinnung und Argumentation an die Wissenschaftssprache an.

Bis um 1900 war die Bildungssprache geprägt durch Syntax und Semantik der klassischen Literatur wie der idealistischen Philosophie. Ihre Begriffe wurden häufig durch die »traditionsfortbildenden Geisteswissenschaften«, so der Philosoph Jürgen Habermas, und die Geschichtsschreibung vermittelt. Nach 1900 gelangte allmählich der Wortschatz eines neuen Wissens in die Bildungssprache, das die alten Traditionen zum Teil radikal infrage stellte, Beispiele hierfür sind Darwins Evolutionstheorie *(Selektion)* und die Psychoanalyse *(ödipal)*. Neue Wortschübe kommen seit den 1950er-Jahren aus der Lernpsychologie *(→ elaboriert)* und der Verhaltensforschung *(Konditionierung)* sowie in starkem Maße aus den Sozialwissenschaften *(→ Habitus, → Distinktion)* und der Linguistik *(→ redundant)*.

Daneben wird der Bildungswortschatz seit der zweiten Hälfte des 20. Jahrhunderts durch Wörter aus Naturwissenschaften und Technik in übertragener Verwendung verstärkt wie *Quantensprung, Big Bang, Epizentrum, → Lackmustest* oder *Transmissionsriemen*. Zudem werden manchmal dem Englischen entlehnte Wörter wie *Essentials* oder *Appeal* dem modernen Bildungswortschatz zugerechnet; deren Status ist aber noch ungesichert. Bezeichnenderweise nimmt Gerhard Augst in seine erklärende Wortliste fast nur Ausdrücke aus dem klassischen Bildungswortschatz auf. So beschränke auch ich mich auf Wörter aus diesem Bereich.

Bildungssprache ist nicht ausschließlich durch die Verwendung bestimmter Wörter gekennzeichnet. Sie ist genauso geprägt von komplexer Satzstruktur, Nominalphrasen, Verbalabstrakta, verstärktem Gebrauch des Passivs und korrekter Beherrschung der Konjunktivformen zur bewussten Markierung von Sprachebenen. Das Wesen der Bildungssprache ist Schriftnähe; selbst mündliche Vorträge sind erkennbar oft schriftlich ausgearbeitet.

Bildungswortschatz

Das markanteste Kennzeichen der Bildungssprache ist die Verwendung eines bestimmten Vokabulars. Gemeinsam ist den Wörtern des klassischen Bildungswortschatzes, dass sie sehr häufig dem sogenannten Eurolatein angehören – einem in vielen europäischen Sprachen ähnlich gearteten Repertoire lateinischer Wörter und lateinischer Wortbildungselemente. Darunter sind wiederum viele ursprünglich altgriechische Wörter, die aber in ihrer lateinischen Form und in lateinischer Schreibweise gebraucht werden.

Gerade bei diesen Graecolatinismen handelt sich sehr häufig um Lehnwörter, die zunächst in wissenschaftlichen Fachsprachen aufgenommen wurden *(→ Apologet)*, oder um neue Fremdwörter, die dort mit entlehnten Elementen gebildet wurden, aber keinerlei Entsprechung in den Ausgangssprachen Latein oder Griechisch hatten (→ *heterogen*). In die Allgemeinsprache gelangten sie schließlich mit einer erweiterten, oft metaphorischen Bedeutung. Der Politikwissenschaftler Kurt Sontheimer spricht dem beschriebenen Aneignungsprozess einen tatsächlich im besten Sinne bildenden Effekt zu. In dem folgenden Zitat geht es zwar um das Eindringen des vor allem sozialwissenschaftlich und linguistisch geprägten Wortschatzes der 68er-Generation in die Allgemeinsprache, aber was Sontheimer sagt, gilt genauso für den älteren Bildungswortschatz und seine Quellen:

> Aus dem neueren Theoriebewusstsein dringen die von ihm geprägten Wörter in die tägliche Sprechweise ein, verunsichern oft die hergebrachten Bedeutungsgehalte und verweisen, wenn sie einmal etabliert sind, auf das umfassende theoretische Gebäude, dem sie entlehnt sind.

Verwendung und Bewertung

Das Verb *verunsichern* im Zitat verweist darauf, dass die Verwendung solcher Wörter keineswegs immer positiv gesehen wird. Sie kann auch als Herrschaftsgeste einer Reflexionselite empfunden werden oder schlicht als angeberisches und ausschließendes Sprecherverhalten. Der Sprachphilosoph Friedrich Kambartel, für den Pragmatismus, Exaktheit sowie die Ablehnung von Formalismus bestimmend waren, urteilte hier besonders harsch. Seiner Meinung nach dienten die klugen Wörter weniger der Verständigung, sondern sollten vor allem »gruppen- bzw. schulbezogene Zustimmungs- oder Ablehnungsdispositionen signalisieren«:

> Sich im System der [...] bildungssprachlichen Formeln hinreichend gewandt bewegen zu können, bringt in der Öffentlichkeit ebenso wie im Bereich von Wissenschaft und Bildung Anerkennung und gehobene Positionen.

Selbst Wissenschaftler, die dieses Maximalurteil nicht teilen, sind sich einig, dass bildungssprachliche Wörter aus Prestigegründen oder in ideologischer Absicht zu bestimmten Zwecken missbraucht werden. Beispiele hierfür sind Imponiergehabe, Anzeigen des sozialen Aufstiegs sowie das Streben, Einstellungen des Gegenübers durch sprachliche Überrumpelung und Verschleierung zu beeinflussen.

Dieses Misstrauen gegenüber der Bildungssprache und gegenüber jedem, der kluge Wörter allzu häufig gebraucht, rührt von ihrer Exklusivität her. Denn Bildungssprache ist keineswegs jedem vertraut, der irgendeinen Bildungsgang abschließt, für den die Bildungspolitik und die Bildungsministerien zuständig sind. Gerhard Augst berichtet, der Anlass für sein Buch über Bildungssprache sei gewesen, dass sich Studenten über die Verwendung ihnen zunächst unverständlicher Wörter, die nicht im eigentlichen Sinne zur Fachsprache ihres Studiengebietes gehören, beschwert hätten. Einige hätten sogar Glossare mit solchen Ausdrücken angelegt, um ihre akademischen Lehrer zu verstehen. Selbst der Abschluss eines Studiums lässt dem Akademiker die

Bildungssprache und den Bildungswortschatz nicht in gleichem Maße geläufig werden.

Wie Augst auszählt, werden Wörter aus dem Bildungswortschatz besonders häufig in den Feuilletons der drei von ihm untersuchten Intelligenzblätter »Spiegel«, »Zeit« und »Frankfurter Allgemeine« verwendet. Spitzenreiter ist hier – wenig überraschend – die oft als »Lehrerblatt« bezeichnete »Zeit«, gefolgt von »FAZ« und »Spiegel«. Die Häufung im Feuilleton weise darauf hin, dass Bildungswortschatz vor allem bei geistes-, kultur- und sozialwissenschaftlichen Themen gebraucht werde. Augsts Beobachtungen werden durch Recherchen für das vorliegende Buch bestätigt. Allerdings stellt er auch in der sich an Ingenieure richtenden Zeitschrift »VDI-Nachrichten« einen Anteil an Bildungswortschatz fest, der auf dem Niveau von »FAZ« und »Zeit« liegt und deutlich über dem des »Spiegels«. Noch einmal mehr als doppelt so viele bildungssprachliche Wörter findet Augst erwartungsgemäß auf den Seiten der »Mitteilungen des deutschen Germanistenverbands«.

Die enge Verbindung zwischen den Geisteswissenschaften und der Bildungssprache wird nicht zuletzt dadurch bestätigt, dass sich im Individualstil von Geistesriesen jener Fachgebiete einschlägige Ausdrücke auffällig häufen. So hätte ich Gebrauchsbeispiele für dieses Buch nahezu ausschließlich mit Belegen aus den Werken von Max Weber, Ernst Troeltsch, Arnold Gehlen, Theodor W. Adorno, Jürgen Habermas und Niklas Luhmann bestreiten können. Sie bestätigen damit Augsts Definition, beim Bildungswortschatz handele es sich um »sprachliche Ausdrücke für die systematische kognitive Auseinandersetzung mit sich und der Welt«.

Genau dafür wird die Bildungssprache von Jürgen Habermas in einem wegweisenden Vortrag von 1977 geradezu als Transportmittel der Aufklärung gefeiert:

> Wissensfortschritte setzen sich im alltäglichen Bewusstsein dadurch fest, daß Termini [...] aus einer Wissenschaftssprache in den mündlichen Sprachgebrauch übernommen werden.

Dem sozialwissenschaftlichen und linguistischen Vokabular, das damals in die Bildungssprache eingeführt wurde, traut der Philosoph sogar bewusstseinsverändernde Wirkung zu: »Eine Theoretisierung der Bildungssprache untergräbt das Bewußtsein praktischer Gewißheiten.«

In eine ähnliche Richtung weist der kanadische Pädagoge Jim Cummins, für den Bildungssprache – neben Wissenschaftssprache und Schulsprache – zum Komplex der »Cognitive Academic Language Proficiency« – kurz CALP – gehört. Die deutschen Forscher Peter Koch und Wulf Oesterreicher nennen diese Register »Sprache der Distanz«. »Distanz« ist hier jedoch nicht im Sinne von → *Distinktion* gemeint, sondern als Mittel der Objektivierung. Dabei tritt man sprachlich einige Schritte zurück, um Abstand zur alltäglichen Erfahrungswelt, zur Gewohnheit und zum gesunden Menschenverstand zu gewinnen, damit sich die Dinge kälter und klarer sehen lassen.

Bildungssprachen im Wandel

Nicht jedes bildungssprachliche Wort funktioniert so und nicht alle gelangten nach dem oben beschriebenen Schema in die deutsche Bildungssprache. Vor allem die französischen Wörter, die nach den Graecolatinismen die größte Gruppe des klassischen deutschen Bildungswortschatzes bilden, nahmen nicht immer den Weg über Wissenschafts- und Fachsprachen, sondern wurden direkt aus der Bildungssprache des Nachbarlandes in unsere übernommen.

Dieser Prozess setzte ein, als Französisch das für mehr als

1000 Jahre führende Latein als Bildungssprache westeuropäischer Eliten bedrängte und teilweise sogar ablöste. Das Wort *Bildungssprache* bezeichnet nämlich keineswegs immer nur eine bestimmte Stilebene, Gruppensprache oder Varietät im Rahmen der inneren Mehrsprachigkeit, etwa des Deutschen. Vielmehr kann die Bildungssprache eines Landes oder eines Kulturkreises tatsächlich auch eine ganz andere Fremdsprache sein, die nur Eliten zur Kommunikation nutzen. So war Griechisch in der Antike die Bildungssprache der gesamten hellenistischen Welt. Dann diente Latein spätestens ab der sogenannten karolingischen Renaissance bis zur frühen Neuzeit als Bildungssprache Westeuropas. Und vom 17. bis zum 19. Jahrhundert war Französisch die Bildungssprache ganz Europas – man denke nur an die französischen Dialoge russischer Adeliger auf den ersten Seiten von Lew Tolstois »Krieg und Frieden«.

Ob dieser Status in der Gegenwart durch das Englische eingenommen wird, scheint mir zweifelhaft. Englisch zu können, ist heute eine ubiquitäre (→ *ubiquitär*) Fähigkeit wie Lesen und Schreiben, kein besonderes Bildungssignal. Es ist eine Lingua Franca, keine Bildungssprache. Anglizismen werden trotz des Status, den Englisch als internationale Wissenschaftssprache einnimmt, von vielen sprachbewussten Menschen nicht als gebildet empfunden, sondern oft als lächerlich, wichtigtuerisch oder verschleiernd und geradezu dümmlich – vor allem, wenn sie sich unverhältnismäßig häufen wie in der Sprache der Werbung oder im Businessjargon. Anglizismen gelten nur dann als unbestreitbar »bildungssprachlich«, wenn sie – wie → *redundant*, → *Narrativ* oder → *dysfunktional* – neu gebildete Fremdwörter auf Basis der klassischen Bildungssprachen Griechisch und Latein sind.

gehoben versus bildungssprachlich

Die Erinnerung an jene Bedeutung von *Bildungssprache* – »Fremdsprache, in der die gebildeten Eliten eines Landes kommunizieren« – hilft bei der Differenzierung zwischen einerseits Bildungswortschatz und andererseits Vokabular, das dem »gehobenen« Sprachgebrauch angehört. In der Zuordnung sind sich nämlich die verschiedenen Wörterbücher wie das DWDS, der Duden und der leider nicht mehr fortgeführte »Wahrig« nicht immer einig. »Gehoben« nennt das Duden-Synonymwörterbuch »Wörter, die bei feierlichen Anlässen und gelegentlich in der Literatur verwendet werden (z. B. *Brodem* für *Dunst*, *anheimgeben* für *überlassen*)«. Als »bildungssprachlich« werden dort definiert: »Wörter (meist Fremdwörter), die eine hohe Allgemeinbildung voraussetzen (z. B. *Koryphäe* für *Experte/Expertin*, *äquivalent* für *gleichwertig*)«. Mir scheint der Hinweis auf die Fremdwörter entscheidend. »Gehobene« Wörter gehören überwiegend zum deutschen Stammwortschatz, während »bildungssprachliche« Wörter zumeist auf die älteren Bildungssprachen Griechisch, Latein und Französisch zurückgehen.

Auswahl in diesem Buch

Von diesem Prinzip lasse ich mich auch bei der Auswahl der Wörter in diesem Buch leiten. Außerdem bevorzuge ich erklärungsbedürftige Wörter gegenüber solchen, die allgemein bekannt sind. Ein Kriterium für die Aufnahme ist zudem, wenn sich anhand des jeweiligen Wortes ein besonderes Stück Kulturgeschichte nacherzählen lässt. Oder wenn es stellvertretend für einen Einfluss, eine Quelle oder eine Epoche der deutschen Bildungssprache steht. Auf diese Weise ergibt sich zwar kein vollständiges Register – der aktuell noch im Duden-Universalwörterbuch verzeichnete einschlägige Wortschatz umfasst mehrere Tausend Wörter –, aber doch eine beispielhafte Auswahl interessanter Ausdrücke und Wendungen des deutschen Bildungswortschatzes, die seine Geschichte, Gebrauchsweisen, Tendenzen und Tücken anschaulich machen sollen.

Für alle im Folgenden aufgeführten *schweren Wörter* – so der Titel eines Werks von Gisela Zifonun und Gerhard Strauß über die Semantik solcher Wörter –, die man auf Französisch *mots savants* (›kluge/weise Wörter‹ – davon leitet sich auch der Titel dieses Buchs ab) oder auf Englisch *inkpot words* (›Tintenfasswörter‹) nennt, ist jedoch immer wohlwollend zu bedenken, dass sie in erster Linie dazu dienen, sich der Welt auf eine besondere Weise zu vergewissern.

ab ovo

Wer Lateinkenntnisse hat, könnte auf die Idee kommen, dieser Ausdruck, der wörtlich ›vom Ei an‹ bedeutet, verweise auf den ewigen Streit, ob erst das Huhn oder erst das Ei da war. Die Fakten sind aber komplizierter – und interessanter. Eine Erklärung verweist zum Beispiel auf die ausgedehnten römischen Gastmähler, die mit Eiern begannen und mit einem Früchtegang endeten, also *ab ovo usque ad mala* dauerten – ›vom Ei bis zu den Äpfeln‹. Ein anderer möglicher Ursprung ist eine Stelle in der literaturtheoretischen Schrift »Ars Poetica« des römischen Dichters Horaz. Dort gilt als guter Autor, wer sofort *in medias res* (›mitten ins Geschehen‹) geht und seine Geschichte nicht *ab ovo* erzählt. Horaz bezieht sich dabei auf das Vorbild Homers, der in seiner »Ilias« die Geschichte des Trojanischen Krieges im neunten Jahr beginnt. Erst viel später erfährt der Leser, wie die kriegsauslösende schöne Helena und ihr Zwillingsbruder aus Eiern schlüpften, die ihre Mutter Leda geboren hatte, nachdem Zeus sie in der Gestalt eines Schwans geschwängert hatte.

In der Bedeutung ›von Anfang an‹ gelangte die Wendung *ab ovo* zu Beginn des 17. Jahrhunderts ins Deutsche. In der Übersetzung einer Sammlung von »Diebs-Historien« über »Beutelschneider« und ihre Spießgesellen des Franzosen François de Calvi steht 1627 der Satz: »Last uns anfangen ab ovo, vom Ey / wie die Latiner zu reden pflegen / und last uns die Historien von jhrem anfang recht erzehlen.«

Die Phrase *ab ovo* drückt jedoch nicht nur Gründlichkeit und Systematik aus, sondern kann – wie schon beim Dichter Ovid – ebenso allzu große Umständlichkeit beschreiben. In Gerhart Hauptmanns Drama »Die Ratten« etwa gehört sie zu den vielen lateinischen Wendungen, mit denen Harro Hassenreuter seine Rede würzt: Damit möchte der verkrachte Theaterdirektor seine

Bildung herausstreichen, verrät sich aber unbeabsichtigt als verknöcherter Pedant.

In diesem Buch bildet *ab ovo* nicht nur alphabetisch den Auftakt. Die Redensart steht zugleich stellvertretend für all die lateinischen Wendungen und Mehrwortlexeme, die uns die Antike, das mittelalterliche Kirchenlatein und die Renaissance bescherten: Es sind so viele, dass sie dieses Buch leicht auf den doppelten Umfang aufblasen könnten. *Sub specie aeternitatis* wäre vielleicht wünschenswert, doch *quod licet jovi, non licet bovi*. Ich muss *nolens volens* auf sie verzichten, gewiss nicht *sine ira et studio*, aber es gilt nun mal auch hier: *Habent sua fata libelli.*

abundant

Das Adjektiv, das sich mit ›häufig (vorkommend), reichlich‹ umschreiben lässt, ist das noch gebildetere Gegenstück zu → *redundant*, mit dem es allerdings auch Bedeutungsüberschneidungen aufweist. Beide werden unter anderem genutzt, um bildungssprachlich auszudrücken, dass etwas überflüssig sei. *Abundant* ist jedoch älter: Seit dem späten 17. Jahrhundert taucht das Wort, das aus lateinisch *abundans* (›überflutend, übermäßig‹) abgeleitet ist, in deutschsprachigen Texten auf. So informiert 1715 das »Frauenzimmer-Lexicon« von Gottlieb Siegmund Corvinus zum Thema Carfiol (›Blumenkohl‹): »Bey Manns-Personen stimuliret er Venerem, und vermehret derer Frauens-Personen fluorem album, weil er allzu abundant nutriret.« Übersetzt heißt das so viel wie: ›Bei Männern regt das Gemüse die Potenz an, und bei Frauen führt er zu vermehrtem Vaginalausfluss, weil es allzu nahrhaft ist.‹ Dieser wichtige Ernährungshinweis ist natürlich keineswegs *abundant*.

Adept

Heute wird das Wort vorwiegend in der Bedeutung ›Jünger, Schüler, Bewunderer‹ gebraucht, manchmal auch analog zu ›Nachahmer‹. Doch ursprünglich bezeichnete *Adept* eine Person, die – im Gegensatz zu Anfängern oder Außenstehenden – in einen Kult, eine Kunst oder eine Wissenschaft eingeweiht war. Dies entspricht dem Sinn der aufklärerischen Maxime, die Christoph Martin Wieland in seinem Buch »Sympathien« mit dem englischen Untertitel »As soul approaches soul« aus dem Jahr 1756 zusammenfasst: »Verbreite die Wahrheit, welche kein Geheimnis unter etlichen wenigen Adepten seyn soll, über alle Arten von Ständen und Menschen.« Auch in Goethes »Faust« sind nicht etwa Schüler gemeint, wenn der Doktor über seinen Vater berichtet:

Mein Vater war ein dunkler Ehrenmann,
Der über die Natur und ihre heilgen Kreise,
In Redlichkeit, jedoch auf seine Weise,
Mit grillenhafter Mühe sann.
Der, in Gesellschaft von Adepten,
Sich in die schwarze Küche schloss,
Und, nach unendlichen Rezepten,
Das Widrige zusammengoss.

Das Wort kam um 1700 in der Form *Adeptus* aus dem Lateinischen ins Deutsche. Nach 1800 herrscht dann ausschließlich die eingedeutschte, verkürzte Form *Adept* vor. *Adeptus* ist die substantivierte Form des Partizip Präteritum *adeptus*, das zum lateinischen Verb *adipisci* (›erringen, geistig erfassen‹) gehört.

Zu den *Adepten*, die das Wort im 20. Jahrhundert noch gebrauchten, zählten Elias Canetti und Thomas Mann, der 1930 seine Autobiografie »Lebensabriß« wie folgt beginnt:

> Ich bin geboren am Sonntag, den 6. Juni 1875, mittags zwölf Uhr. Der Planetenstand war günstig, wie Adepten der Astrologie mir später oft versicherten, indem sie mir auf Grund meines Horoskops ein langes und glückliches Leben verhießen.

Hier ist das Wort eindeutig noch im älteren Sinne von ›Spezialist‹ gemeint, von dem das Duden-Universalwörterbuch heute sagt, er sei »früher« üblich gewesen.

affirmativ

Das Wort, das ›bejahend, bestätigend‹ bedeutet, ist – als Gegenbegriff zu *kritisch* – ein zentraler Ausdruck des Jargons jener Linken, die man gemeinhin etwas unscharf als die »68er« bezeichnet. Verantwortlich dafür waren möglicherweise Max Horkheimer und Theodor W. Adorno, die in ihrer erstmals 1944 veröffentlichten »Dialektik der Aufklärung«, einem Hausbuch der kritischen Theorie, über die christlichen Kirchen und ihre Heilsversprechen urteilen: »Darin liegt ihre Unwahrheit: in der trügerisch affirmativen Sinngebung des Selbstvergessens.«

In den Jahren, die auf die Neuauflage der »Dialektik« 1969 folgten, etablierte sich *affirmativ* dann als Terminus der Kultur- und Gesellschaftskritik. Bei damals viel gelesenen marxistischen Denkern wie dem Kunsthistoriker Otto Karl Werckmeister oder dem Soziologen Claus Offe galt es schlimmster Vorwurf, *affirmativ* gegenüber den bestehenden Verhältnissen zu sein. In Texten wie Werckmeisters »Von der Ästhetik zur Ideologiekritik« oder Offes »Strukturprobleme des kapitalistischen Staates« wird das Verdammungsurteil freigiebig über die nicht marxistische Kultur, Kunst und Philosophie gefällt – von Kant bis Hollywood. Niklas

Luhmann beschreibt diese Etablierung des Wortes Jahrzehnte später in »Die Theorie der Gesellschaft«:

> In der Nachfolge des Ideologiestreites des 19. Jahrhunderts, den man eigentlich vermeiden wollte, wurde die Paradoxie der Kommunikation über Gesellschaft in der Gesellschaft in Theoriekontroversen aufgelöst mit Formeln wie strukturalistisch/prozessualistisch, Herrschaft/Konflikt, affirmativ/kritisch oder gar konservativ/progressiv.

Seit den 1960er-Jahren steigt die Gebrauchshäufigkeit von *affirmativ* nachweisbar an; heute gehört es zum allgemeinen Bildungswortschatz. Vorher, ab dem 16. Jahrhundert, war *affirmativ*, das von lateinisch *affirmativus* abgeleitet ist, ein neutraler Begriff im Spezialistenwortschatz von Philosophie, Staatstheorie und Rechtssprache, der dort wie *positiv* als Gegenwort zu *negativ* eingesetzt werden konnte und in Linguistik und Logik auch noch so eingesetzt wird. Es gab dazu sogar ein heute → *obsolet* gewordenes feminines Substantiv *Affirmative* (›Bestätigung‹), das noch Otto von Bismarck verwendete.

Ägide

In einer rein veganen Sprache käme das Wort nicht vor, denn es ist aus Leder hergestellt. *Ägide* geht zurück auf den bei den Griechen *aigis* genannten ledernen Schild, den Athene und Zeus am linken Arm trugen, um mit der Rechten Feinde bekämpfen oder Blitze schleudern zu können. Einer Theorie zufolge stellte man sich den Schild entweder aus Ziegenleder angefertigt oder mit Ziegenfell bespannt vor; in diesen Fällen wäre das Wort mit dem griechischen Substantiv *aix* (›Ziege‹) verwandt. Schon die Griechen vermuteten einen solchen etymologischen Zusammenhang, und einer Sage zufolge war der *aigis* des Zeus unter anderem aus dem Fell der Ziege gefertigt, die den Göttervater als Kleinkind genährt hatte. Als die Römer das Wort übernahmen, wurde es zu *aegis* (›Schirm, Schutz, Schild‹), und von dessen Genitivform *aegidis* ist unser Wort abgeleitet.

In den frühen deutschen Belegen hat das Wort häufig noch dieselbe Bedeutung wie schon bei den alten Griechen. In seinem »Physiognomischen Tagebuch« von 1778 rät der aufgeklärte Schriftsteller Johann Karl August Musäus allen Tugendhaften:

> Kein sorgsamer Gedanke, eines deiner Tugend auflauernden Hinterhaltes schrecke dich auf aus deinem Schlummer; sie dekt dich selbst mit ihrer Aegide, und schützt dich sicherer vor den Pfeilen der Versuchung, als ein eisernes Gitterbett nebst Schloß und Riegel.

Doch wie in den alten Sprachen wird das Wort im Deutschen von Anfang an auch übertragen im Sinne von ›(Ober-)Herrschaft, Führung, Leitung, Schirmherrschaft‹ verwendet. So lässt der Dichter Klabund in seinem Theaterstück »Der Kreidekreis«, das viel unbekannter ist als das ähnlich benannte, von Klabund angeregte Drama Bertolt Brechts, einen Soldaten sagen: »Der Weg nach Peking, wo der neue Kaiser in eigner himmlischer Person den ersten Hinrichtungen seiner Ägide beizuwohnen geruhen wird, ist noch weit.« Früher konnte *Ägide* auch ›Schein, Vorwand, Deckmantel‹ bedeuten. In diesem Sinne gebrauchten es noch Christoph Martin Wieland und Annette von Droste-Hülshoff.

Agonie

In einem Buch über schwierige Wörter, deren Bedeutung nicht jedermann geläufig ist, die aber von Unberufenen gerne gebraucht werden, um sich den Anschein von Bildung und Weltläufigkeit zu geben, darf Karoline Stöhr nicht fehlen. In Thomas Manns Roman »Der Zauberberg« ist die Musikergattin aus Cannstatt über viele Jahre eine Tischgenossin von Hans Castorp im Sanatorium Berghof. Der junge Mann und sein Cousin Joachim sind allerdings abgrundtief erschüttert von ihrer Banalität und Dummheit:

> Karoline Stöhr war entsetzlich. Wenn irgend etwas den jungen Hans Castorp in seinen redlich gemeinten geistigen Bemühungen störte, so war es das Sein und Wesen dieser Frau. Ihre beständigen Bildungsschnitzer hätten genügt. Sie sagte »Agonje« statt Todeskampf; »insolvent«, wenn sie jemandem Frechheit zum Vorwurf machte.

Vorbild für Karoline Stöhr war eine Frau namens Emma Stöhr aus dem heute zu Stuttgart gehörenden Cannstatt, die Katia Mann 1912 während eines durch Bronchienschwäche erzwungenen Kuraufenthalts in Davos kennengelernt hatte und auf die sie ihren Mann während eines Besuchs aufmerksam machte. Gelegenheit, »Agonje« zu sagen, gab es im Berghof und ähnlichen Einrichtungen reichlich: Einer Statistik zufolge starben 70 Prozent der Patienten in den Davoser Kliniken innerhalb von zehn Jahren nach Beginn ihres ersten Aufenthalts.

Das Wort *Agonie* taucht in der lateinischen Form *Agonia* mit der Bedeutung ›äußerste Angst, Todeskampf‹ seit dem 16. Jahrhundert in deutschen Texten auf. Das lateinische Wort geht zurück auf das griechische Wort *agonia* (›Kampf, Anstrengung‹), von dem auch das bildungssprachliche deutsche Adjektiv *agonal* (›wettkampforientiert‹) hergeleitet ist. Die heutige Schreibweise

Agonie setzte sich im 18. Jahrhundert unter dem Einfluss des französischen *agonie* gegen die ältere Form durch. Rilke zum Beispiel erzählt in den »Aufzeichnungen des Malte Laurids Brigge« vom unterbrochenen Todeskampf des »heiligen Jean de Dieu, der in seinem Sterben aufsprang und gerade noch zurechtkam, im Garten den eben Erhängten abzuschneiden, von dem auf wunderbare Art Kunde in die verschlossene Spannung seiner Agonie gedrungen war«.

In einem weitaus weniger wunderbaren und tröstenden Sinn steht das Wort 1942 bei Victor Klemperer in seinen Tagebüchern aus der NS-Zeit, deren Endphase er mit seiner Frau in einem sogenannten Judenhaus auf die Deportation wartend verbringen musste. Hier hat es die Bedeutung ›Todesangst‹: »Noch eine Woche dieser Agonie, dann kommt das zweite Judenhaus an die Reihe.« Am häufigsten liest man aber die Wendung *in Agonie liegen*, die in Medien gern auf verfallende Imperien, im Niedergang befindliche Parteien, erfolglose Wirtschaftsunternehmen und Ähnliches bezogen wird.

Ambiguität

Jesus Christus war ein Freund klarer Worte: »Eure Rede aber sei: Ja, ja; nein, nein. Was darüber ist, das ist vom Übel«, schärfte er seinen Zuhörern in der Bergpredigt ein. Kein Wunder also, dass Doppeldeutigkeit den Kirchen als verdächtig galt. Als dafür im 16. Jahrhundert das aus dem Genitiv *ambiguitatis* zu lateinisch *ambiguitas* entlehnte Wort in das gelehrte Deutsch gelangte, nutzten es vor allem Theologen, die ihren Gegnern Zweideutigkeit unterstellen wollten.

Auch in der Sprache des Rechts war Eindeutigkeit ein äußerst erstrebenswertes Ziel, und daher war die zweite Spezialistengruppe, bei der man *Ambiguität* im 16. und 17. Jahrhundert häufiger lesen konnte, die der Juristen. So berichtet 1688 der Staatsrechtler Samuel von Pufendorf, dass die schwedische Gesandtschaft bezeugt habe, wie eine Stelle im Westfälischen Friedensvertrag von 1648 auszulegen sei, um »ins künftige alle Gelegenheit zu Ambiguität und Streite zu vermeiden«. Im 18. Jahrhundert findet man das Wort dann seltener, bevor es im 19. Jahrhundert unter dem Einfluss von französisch *ambiguité* in der Philologie wieder häufiger gebraucht wurde, um sprachliche Doppeldeutigkeit auszudrücken.

In diesem Sinn verwendet den Terminus auch die moderne Linguistik, und von dort ausgehend wurde die *Ambiguität* seit den 1970er-Jahren nachgerade zum Modewort. Wer sich noch abheben will, muss das Verb *ambigieren* (›schwanken, unsicher sein‹) oder das fast ebenso seltene Adjektiv *ambig* (›doppeldeutig‹) ins Spiel bringen. Oder man benutzt das vermutlich von englisch *ambiguous* beeinflusste Adjektiv *ambiguos*, das nahezu ausschließlich bei Thomas Mann belegt ist, von ihm aber offenbar besonders geschätzt wurde. Im »Doktor Faustus« lässt er Adrian Leverkühn postulieren: »Wahre Leidenschaft gibt es nur im Ambiguosen und als Ironie.« Und über den »Zauberberg« schreibt Mann 1953 ironisch an den Germanisten Eberhard Hielscher: »Es geht ›ambiguos‹ dabei zu, daran ist kein Zweifel – ähnlich, mit Verlaub, wie bei Goethe. Der war auch immer ambiguos.« Das Wort *Ambiguitätstoleranz* wurde übrigens 2023 in das digitale Wörterbuch Duden online aufgenommen.

Anathema

Auch dieses aus dem Lateinischen entlehnte Substantiv mit dem Genus Neutrum hat, wie so viele Wörter des Bildungswortschatzes, einen griechischen Ursprung. In beiden antiken Sprachen meinte *anathema* ›Weihegeschenk, etwas, das den Göttern vorbehalten ist, Opfergabe‹. Im späteren Kirchenlatein nahm es die Bedeutung ›Kirchenbann‹ an und kann zudem einen mit dem Kirchenbann belegten Verurteilten bezeichnen.

Seit dem frühen 16. Jahrhundert steht das Wort auch in deutschen Texten. So veröffentlicht 1509 ein Augsburger Drucker den ins Deutsche übersetzten Wortlaut einer Bulle des machtbewussten Renaissancepapstes Julius II., der sich mit der Republik Venedig im Krieg befand und den Martin Luther später in seiner Schrift »An den christlichen Adel deutscher Nation« als »Blutsäufer« bezeichnet. Der Titel des Druckes lautet: »Die päpstlich Bull / Proceß / Bann / unnd Anathema so unnser allerhailigister vatter Pabst Julius / wider das groß Commun der Venediger yetzo neulichen hat lassen außgeen«. Später, 1520, wettert Andreas Karlstadt, ein Mitstreiter Luthers, dass Julius' Nachfolger Leo X. ein Ketzer sei und sich alle, die seiner gegen den Reformator gerichteten Bulle »Exurge Dominis« Folge leisten, »in der vermaledeyung / ban / acht und anathema gottis« befänden.

Daneben findet man in deutschen Texten bis ins 19. Jahrhundert die Bedeutungen ›vom Kirchenbann getroffener‹ und ›Weiheopfer‹ – Letzteres naturgemäß vor allem in Schriften über die Antike, beispielsweise bei Jacob Burckhardt. Seit dem 18. Jahrhundert nimmt *Anathema* aber auch den allgemeinen Sinn an, in dem es noch heute bildungssprachlich gebraucht wird: ›etwas, das man allgemein für überflüssig und unwert hält, was man meidet, verdammt und abschaffen möchte‹. So liest man in wissenschaftlichen Schriften häufig über Nietzsches »Anathema« gegen die Religion. Und Kurt Tucholsky schöpft in seiner Briefmarkensammlerglosse »Zwei Welten« wie so oft Witz aus dem Trick, Banalstes mit einem hochgestochenen Wort zu bezeichnen. Über einen Philatelisten bemerkt er: »[G]erecht spricht er sein Anathema über falsche Thurn und Taxis und Mauritius.«

Daneben kommt das Wort heute in der gehobenen Mediensprache zum Einsatz. Es soll ausdrücken, dass über eine Sache nicht gesprochen werden darf, das hier sinnverwandte *Tabu* aber zu schwach oder zu abgegriffen erscheint. In diesem Sinne gemahnte der damalige Bundesaußenminister Joschka Fischer 2001 die Abgeordneten im Bundestag: »Kollege Kinkel [Fischers Amtsvorgänger von der FDP, Klaus Kinkel, mh] wird sich noch gut daran erinnern, dass es ein Anathema im EU-Kreis war, an eine Kooperation von NATO-Generalsekretär und EU überhaupt zu denken.« Fischer nutzte das Wort noch bei anderen Reden, war aber laut den Bundestagsprotokollen der Letzte.

-ant

Diese Adjektivendung ist immer ein starkes Indiz dafür, dass ein Wort der Bildungssprache angehört. Beispielhaft in diesem Buch sind → *abundant*, → *eklatant*, → *exorbitant*, → *fulminant* oder → *redundant*. *Flamboyant* und *mokant* wären auch Kandidaten für eine Aufnahme gewesen. Auch heute alltägliche Wörter wie *tolerant*, *amüsant* oder *penetrant* entstammen ursprünglich der Bildungssprache. Wenn es zwei alternative Formen eines Adjektivs gibt wie bei → *frappierend* und *frappant*, dann ist die auf *-ant* eindeutig diejenige, die ein stärkeres Bildungssignal sendet.

Das Affix geht auf die Endungen *-ans*, *-ant(is)* im Partizip lateinischer Verben der a-Konjugation zurück, die der deutschen

Endung *-end* entsprechen. Doch schon die ältesten Adjektive auf *-ant* im Deutschen, etwa *galant*, *penetrant* und andere im 17. Jahrhundert, stehen unter französischem Einfluss. *Amüsant*, *genant*, *süffisant*, *flamboyant*, *mokant*, *tolerant* und viele andere sind direkte Übernahmen aus dem Französischen. Und selbst *blümerant*, das man heute für eine wortspielende Bildung mit dem deutschen Stammwort *Blume* halten könnte, geht zurück auf französisch *bleu-mourant* (›blassblau, sterbendes Blau‹). Etliche ältere Übernahmen aus der Hochzeit des französischen Einflusses auf die deutsche Sprache im 18. Jahrhundert sind bereits wieder verschwunden. Der Sprachreiniger Carl Wilhelm Kolbe nennt 1809 in seinem Buch »Über Wort-Mengerey« *clairvoyant*, *attrayant*, *amusant*, *nonchalant*, *complaisant*, *brillant*, *choquant* als Beispiele »mit gemischter Aussprache, lateinischfranzösisch«. Wie man sieht, hat sich das Wortbildungselement *-ant* deutlich stabiler im Deutschen festgesetzt als einzelne von Kolbe kritisierte Wörter. *Attrayant*, *complaisant* und *choquant* waren vielleicht zu Hochzeiten der Dominanz des Französischen als Bildungssprache gebräuchlich. Doch schon als Kolbes Buch erschien, wurden sie von den Weimarer Klassikern nicht mehr benutzt.

Antagonist

Georg Christoph Lichtenberg, der Physikprofessor, der den deutschen Aphorismus erfand und zugleich vollendete – mir fällt niemand ein, der danach in Deutschland in diesem Genre noch Vergleichbares geleistet hätte –, ist selbst noch nach 250 Jahren ein immer wieder überraschender Autor. Im Heft »D« seiner »Sudelbücher« fragt er im Aphorismus »D 653«, ob je ein Land seinen Schriftstellern so übel mitgespielt habe wie Deutschland. Fündig wird er vorgeblich am anderen Ende der Welt bei den → *Antipoden*.

> Das einzige Volk, von dem ich noch etwas Ähnliches erwarte, sind etwa die Neu-Seeländer, und zwar deswegen, weil wir in Deutschland fast eben dieselben Vertikal-Linien haben, und weil sie stolz tapfer und treu sind, wie die Deutschen, und endlich weil sie schon jetzt, da es ihr gänzlicher Mangel an Feder und Dinte nicht anders verstattet, bei gelehrten und andern Dispüten ihre Antagonisten auffressen.

Zu Lichtenbergs Zeit war das Wort *Antagonist* bereits seit etwa 200 Jahren mit der Bedeutung ›Widersacher, Gegenspieler‹ in deutschsprachigen Texten gebräuchlich. Gelehrte hatten es im 16. Jahrhundert aus dem Lateinischen entlehnt. Dem lag das griechische *antagonistos* zugrunde, in dem wie in → *Agonie* das Wort *agon* (›Kampfplatz, Wettkampf‹) steckt.

In der Fachsprache der Medizin hat *Antagonist* eine freundlichere Bedeutung: Hier bezeichnet er den Muskel, der sich dehnt, nachdem ein *agonistischer* Muskel sich zusammengezogen hat; erst durch das Zusammenspiel beider kommt es zur Bewegung. Mit der philosophischen Frage, ob nicht auch in der Gesellschaft ähnliche Gegenspiele erst Veränderung ermöglichen, beschäftigte sich Karl Marx: Er sah die Klassengegensätze bekanntlich als Triebfedern der Geschichte und gebrauchte *Antagonismus* mit der Bedeutung ›dialektischer Widerspruch, der auf dem unversöhnlichen Interessengegensatz verschiedener gesellschaftlicher Klassen beruht‹. Diese Definition entnehme ich dem noch in der DDR erschienenen und deshalb sicher in solchen Fragen sehr kompetenten »Etymologischen Wörterbuch« von Wolfgang Pfeifer. Im ersten Band des »Kapitals« schreibt Marx: »Die Leitung des Kapitalisten ist […] Funktion der Ausbeutung eines gesellschaftlichen Arbeitsprozesses und daher bedingt durch den unvermeidlichen Antagonismus zwischen dem Ausbeuter und dem Rohmaterial seiner Ausbeutung.«

Für Nichtmarxisten bedeutet das im 18. Jahrhundert aufgekommene Wort schlicht ›Gegensatz, Widerstreit‹, früher manchmal auch ›feindseliger Vorbehalt‹. Im letzteren Falle spricht man von *Antagonismus gegen* etwas; sonst wird das Wort mit der Präposition *zwischen* verbunden oder zieht einen Genitiv nach sich. Theodor Mommsen zum Beispiel berichtet in seiner »Römischen Geschichte« vom »Antagonismus der Orientalen und Occidentalen«. Seit etwa 1800 ist zudem das Adjektiv *antagonistisch* verbreitet. So nennt der SPD-Mitbegründer Wilhelm Liebknecht 1878 Österreich und England »die beiden Mächte, deren Interessen denen Russlands am antagonistischsten sind«. Der Titel seines ausgesprochen russlandskeptischen Buchs »Soll Europa kosakisch werden?« klingt heute wieder beunruhigend aktuell – wie ein polemischer Kommentar zum russischen Imperialismus.

Aperçu

Für geistreich werden Deutsche in der Welt genauso wenig gehalten wie für witzig. Den Franzosen wird auf diesem Gebiet allgemein mehr zugetraut – offenbar auch von Deutschen. Es sagt doch einiges, dass beide Wörter für eine geistreiche Bemerkung, die in unserer Sprache existieren, aus dem Französischen übernommen wurden: *Bonmot* und *Aperçu*.

Das seit dem Beginn des 18. Jahrhunderts im Deutschen nachweisbare *Bonmot* wird von Gerhard Augst noch zum bildungssprachlichen Wortschatz gezählt; in den Duden-Wörterbüchern ist es nicht als bildungssprachlich gekennzeichnet. Es handelt sich offenbar um einen Grenzfall.

Unstrittig bildungssprachlich ist dagegen das später entlehnte *Aperçu*. Bei Schiller und Goethe liest man es am Ende der 1790er-Jahre zunächst mit den jetzt im Deutschen nicht mehr üblichen Bedeutungen ›Wahrnehmung, Beobachtung‹ oder auch ›kurzer Überblick, Konzept‹. Schiller berichtet Goethe im Mai 1797 über seine Lektüre der Tragödientheorie des Aristoteles, »daß das Ganze nur aus einzelnen Apperçus besteht, und daß keine theoretische vorgefaßte Begriffe dabey im Spiele sind«. Goethe wiederum schreibt an seinen Dichterkollegen Anfang 1798 über den Fortgang seiner naturwissenschaftlichen Arbeiten: »Ich will nächstens Ihnen ein Aperçu über das Ganze schreiben, um von meiner Methode, vom Zweck und Sinn der Arbeit Rechenschaft zu geben.« Im Französischen ist *aperçu* bis heute in jenen Bedeutungen üblich; zudem kann es ›Seitenansicht‹ beim Computer meinen – aber eben nicht ›geistreiche Bemerkung, Bonmot‹; diesen Bezug hat es nur im Deutschen.

Im Französischen ist das Nomen *aperçu* die substantivierte Form vom Participe passé des Verbs *apercevoir* (›bemerken, wahrnehmen‹). Der Philosoph und Sprachkritiker Fritz Mauthner nutzt das Wort 1910 noch in der älteren Bedeutung:

> Der Endbegriff, das Ziel, kann dem Denker oder Forscher durch einen Zufall geboten worden sein, durch ein Aperçu, d. h. durch scharfsinnige Beobachtung eines zufälligen Ereignisses.

Für gegenwartssprachlich möglich halten sowohl der Duden als auch das DWDS heute nur noch die Bedeutung ›prägnant formulierte Bemerkung‹, wie sie beispielsweise Thomas Mann in einem Satz über Toni Buddenbrook, verheiratete Frau Permaneder, im Roman »Buddenbrooks« im Sinne hat: »Was aber Madame Permaneder anging, so war sie glücklich, so äußerte ihre lichte Gemütsstimmung sich in Aperçus wie diesem, dass das irdische Leben doch hin und wieder auch seine guten Seiten habe.« Mann nutzt hier das auch von Kurt Tucholsky (→ *Anathema*) gern verwendete humoristische Stilmittel, Banales ironisch mit sehr hochgegriffenen Bezeichnungen zu adeln.

Aplomb

Dieses Wort hat eine paradoxe Karriere hinter sich: Es ist schwer wie Blei und kam dennoch in unsere Muttersprache hineingetänzelt. Im Französischen bedeutet *plomb* nicht nur einfach ›Blei‹, sondern bezeichnet zudem das spezielle Senkblei oder Lot. Solche Bleigewichte an einer Schnur spielten früher in der Architektur eine große Rolle, um gerade, vertikale Linien zu bestimmen. Daraus entstand im 16. Jahrhundert die adjektivische Redensart *à plomb*, die ursprünglich das Gleiche bedeutete wie unser aus einem ähnlichen Zusammenhang hergeleitete Adverb *schnurstracks*, nämlich ›vertikal, senkrecht gerade, lotgerecht‹. Bald darauf folgte das maskuline Nomen *aplomb* (›die Senkrechte‹). Es ist das Äquivalent zu unserem *im Lot sein*.

Im 17. Jahrhundert wurde *aplomb* auf Körperliches übertragen und bezeichnete bei Menschen wie Tieren das Gleichgewicht eines standhaften Körpers. Über eine Umschreibung für das seelische Gleichgewicht nahm *aplomb* schließlich die Bedeutung an, die es bis heute im Französischen hat: ›Sicherheit im Auftreten und Reden, soziale Anerkennung‹. Bei dieser Entwicklung könnte eine Rolle gespielt haben, dass *aplomb* auch ein Fachausdruck des Balletts ist; dort meint es die Balance, die aus der Fähigkeit zum Abfangen einer Bewegung herrührt. Da sogar der Sonnenkönig Ludwig XIV. in jüngeren Jahren als Tänzer vor Publikum auftrat, erscheint es nicht ganz unwahrscheinlich, dass ein Ausdruck, mit dem die Standfestigkeit beim Tanz beschrieben wird, bald auch auf das Standing bei Hofe übertragen wurde.

Nachdem das Substantiv im 18. Jahrhundert mit noch zwischen Maskulinum und Neutrum schwankendem Genus ins Deutsche gelangt war, lassen die Zitate noch lange eine Verbindung mit der Bühnenkunst erkennen ebenso wie zur Sphäre von Hof, Politik und Militär – auch beim Exerzieren kam es auf *Aplomb* an. Beides verbindet 1819 der liberale Autor Karl von Bentzel-Sternau in seiner autobiografischen Schrift »Der alte Adam«. Hier urteilt er über den Kurfürsten von Mainz, dass diesem »der Aplomb fehlte, den sich Ludwig der Große in seinen Jugendballetten herbeigetanzt«. Und in E. T. A. Hoffmanns Märchen »Meister Floh« heißt es 1822 über einen Flohzirkus und seinen Dompteur: »Die ganze Mannschaft hatte ein erstaunliches Aplomb, und der Feldherr schien zugleich ein tüchtiger Ballettmeister.«

Im Laufe des 19. Jahrhunderts nahm das Wort dann die heute dominierende Bedeutung ›Nachdruck, Wucht, Furor‹ an. In diesem Sinne kommt Kurt Tucholsky 1929 unter seinem Pseudonym Peter Panter in der Glosse »Mieter und Vermieter« zu der zeitlosen Feststellung, dass deutsche Hauswirte »mit dem ganzen Aplomb der gekränkten Leberwurst« auf Reparaturforderungen ihrer Mieter reagieren.

apodiktisch

Bei diesem Wort lässt sich eine subtile Bedeutungsverschlechterung feststellen. Meinte *apodiktisch* zuerst ›nicht widerlegbar, unumstößlich‹, so umschreibt es heute eher ›keinen Widerspruch duldend‹ und wird im DWDS in einer Synonymgruppe mit *die Wahrheit für sich gepachtet haben* aufgezählt. In Wolfgang Hildesheimers Romanbiografie über den fiktiven englischen Kunsttheoretiker Andrew Marbot zweifelt dieser an der selbstgewissen Weisheit des Dichterfürsten Goethe, den er in Weimar besucht: »Vor allem aber irritierten ihn Goethes apodiktische Richtlinien, die er als aufgezwungene Weisungen an die Künstler empfand.«

Als im späten 18. Jahrhundert Immanuel Kant das seit der mittelalterlichen Scholastik im lateinischen Wortschatz der Philosophie existierende Adjektiv endgültig im Deutschen etablierte, hing es dagegen eng mit seinem Begriff des *apriori* zusammen. In seiner 1781 erstmals in Riga gedruckten »Kritik der reinen Vernunft« schreibt der Königsberger Philosoph:

> Das kündigt eine iede Erkentniß, die a priori fest stehen soll, selbst an: daß sie vor schlechthinnothwendig gehalten werden will, und eine Bestimmung aller reinen Erkentnisse a priori noch vielmehr, die das Richtmaaß, mithin selbst das Beispiel aller apodictischen (philosophischen) Gewißheit seyn soll.

Von Kant ausgehend bleibt das Wort, das sich über lateinisch *apodicticus* (›schlüssig beweisend‹) auf das gleichbedeutende griechische *apodeiktikos* zurückführen lässt, bis heute im Wortschatz der Philosophie im alten Sinne lebendig; es findet sich bei Edmund Husserl ebenso wie bei Martin Heidegger und Ernst Bloch. Die Verschiebung der Bedeutung in Richtung eines abwertenden Beiklangs begann aber schon kurz nach Kant. Johann Gottfried Seume zieht das Wort bereits 1803 humoristisch in die niederen Sphären der Eselei hinunter, indem er in seinem »Spaziergang nach Syrakus« schreibt:

> Mein Mauleseltreiber kam beständig und machte den Bedienten und Cicerone. Jo saggio tutto, Signore, Jo conosco tutte le maraviglie, sagte

er mit einer apodyktischen Wichtigkeit, wider welche sich eben so wenig einwenden liess, als wider die Infallibilität des Papstes.

Hier sehen wir sehr schön den Unterschied zwischen Fachsprache und Bildungssprache: In der Philosophie hat *apodiktisch* bis heute die Kant'sche Bedeutung; der abwertende, weniger streng definierte Gebrauch gehört dem allgemeinen Bildungswortschatz an.

Apologet

Die *Apologeten* des frühen Christentums nannten sich noch nicht so. Für sie war ein *Apologet* ein juristischer Magistratsbeamter in einer griechischen Stadt, der die *apologia*, die Verteidigung eines Angeklagten, vortrug. Erst Jahrhunderte später prägte der französische Gräzist Frédéric Morel durch seine Textausgabe »Corpus Apologetarum« von 1615 den Ausdruck *Apologeten* für eine Gruppe frühchristlicher Autoren, die im Römischen Reich ihre Religion als vernünftig und gesetzestreu darstellten. Zu Zeiten Morels hatte sich das zugrunde liegende lateinische Nomen *apologeticus* im weiteren Sinne von ›Verteidiger, Rechtfertiger‹ längst im Spätlateinischen etabliert. In der Theologie wird der Ausdruck bis heute als fachwissenschaftliche Bezeichnung verwendet.

Bereits im 17. Jahrhundert gelangte das Wort ins Deutsche, zunächst auch in der Form *Apologist*. So steht er bei Abraham a Sancta Clara, Wieland und noch bei Heine. Bald wird das Wort im Sinne von ›Verteidiger einer Lehre‹ auf außerchristliche Phänomene übertragen. Der Gründer der Herrnhuter Brudergemeine Nikolaus Ludwig von Zinzendorf etwa bezeichnet 1732 Sokrates als »Apologeten der wahren Religion«; Karl Rosenkranz nennt in seiner »Ästhetik des Hässlichen« Goethe einen »Apologet der nach Regeln producirenden Kunst«, und Karl Marx spricht im ersten Band des Kapitals von den »begeisterten Apologeten des Fabriksystems«.

Im 20. Jahrhundert schließlich wurde *Apologet* zu einem allgegenwärtigen Terminus der Ideologiekritik, wobei man als *Apologeten* stets diejenigen abqualifizierte, die etwas loben, das dem Sprecher nicht gefiel. Theodor W. Adorno etwa konnte 1951 nicht fassen, dass Menschen in den Hollywoodfilmen, die er verachtete, etwas Positives sahen, und höhnte: »Als stärkstes Argument haben die Apologeten des Films das gröbste, seine massenweise Konsumtion für sich.« Das Adjektiv *apologetisch* (›rechtfertigend‹) ist schon seit dem 17. Jahrhundert nachweisbar. Goethe wiederum bildete zu *Apologet* und *Apologie* das Verb *apologisieren*, das aber selbst er mit all seiner dichterischen Macht nicht dauerhaft in die deutsche Sprache einpflanzen konnte.

-är

Im 17. Jahrhundert begann die Sonne Frankreichs für zwei Jahrhunderte die gesamte europäische Kultur zu überstrahlen. Vom Hof der französischen Könige aus verbreiteten sich Moden und kulturelle Einflüsse über den ganzen Kontinent – nicht zuletzt nach Deutschland, das zu diesem Zeitpunkt noch kein Einheitsstaat mit einer definierten Nationalkultur und einer überregional genormten Sprache war. Die sogenannte Alamodesprache, die bis zur Lächerlichkeit französische und zum Teil auch italienische Wörter in deutsche Sätze mengte, wurde zum Albtraum patriotisch gesinnter Sprachgesellschaften. In deren Umfeld machten sich erstmals Menschen wie der Dichter und Lexikograf Kaspar

Stieler daran, Fremdwörter systematisch zu verdeutschen – nicht immer mit Erfolg.

Damals gelangten die ersten aus dem Französischen entlehnten Wörtern mit dem Adjektivsuffix *-är* dauerhaft ins Deutsche, beispielsweise → *arbiträr* oder *vulgär*. Üblicherweise wurde die Endung *-aire*, die solche Wörter im Französischen hatten, nach einiger Zeit eingedeutscht. Dieser Prozess beschleunigte sich umso stärker, je mehr Adjektive auf *-är* im Deutschen heimisch wurden. Denn den ersten Pionieren folgten im Laufe der Zeit noch viele weitere: *autoritär, binär, konträr, pekuniär, populär, revolutionär, sanitär, solitär*, um nur eine kleine Auswahl zu nennen.

Spätestens im 19. Jahrhundert war *-är* als Wortbildungselement im Deutschen so heimisch, dass damit nun auch Adjektive gebildet werden konnten, die es in dieser Form im Französischen gar nicht gab. So bezeichnen wir Deutschen einzigartige Dinge als *singulär*, obwohl dafür im Französischen nur das Wort *singulier* existiert und früher zudem noch ein gleichbedeutendes, dem Lateinischen entlehnte *singular* im Gebrauch war; doch die beiden älteren Wörter wurden dem frankophilen Zeitgeist entsprechend dem pseudofranzösischen *singulär* geopfert. Oft wurden auch ältere, auf dem Lateinischen beruhende Wortformen durch gleichbeutende Neuentlehnungen aus dem Französischen ersetzt. So kam erst Mitte des 19. Jahrhunderts *legendär* auf und drängte das ältere *legendarisch* zurück. Es gibt daneben aber viele rein deutsche Adjektivbildungen auf *-är*, die, wie die Adjektive echt französischen Ursprungs, oft dem Bildungswortschatz angehören: Wörter wie → *evolutionär, inflationär, parasitär, stationär*, → *ubiquitär* oder *visionär* haben kein französisches formales Vorbild. Was die Streiter gegen die Alamodesprache einst bekämpft hatten, wurde zur produktiven, gar nicht mehr als fremd empfundenen Bereicherung des Deutschen.

arbiträr

Dieser Fachausdruck der Juristensprache ist verunklart in die allgemeine Bildungssprache eingegangen. Ursprünglich bedeutete *arbiträr* ›dem Ermessen nach‹, ohne dass ihm notwendigerweise der heute vorherrschende Beiklang von ›beliebig‹ anhaftete. So tauchte das im 17. Jahrhundert aus französisch *arbitraire* entlehnte Wort um 1800 häufiger bei Rechtstheoretikern wie Carl von Savigny oder Anselm von Feuerbach auf.

Dem französischen Wort liegt das lateinische Adjektiv *arbitrarius* (›schiedsrichterlich‹) zugrunde, das schon bei den Römern den Nebensinn von ›willkürlich‹ angenommen hatte. Feuerbach, der unter anderem als juristischer Vormund und erster Biograf Kaspar Hausers bekannt wurde, setzte sich sehr dafür ein, dass der Strafrahmen für ein Verbrechen von vornherein feststehen müsse, und kritisiert 1801 in seinem »Lehrbuch des gemeinen in Deutschland geltenden Peinlichen Rechts«: »Die Strafe ist jetzt nach gemeinem Recht arbiträr[.] Die deutschen Reichsgesesze wollen Be[s]trafung, sie bestimmen aber das Strafübel nicht.« Auch der Historiker Theodor Mommsen gebraucht das Wort in diesem Sinn, wenn er in seiner »Römischen Geschichte« über juristische Kollisionen zwischen den uralten römischen Zwölftafelgesetzen und später erlassenen Edikten schreibt, dass solche Konflikte zugunsten der moderneren Rechtsauffassung allein gelöst werden konnten, indem »die veraltete Satzung nur durch arbiträres Eingreifen des Beamten, also genau genommen durch Verletzung des formellen Rechts, beseitigt ward«. Jünger ist die Verwendung des Adjektivs in der Mathematik, wo eine *arbiträre* Größe eine beliebige konstante Größe in einer Formel bezeichnet.

Große Wirkung auf den Wortschatz der Geisteswissenschaften und damit auf den Bildungswortschatz hatte allerdings der Gebrauch, den der Sprachwissenschaftler Ferdinand de Saussure, der Begründer des Strukturalismus, in seinen auf Französisch gehaltenen Vorlesungen von *arbitraire* machte, etwa für das willkürliche Verhältnis zwischen Signifikant (dem Bezeichnenden) und Signifikat (dem Bezeichneten). Saussures bis heute allgemein anerkanntes Dogma besagt, dass in natürlichen Sprachen jener Zusammenhang *arbiträr* sei, also auf menschlicher Konvention und nicht auf naturgegebenen Gesetzmäßigkeiten beruhe. Viele ältere Sprachwissenschaftler waren noch vom Gegenteil ausgegangen und hatten beispielsweise im Barock nachzuweisen versucht, dass Deutsch eine Art Ursprache bilde, weil hier der Klang der Wörter besonders lautmalerisch sei.

Schon Friedrich Nietzsche setzte *arbiträr* in einem ähnlichen Sinn ein wie Saussure. In der von seiner Schwester Elizabeth Förster-Nietzsche nach seinem Tode herausgegebenen und zum nachgelassenen Hauptwerk hochgeschwindelten Sammlung »Der Wille zur Macht« kritisiert der Philosoph die Kirche: »Sie bleibt überall bei der Oberfläche stehn, bei Zeichen, Gebärden, Worten, denen sie eine arbiträre Auslegung giebt. Sie hat eine zu Ende gedachte Methodik der psychologischen Falschmünzerei.«

Archetyp

Ein *Archetypus* wurde in den ältesten Lateinwörterbüchern kurz nach 1500 definiert als ›die erste Form eines Dings‹. In diesem Sinne gebrauchten es Luther und Zwingli in deutschen Texten – in denen sich aber der Bildungsmode der Zeit entsprechend Latein und Deutsch noch sehr munter mischten. Das Wort ist eine latinisierte Form des griechischen *archetypos* (aus *arche*, ›Ursprung‹, und *typos*, ›Schlag, Abdruck‹); die Römer benannten so Originale von Statuen, Gemälden oder Schriften. In der platonischen Philosophie bezeichnet der *Mundus archetypus* die Welt der Ideen, die Platon zufolge das Ursprüngliche darstellen; was uns begegnet, sind nur ihre Abbilder. Auseinandersetzungen mit dieser Idee und dem Wort *Archetypus* finden sich noch bei Immanuel Kant.

Archetypus ist in älteren Schriften weitgehend synonym mit *Prototypus*, auf dem der heute im Zusammenhang mit Autos und Flugzeugen allgemein bekannte *Prototyp* beruht. Schon um 1800 findet sich gelegentlich die Verkürzung auf *Archetyp*. Beide Formen existieren bis heute konkurrierend. Im 19. Jahrhundert wird das Wort häufig in Texten der aufblühenden wissenschaftlichen Philologie gebraucht. Mit den bahnbrechenden Methoden, die Karl Lachmann auf diesem Gebiet entwickelt hatte, versuchte man, die *Archetypen* etwa des Nibelungenliedes und anderer mittelhochdeutscher, aber ebenso lateinischer Handschriftenüberlieferungen zu identifizieren. Danach wird der Terminus seltener, bis er nach dem Zweiten Weltkrieg plötzlich wieder häufiger gebraucht wird. Die Anglisten Broder Carstensen und Hans Galinsky führen das auf den möglichen Einfluss des Englischen zurück. In ihrer grundlegenden Arbeit über »Amerikanismen der deutschen Gegenwartssprache« bemerken sie 1975: »Dem Anglisten fällt auf, daß eine ganze Reihe deutscher Wörter, die eine gleichlautende englische Entsprechung haben, heute besonders häufig verwendet werden.« Dazu zählen sie neben *alert*, *firm*, *okkupieren*, *Report*, *rezent* und vielen anderen auch *Archetypus*/*Archetyp*.

Wirksamer noch als der Einfluss des Englischen dürfte aber die Verwendung des Wortes bei dem einflussreichen Psychoanalytiker und Freud-Schüler Carl Gustav (C. G.) Jung gewesen sein. Dieser entwickelte zu Beginn der 1920er-Jahre seine Theorie der Archetypen, die von der älteren philosophischen Tradition beeinflusst ist. Gemeint sind damit unbewusste psychische Grundstrukturen menschlicher Handlungsmuster, die sich in Märchen,

Träumen und Mythen offenbaren. Jung schreibt darüber 1921: »Das urtümliche Bild, das ich auch als ›Archetypus‹ bezeichnet habe, ist immer kollektiv, d.h. es ist mindestens ganzen Völkern oder Zeiten gemeinsam.« Der Jung'sche Archetypen-Begriff wirkt noch in den kulturgeschichtlichen und philosophischen Studien von Ernst Robert Curtius, Ernst Bloch und Peter Sloterdijk nach.

Astralleib

Gebildete wissen, dass das Wort bei Anthroposophen, Theosophen und Esoterikern den unzerstörbaren, nichtmateriellen Körper eines Wesens bezeichnet, gewissermaßen den Leib der Seele. Der Schriftsteller Kurd Laßwitz beschreibt 1890 in seinem modernen Märchen »Aladdins Wunderlampe« das blühende spiritistisch-okkulte Milieu und die Gedankenwelt, in denen der Glaube an solche Phänomene aufkam:

> Seitdem wir eine ›transscendentale‹ Psychologie haben, eine Gesellschaft für übersinnliche Experimente und eine Wissenschaft der Mystik – seitdem Hellseher, Geister-Citationen und Doppelgängerei als unwiderlegbare Thatsachen festgestellt sind, seitdem weiß man auch, daß Menschen wirklich mit ihrem transscendentalen Astralleibe durch die Luft fahren können, und daß Asklepios einer Frau den Kopf wieder angeheilt hat, den man ihr abgeschnitten hatte, um einen Wurm bequemer aus dem Leibe ziehen zu können.

Der Vergleich des Fahrzeugs, Trägers oder Körpers der ewigen Seele mit einem Stern geht auf antike platonische Konzepte zurück, die in der Renaissance wieder aufgegriffen wurden. In Deutschland etwa werden dem berühmten frühneuzeitlichen

Arzt Paracelsus – Jahrhunderte nach seinem Wirken – ähnliche Vorstellungen zugeschrieben.

Das Wort *Astralleib* kam in der ersten Hälfte des 19. Jahrhunderts auf. 1819 schreibt der Tiroler Arzt und Magnetiseur Joseph Ennemoser in seinem Buch »Der Magnetismus« über die Lehren des Paracelsus: »Das besondere irdische Leben muss übereinstimmen mit dem allgemeinen höhern; denn aus Liebe hat uns Gott den Astralleib anerschaffen, oder dafür empfänglich gemacht, daß wir die Heimlichkeit der Sterne empfinden und offenbaren.«

Bei Sprechern, die nicht um diese Geschichte wissen, ist *Astralleib* ebenso wie *Astralkörper* dagegen schon seit einiger Zeit ein oft ironisch gebrauchter Ausdruck für einen besonders schönen menschlichen Körper. So berichtet der Berliner »Tagesspiegel« 2002 von einem gewissen Eric, »der gerade seinen Astralleib mit einer gehörigen Portion Öl eingerieben hat, weil ›das echt gut kommt‹«. Der gedruckte Rechtschreibduden führt diese neuere, umgangssprachliche Definition in seiner 29. Auflage von 2020 noch nicht auf, doch sie ist etabliert genug, um im Duden-Onlinewörterbuch genannt zu werden.

aufoktroyieren

Dieses Verb ist eine Schöpfung der demokratischen deutschen Revolution von 1848/49. Wir sollten es deshalb in Ehren halten. Schon um 1700 wurde das einfache Verb *oktroyieren*, das mit dem lateinischen *auctor* und unserem *Autor* etymologisch verwandt ist, aus dem Französischen entlehnt. Dort bezeichnete *octroyer* den Vorgang des Bewilligens durch einen Fürst, und diese Bedeutung behielt das Wort auch im Deutschen. Im »Realen Staats- und Zeitungs-Lexicon« von Johann Hübner wird *octroyiren* unter dem

Stichwort *Octroy* – »Bewilligung einer Gnade oder Freyheit, welche durch die hohe Obrigkeit geschiehet« – als »eine Bitte erhören, oder eine Gnade ertheilen« definiert.

Diesen untertänigen Beigeschmack verlor das Verb in dem Maße, in dem man im sogenannten Vormärz – der Reifezeit der politischen Unzufriedenheit – und schließlich in der 1848er-Revolution selbst immer weniger von der Gnade der Fürsten abhängig sein mochte. 1849 verfasste der schwäbische Dichter, Übersetzer und Politiker Gustav Pfizer eine Schrift mit dem schönen Titel: »Die deutsche Einheit und der Preußenhass«. Darin heißt es: »Das preußische Wahlgesetz ist nun allerdings oktroyirt, d. h. einseitig von den drei Regierungen erlassen.«

Kein geringerer als Richard Wagner, der im Mai 1849 mit auf den Dresdener Barrikaden gestanden hatte, gebraucht das Verb in einer Schrift von 1850 schon im übertragenen Sinn. Dort mutmaßt er über die moderne Kunst programmatisch: »Wird sie eine constitutionelle Charte octroyiren können, um zur Verständigung mit der sogenannten Unbildung des Volkes zu gelangen?« Auch Karl Marx und Theodor Mommsen, die bei allen Unterschieden doch beide Revolutionssympathisanten waren, verwendeten das Wort nun in einer kritisch-politischen Bedeutung.

Marx trug dann stark dazu bei, das seit 1850 nachweisbare *aufoktroyieren* – dem man eine verdeutlichende, die Willkür der Macht noch vehementer ausdrückende Vorsilbe verpasst hatte – durchzusetzen. Gleich mehrfach gebraucht er das Wort im »Kapital« und prophezeit dort beispielsweise 1867 im ersten Buch: »Zieht der durch Europa aufoctroyirte auswärtige Handel in Japan die Verwandlung von Naturalrente in Geldrente nach sich, so ist es um seine musterhafte Agrikultur geschehn.« Von Marx übernahm es der KPD-Vorsitzende Ernst Thälmann, der 1929 auf dem XII. Parteitag von Unterdrückern spricht, »die dem deutschen Volke einen solchen Sklavenpakt aufoktroyieren wollen«.

Gemeint war der kurz zuvor in Paris ausgehandelte Young-Plan, der die Reparationen Deutschlands auf der Grundlage des Versailler Vertrags neu regelte. Dieser war bei Rechten und Linken gleichermaßen verhasst. Noch 1942 wütet Goebbels über die »Jahreszahlungen des Young-Planes [...], den uns unsere Feinde aufoktroyieren wollten«.

Eher von Marx und Thälmann als von Goebbels lernten dann die 68er das Wort, zu deren bevorzugten Ausdrücken es gehörte. Bis heute ist es im Jargon von Soziologen und Politologen sehr präsent. In der von Bov Bjerg und Horst Evers mitbegründeten Berliner Literaturzeitschrift »Salbader«, die der Berliner Lesebühnenszene nahestand, wird 1999 über Studenten gespottet: »›Aufoktroyiert‹, das verwenden sie seit der ersten Semesterwoche fließend.«

avant la lettre

Die Redensart drückt aus, dass etwas schon existierte, bevor es ein Wort dafür gab. Hans-Magnus Enzensberger beispielsweise erläutert in seinem Buch »Der kurze Sommer der Anarchie« über den legendären Revolutionär Buenaventura Durruti zu den Verhältnissen im Spanien des frühen 20. Jahrhunderts: »Das katalanische Kapital schuf sich in Gestalt der paramilitärischen Pistoleros eine SA avant la lettre.«

Als naiver Mensch kann man sich wundern, warum es nicht *avant le mot* (›vor dem Wort‹) heißt statt ›vor dem Buchstaben‹. Erklärt wird das durch den Ursprung der Wendung im französischen Drucker- und Graveurgewerbe, bei dem es vor allem auf die Schrift und die Buchstaben ankam. Dort bezeichnete *avant la lettre* die kleine Bildzeile unter einem Titelkupfer, die das Sujet ankündigt – so erklärt es jedenfalls das französische Wörterbuch »Grand Robert«. Darüber hinaus war *avant la lettre* die Bezeichnung für den Erstdruck eines in Kupfer gestochenen Originals. Dieser galt als besonders fein, weil der Kupferstich rasch verschliss, je häufiger er als Druckvorlage diente. Das anpreisende Attribut findet sich daher um 1800 häufig in den Annoncen der Kupferstichhändler. Ein Kupferstich in dieser Qualität ist vergleichbar mit einem Originalabzug oder Virgin Print in der künstlerischen Fotografie oder gar einem NFT *avant la lettre*.

avisieren

Am 15. Januar 1609 erschien in Wolfenbüttel die erste Ausgabe der zweitältesten Zeitung der Welt – und der ersten, die das Wort *Zeitung* im Namen trug. Der »Aviso Relation oder Zeitung« druckte Nachrichten ab, die der diplomatischen Korrespondenz des Herzogs von Braunschweig-Wolfenbüttel entnommen worden waren. Der Name war Programm, denn *av(v)iso* heißt im Italienischen nichts anderes als ›Mitteilung, Nachricht‹. Das Wort ist im Italien des 16. Jahrhunderts als Titel von Flugschriften, die aktuelle Ereignisse beschreiben, nachweisbar, etwa der »Nuovo Aviso« von 1585 in Mailand über die Belagerung und Kapitulation von Antwerpen. Auch *Zeitung* bedeutete, bevor es auf seinen heutigen Medienstatus verengt wurde, bekanntlich ›Kunde, Botschaft, Nachricht‹.

Aus dem Französischen stammt das Verb für jene Tätigkeit, die die frühen Journalisten beim »Aviso« ausübten: *avisieren*. So wurde im 15. Jahrhundert das Wort *aviser* mit der für Lehn- und Fremdwörter im Deutschen so typischen Endung → *-ieren* eingedeutscht. In der heute veralteten Bedeutung ›benachrichtigen, warnen‹ war es bis ins 20. Jahrhundert üblich; man liest es bei E. T. A. Hoffmann, aber vor allem bei Autoren, die im süddeutschen Sprachraum beheimatet waren, beispielsweise bei Hans Jakob Christoffel von Grimmelshausen in seinem »Simplicissimus«, bei Wolfgang Amadeus Mozart in seinen Briefen oder bei Hugo von Hofmannsthal, der in seinem Lustspiel »Der Schwierige« den Diener Vinzenz sagen lässt: »Chauffeur habe ich avisiert, Koffer hab' ich vom Boden holen lassen, Sekretär Neugebauer hab' ich auf alle Fälle aufwecken lassen.«

Heute ist *avisieren* so nur noch in der Schweiz gebräuchlich, überall sonst verwendet man es fast ausschließlich mit der Bedeutung ›ankündigen‹. In diesem Sinne gehört es wie das im 15. Jahrhundert aus dem Französischen entlehnte und wohl als Vorbild für das italienische *av(v)iso* dienende *Avis* (›Zahlungsankündigung‹, früher ebenso ›Nachricht‹) einerseits der wirtschaftlichen Fachsprache an, ist andererseits aber auch bildungs- und literatursprachlich weit verbreitet. Heinrich Böll etwa schreibt 1966 in seiner Erzählung »Ende einer Dienstfahrt«: »Tief in Nachdenken versunken, die angerauchte Zigarre kalt im Mund, machte sich Stollfuss auf den Heimweg, nachdem er seine Sekretärin gebeten hatte, seiner Frau sein baldiges Kommen zu avisieren.«

Gelegentlich wird *avisieren* mit *anvisieren* verwechselt, dann *avisiert* jemand ein Ziel. Das ist aber eher unbildungssprachlich und ein Kandidat für den Karoline-Stöhr-Gedächtnispreis (→ *Agonie*).

bigott

Jeder, dem dieses Wort zum ersten Mal in die Quere kommt, findet es wohl gleichermaßen verwirrend: Es hat irgendwas mit Religion zu tun, aber – anders als sein Klang vermuten lassen könnte – nichts mit Gott. Die Bedeutung im Deutschen ist von Anfang an dieselbe wie im Französischen, nämlich als Adjektiv ›frömmelnd, scheinheilig‹ und als Substantiv ›Frömmler, übertrieben religiöser Mensch, Betschwester, Scheinheiliger, abergläubische Person‹.

In der Gebersprache, aus der das Wort um 1700 zunächst als Adjektiv und Substantiv in der Form *bigot* entlehnt wurde, wird die zweite Silbe lang ausgesprochen, wenn es ein Maskulinum ist; nur die weibliche Form *bigote* hat eine kurze Endsilbe. Substantiv und Adjektiv werden in der französischen Literatur der Übernahmezeit fast nur für Frauen gebraucht. Das erklärt vielleicht, warum man sowohl dem Substantiv als auch dem Adjektiv im Deutschen ziemlich schnell ein zweites t als Marker für die kurze Aussprache in der Endsilbe verpasste. Das Substantiv *Bigott* verschwand schon im 18. Jahrhundert wieder aus dem Deutschen; das Adjektiv ist bis heute geblieben. Zum Beispiel erklärt Friedrich Schiller 1789 die psychische Labilität des Antihelden seiner Erzählung »Der Geisterseher«: »Eine bigotte, knechtische Erziehung war die Quelle dieser Furcht; diese hatte seinem zarten Gehirne Schreckbilder eingedrückt, von denen er sich während seines ganzen Lebens nie ganz losmachen konnte.« Und Karl May versichert 1910 in seiner Autobiografie: »Ich habe bereits gesagt, daß ich an jedem Sonn- und Feiertag zweimal in die Kirche ging, doch ohne bigott zu sein oder mir dies gar als Verdienst anzurechnen.«

Das Wort wird oft verbunden mit dem Vorwurf der Heuchelei. Es ist ein Lieblingswort aller Kirchenkritiker, die damit ihre eigene Aufgeklärtheit betonen wollen. Und man kommt bei der Lektüre Hunderter Belege in den Werken unterschiedlichster Autoren nicht umhin, dem französischen Schriftsteller Julien Green zuzustimmen, der einmal bemerkte: »L'anticléricalisme et l'incroyance ont leurs bigots tout comme l'orthodoxie.« (›Der Antiklerikalismus und der Unglaube haben ihre Bigotten genau wie die Stenggläubigkeit.‹)

Übrigens hat *bigott* mit dem deutschen Wort *Gott* doch mehr zu tun, als es zunächst den Anschein haben mag. Als es im Altfranzösischen im 12. Jahrhundert aufkam, war *bigot* ein Schimpfwort für die Normannen. Bekanntlich waren diese ursprünglich einmal Wikinger, die in ihren Sprachen Dänisch, Norwegisch und Schwedisch, welche sich allmählich aus dem Altnordischen entwickelten, sehr häufig eine Schwurformel benutzten, die unserer heutigen deutschen Redewendung *bei Gott* entsprach.

brachial

Hier haben wir es mit dem gar nicht seltenen Fall zu tun, dass ein Wort durch mehrere Fachsprachen wandern musste, bevor es in den allgemeinen Bildungswortschatz gelangte. Das lateinische Adjektiv *brachialis* gehörte zunächst der medizinischen Terminologie an und bedeutet bis in die Gegenwart ›zum Arm gehörig‹ im anatomischen Sinne. Es ist abgeleitet von lateinisch *bracchium* (›Unterarm, Arm‹). In der Übersetzung des Buchs über »Wundt-Arzney« von 1601 des bedeutenden französischen Chirurgen Ambrose Paré kann man sich zum Beispiel über »die Haut des brachialis oder obersten Gelencks der Hand« informieren.

Nach 1800 wurde dann in der Sprache der Juristerei auf Basis des lateinischen Adjektivs die deutsche Zusammensetzung *Bra-*

chialgewalt gebildet. Wohl nicht ganz zufällig tauchte das Wort erstmals in Gesetzesquellen und Lexika Ungarns auf, wo man bis ins 19. Jahrhundert an Latein als Amtssprache festhielt, um keine der vielen Nationalitäten im Königreich, in dem selbst die Ungarn nur eine Sprachminderheit waren, zu benachteiligen. Das Wort bezeichnete die körperliche Zwangsgewalt, die die Polizei anwenden konnte. Zwar wird es schon 1888 im »Verdeutschungswörterbuch« des Allgemeinen deutschen Sprachvereins (ADSV) weiter gefasst als ›körperliche Gewalt‹ und als »österreichisch« erläutert. Doch bis ins 20. Jahrhundert blieb das Wort auf den Sinn ›Gewalt, die von staatlichen Stellen ausgeübt wird‹ beschränkt. So ist 1929 in Alfred Döblins »Berlin Alexanderplatz« von der »Brachialgewalt der Herrschenden« die Rede. Im gleichen Jahrzehnt beklagten kommunistische Reichstagsabgeordnete mehrfach die *Brachialgewalt* der Schupos, von denen sie bei entscheidenden und hoch emotionalen Abstimmungen aus dem Saal geworfen worden waren. Nach 1933 liest man in NS-Quellen viel von der *Brachialgewalt*, mit der die überwundene Weimarer Republik angeblich den Nationalsozialismus hatte unterdrücken wollen.

Erst allmählich wurde das Wort dann auf rohe, rücksichts- und bedenkenlose Kraftanwendung im Allgemeinen übertragen. Der berühmte Opernsänger Leo Slezak spricht in seinen 1948 posthum erschienenen Erinnerungen »Mein Lebensmärchen« von der »Brachialgewalt der Möbelpacker«, denen er sein Hab und Gut beim Umzug anvertraut. Heute wird *Brachialgewalt* selbst in Bundestagsdebatten nur noch selten im alten juristisch-politischen Sinne gebraucht, sondern in erweiterter Bedeutung. Bezeichnend dafür ist eine Aussage der Grünen-Abgeordneten Angelika Graf, die im Oktober 2007 zur Gewalt gegen Frauen innerhalb von Partnerschaften erklärt: »Nicht nur Brachialgewalt, auch Worte können gewalttätig sein, können Menschen sehr verletzen.«

Von der Zusammensetzung *Brachialgewalt* ausgehend, nahm im 20. Jahrhundert *brachial* seine heutige allgemeine Bedeutung an und wurde Teil des Bildungswortschatzes; vorher taucht es seit dem 18. Jahrhundert nur gelegentlich in medizinischen Schriften als deutsche Variante des oben genannten *brachialis* auf. Karl Kraus verwendet das Adjektiv 1928, als er in der »Fackel« Menschen, die ihm anonyme Todesdrohungen schicken, entgegnet: »Mit einem gedruckten Fußtritt nur brauchte ich die tiefbürgerliche Erbärmlichkeit abzutun, die in der Problemstellung als solcher gelegen ist und zumal dort, wo die namenlose Feigheit an brachialen Mut appelliert.«

bramarbasieren

Manchmal erfinden die Dichter tatsächlich Wörter, und wenn es ihnen gelingt, etwas zu prägen, was der Sprache bisher fehlte, dann kann selbst ein mittelmäßiger Poet wegen eines von ihm erdachten Ausdrucks in die Literaturgeschichte eingehen. So erging es Johann Burckhardt Mencke, der 1710 ein Gedicht namens »Cartell des Bramarbas an Don Quixote« veröffentlichte. Ein *Cartell* war ein Brief, mit dem man jemanden zu einem Duell herausforderte. Aber dieses längst mitsamt dem Duellkult untergegangene Wort interessiert hier weniger als der Name *Bramarbas*, den Mencke, der seine »Deutschen Gedichte« unter dem typisch barocken Pseudonym Philander von der Linde veröffentlichte, erfunden hatte. Möglicherweise dachte er dabei an das spanische Wort *bramar* (›brüllen, schreien, tosen‹). Der Bramarbas, der Don Quixote in Menckes Gedicht herausfordert, ist ein unfassbarer Prahler. Dieses vergessene, aber recht lustige Gedicht muss hier länger zitiert werden, weil es gut illustriert, was ein *bramarbasierender Bramarbas* bis heute ist:

Bramarbas, der in einem Futter
Von Lapland bis nach Königslutter
Gewapnet und zu Fusse geht,
Der, wenn er sich ins Meer will wagen,
Zur Helffte noch heraus kan ragen,
Und doch nicht auf den Zähen steht; [...]
Will gegen dem Dulciner-Ritter
Mit einem abgebrochnen Splitter
Von seiner Lantze noch bestehn;
Er will, daß dieser bey dem Streite
Auf seinem Roncinontes reite,
Er aber will zu Fuße gehn.

Die eigentliche Karriere des Namens *Bramarbas* und des daraus abgeleiteten Wortes begann aber erst 1741 mit Johann Christoph Gottsched. Dieser gab seiner Übersetzung einer Komödie des Dänen Ludvig Holberg den von Mencke inspirierten Titel »Bramarbas oder der großsprecherische Offizier«, obwohl die Titelfigur im dänischen Original einen ganz anderen Namen trägt, nämliche Jacob von Tyboe. Gottsched und Mencke kannten sich aus Leipzig; dort war Mencke 1717 Vorsteher der »Teutschübenden poetischen Gesellschaft«, die sich unter Gottscheds Leitung 1727 in »Deutsche Gesellschaft« umbenannte. Und es war Gottscheds Einfluss als wichtigster Intellektueller, Sprachreformer und Theatertheoretiker des frühen 18. Jahrhunderts zu verdanken, dass *Bramarbas* sich vom Eigennamen einer einzelnen Figur zum Gattungsbegriff entwickelte, mit dem man allgemein Großsprecher bezeichnete, insbesondere prahlende Soldaten. Einen solchen beschreibt zum Beispiel E. T. A. Hoffmann 1814 in seinem »Phantasiestück«, genannt »Der Magnetiseur«:

> Ich erinnere mich, im Traum in einer lustigen Punschgesellschaft gewesen zu seyn; ein mir wohlbekannter Bramarbas von Offizier zog unaufhörlich einen Studenten auf, bis dieser ihm ein Glas ins Gesicht warf; nun entstand eine allgemeine Schlägerei.

Das Substantiv ist seltener als das daraus abgeleitete Verb *bramarbasieren* (›prahlen, aufschneiden‹), das schon im 1751 veröffentlichten 24. Brief Christian Fürchtegott Gellerts über den Geschmack auftaucht:

> So könnt ich von der Liebe singen, wie sie […]
> Bald aus der Jugend lacht, bald aus dem Alten keucht,
> Aus dem Bramarb bramarbasiret,
> Aus dem Pedanten meditiret,
> Aus süßen Herren raffiniret.

Doch selbst das Verb gehört eher zum Elfenbein des Bildungswortschatzes. Im Bundestag wurde es seit 1949 genau viermal benutzt. Einer der Letzten, der es gebrauchte, war der SPD-Intellektuelle Horst Ehmke, der am 27. November 1987 über eine Rede von Bundeskanzler Helmut Kohl (CDU) höhnisch urteilte:

> Sie hat sich im Wesentlichen dadurch ausgezeichnet, daß das Selbstlob in ihr die Heuchelei noch übertroffen hat. Diese Art von Bramarbasieren, Herr Bundeskanzler, hat der Regierungsmannschaft Kohl im Ausland den Spottnamen ›Kegelklub Germania‹ eingetragen; Details will ich Ihnen lieber ersparen.

Wir können Ehmke posthum sehr dankbar sein, dass er mit dieser → Invektive ein geradezu mustergültiges Beispiel für den heutigen Gebrauch von *bramabasieren* lieferte.

Büchse der Pandora

Diese Redensart, mit der man andeutet, dass etwas vordergründig Erfreuliches weitreichende, verhängnisvolle Folgen haben wird, geht auf die intensiven Kenntnisse griechischer Mythologie zurück, die jahrhundertelang den Bildungskanon des Westens prägten. Hauptverantwortlicher dafür war der große Renaissancegelehrte Erasmus von Rotterdam, der auch als Erster in seiner ab 1500 veröffentlichten lateinischen Sammlung antiker Sprichwörter und Redensarten das Wort *Büchse* (lateinisch *dolium*, griechisch *pyxis*) verwendet. Erasmus' »Adagia« (von lateinisch *adagium*, ›Sprichwort‹) umfasst in ihrer letzten Ausgabe 4251 kommentierte Sprichwörter und hatte kaum zu überschätzende Folgen für die europäische Sprach- und Geistesgeschichte. Ungezählte Wendungen, deren antike Ursprünge wir oft kaum noch erkennen, wurden durch dieses Werk zunächst in gebildeten Humanistenkreisen auf Lateinisch populär und gingen dann in die Volkssprachen ein: *mit einem Fuß im Grab*, *immer dasselbe Lied*, *steter Tropfen höhlt den Stein*, um nur einige wenige zu nennen – und eben die *Büchse der Pandora*.

Bei Hesiod – dem neben Homer wichtigsten Dichter aus der Frühzeit des antiken Griechenlands – wird das Gefäß, das Pandora den Menschen bringt, um 700 v. Chr. noch als großer, irdener Vorratskrug beschrieben. Pandora ist eine aus Lehm geschaffene, mit allen Attributen der Verführung ausgestattete Frau, mit deren Hilfe sich der Göttervater Zeus an Prometheus und den Menschen rächen will. Der Titan Prometheus hatte den Göttern das Feuer gestohlen und zu den Menschen gebracht. Zeus schickt nun Pandora mit einem Gefäß, das alle Übel der Welt enthält, zu den bis dahin in Frieden und Harmonie lebenden Menschen. Gegen den Ratschlag des Prometheus, der den Geschenken des Zeus nicht traut, öffnet dessen Bruder Epimetheus die Büchse der Pandora, und alles Unheil entweicht: Von nun an wird die Welt zu einem Ort, in dem Laster, Krankheit und Tod regieren. Als der Deckel der Büchse wieder geschlossen wird, bleibt ausgerechnet die Hoffnung, die Zeus ganz unten auf den Boden mit hineingepackt hatte, in ihr verschlossen.

Das alles war in der Antike kein großes Thema; erst Erasmus schleuste mit seiner »Adagia« die Redensart mittelfristig in verschiedene europäische Sprachen – nicht nur ins Deutsche. Als 1929 eine Adaption von Frank Wedekinds Dramen »Erdgeist« und »Die Büchse der Pandora« mit dem berühmt-berüchtigten US-Star Louise Brooks in der Rolle der »Lulu« in die Kinos kam, konnte sein Titel problemlos als »Pandora's Box« ins Englische übertragen werden – und so auch in Übersee Zensoren wie Publikum skandalisieren. Die Formulierung ruft gewisse Assoziationen hervor; damit rechnete wohl der Musikproduzent Jim Steinman, der 1989 eine Frauenband namens »Pandora's Box« gründete.

Im Deutschen ist die Redewendung seit dem 17. Jahrhundert belegt. Dabei handelt es sich jeweils um Texte, die noch die Kenntnis des antiken Mythos voraussetzen und irgendein gefährliches Objekt mit Zeus' unheilbringendem Gefäß vergleichen. In einer deutschen Version der »Berühmten Lehr- und Sinnreichen Schrifften« des Schriftstellers Jean Puget de La Serre von 1626 liest man: »Wahr ist es / daß unser Herts eine andere / mit allerhand Arthen des Ubels voll angefüllete Büchse der Pandora [ist].« Und Johann Karl August Musäus schildert in seiner 1786 vollendeten Sammlung »Volksmärchen der Deutschen« den Trick, den ein junger Fürst von der Insel Rügen anwendet, um das unnahbare Herz der Prinzessin Obizza von Mecklenburg zu gewinnen:

> Fürst Udo eilte alsbald herbei, ließ sich auf ein Knie vor ihr nieder, und überreichte ihr die goldne Büchse, welche ein gefährlicher Geschenk in sich schloß, als weiland die berüchtigte Büchse der Pandora. Die Prin-

> zessin öffnete solche ohne Verdacht, da schlüpfte Dämon Amor in ihren Busen, und verwundete sie mit seinem güldnen Pfeil.

Heute ist die Redensart selbst im politischen Sprachgebrauch fest etabliert. In Debattenprotokollen und Schriftstücken des Bundestages zum Beispiel lässt sie sich seit 1949 ganze neunundachtzig mal nachweisen. Im November 2020 griff zum Beispiel Matthias Zimmer von der CDU im Plenum eine Bemerkung des AfD-Abgeordneten Uwe Witt auf:

> Der Kollege Witt hat die Büchse der Pandora erwähnt. Die Büchse der Pandora hat bekanntlich auf ihrem Grund die Hoffnung. Über die Hoffnung, dass Sie alle bald in diesem Parlament nicht mehr vertreten sein werden, kann die Büchse der Pandora ruhig offen bleiben.

Zimmer ist habilitierter Politikwissenschaftler. Sicher ging es ihm mit diesem Debattenbeitrag nicht zuletzt darum, seine überlegenen Kenntnisse der Bildungssprache und ihrer historischen Hintergründe zu demonstrieren.

Canossagang

Das Wort spielt auf einen Machtkampf zwischen weltlicher und geistlicher Autorität im Mittelalter an, aber geprägt wurde es erst bei einem ähnlichen Konflikt 800 Jahre später. Um die Jahreswende 1076/77 begab sich der römisch-deutsche König Heinrich IV. zur italienischen Burg Canossa, in der sich gerade Papst Gregor VII. aufhielt. Dort flehte der Monarch drei Tage lang vor den Toren darum, wieder in die Kirche aufgenommen zu werden, aus der ihn Gregor exkommuniziert hatte. Mit Erfolg: Der Papst musste sich erweichen lassen.

Das Ereignis, das in mittelalterlichen Quellen eher nebensächlich behandelt wird, gelangte zu spätem Ruhm, als es in der Neuzeit Widersacher des Papsttums als Symbol für kirchliche Machtanmaßung interpretierten. So erklärt 1868 der liberale Abgeordnete Anton von Auersperg – bekannt unter seinem Dichterpseudonym Anastasius Grün – im österreichischen Reichstag, das Konkordat zwischen Kaiser Franz Joseph und dem Heiligen Stuhl, in dem der Kirche maßgeblicher Einfluss auf Eheschließungen und Schulunterricht zugesichert wurde, sei für ihn »wie ein gedrucktes Canossa, in welchem das Österreich des 19. Jahrhunderts für den Josephinismus des 18. Jahrhunderts in Sack und Asche zu büßen hatte«.

Diese spektakuläre Rede war sehr wahrscheinlich auch Otto von Bismarck bekannt, der im Mai 1872 im deutschen Reichstag versichert: »Seien Sie außer Sorge, nach Kanossa gehen wir nicht, weder körperlich noch geistig.« Kurz zuvor hatte der Reichskanzler den sogenannten Kulturkampf gegen die katholische Kirche und die Zentrumspartei, die politische Organisation des deutschen Katholizismus, eröffnet. Schon bald darauf taucht die Zusammensetzung *Canossagang* in einer »Erzählung aus den jüngsten Tagen« auf mit dem Titel »Nicht nach Canossa!«, deren Verfasser ein unbekannter Autor namens A. Franke war – der Vorname ist nicht herauszufinden. Bis in den 1880er-Jahren der Kulturkampf durch eine Einigung zwischen Bismarck und Papst Leo XIII. beendet wurde, nahm die Gebrauchshäufigkeit von *Canossagang* immer weiter zu. Schon bald wurde es ohne notwendigen Bezug zum Papst im allgemeineren Sinne ›Gang zu einem Mächtigeren, vor dem man sich demütigt‹ gebraucht. Zum Beispiel beschreibt 1884 der SPD-Mitgründer Wilhelm Liebknecht im Reichstag polemisch die wahren Machtverhältnisse zwischen dem preußischen König und deutschen Kaiser einerseits und dem Großindustriellen Carl Ferdinand Stumm, dem Gründer der

Stahlwerke von Neunkirchen und einer der reichsten Männer Deutschlands, andererseits: »Das soziale Königthum hat seinen Canossagang gemacht in den Schloßhof von Neunkirchen, es hat sich gebeugt vor dem König Stumm; denn der kapitalistische ist mächtiger als der soziale König.«

In diesem erweiterten Sinn ist der Ausdruck bis heute üblich. Der engere Kreis des Bildungswortschatzes ist allerdings längst überschritten: 2015 meldet der Sportinformationsdienst SID die Rehabilitationsbemühungen eines berühmten Fußballspielers, der nach einer Niederlage in der französischen Liga seine berufliche Heimat als »Scheißland« bezeichnet hatte: »Zlatan Ibrahimovic hat nach seinem Ausraster den Canossagang angetreten.«

Charisma

Im vorbiblischen Griechischen hatte das Wort eine weiter gefasste und weniger spezifische Bedeutung als heute. *Charisma* wurde dort im Sinne von ›Geschenk‹ oder ›Wohltat‹ gebraucht. Erst Paulus machte es zu einem religiösen Wort: Siebzehnmal steht das Wort im altgriechischen Ausgangstext des Neuen Testaments – ausschließlich in den Briefen des Apostels. Dort wird es zur Beschreibung einer besonderen, von Gott unmittelbar oder mittelbar verliehenen Gabe wie Heilkräfte oder Prophetie gebraucht. Aber es deutet sich schon an, dass *Charisma* auch etwas sein könnte, das durch die Instruktionen der Gemeinden gewissermaßen in Gottes Auftrag vergeben wird. Außerdem ist nicht mehr nur vom *Charisma* Einzelner die Rede.

In der Neuzeit wurde das Wort im 17. Jahrhundert zum theologischen Fachbegriff für eine individuelle, von Gott oder dem Heiligen Geist verliehene Begabung. Der keiner Polemik abgeneigte protestantische Theologe Johann Conrad Dannhauer spottet über das aus seiner Sicht angemaßte *Charisma* katholischer Priester: »Der Mund des HERRN selbst setzt einen gewissen Termin / wie lange solches Charisma wären soll.« Im 19. Jahrhundert verengten Theologen wie Adolf von Harnack den Bedeutungsgehalt auf außerordentliche, außeralltägliche, virtuose Gaben, besonders Wunderkräfte.

Die für den heutigen Gebrauch folgenreichste Neudeutung des Wortes stammt allerdings vom Soziologen Max Weber. 1922 definiert er in seinem Buch »Wirtschaft und Gesellschaft« die »charismatische Herrschaft« als »rein affektuell, durch bloße persönliche Neigung des Beherrschten« begründet. Er unterscheidet sie von zwei anderen Formen der Herrschaft: der legalen Herrschaft, die »durch zweckrationale Erwägungen von Vorteilen und Nachteilen seitens des Gehorchenden« bedingt sei, und der traditionellen Herrschaft, die »durch bloße ›Sitte‹, die dumpfe Gewöhnung an das eingelebte Handeln« bestehe. Weber beschreibt in »Politik als Beruf« *Charisma* als

> [...] die Autorität der außeralltäglichen persönlichen, die ganz persönliche Hingabe und das persönliche Vertrauen zu Offenbarungen, Heldentum oder anderen Führereigenschaften eines einzelnen: ›charismatische‹ Herrschaft, wie sie der Prophet oder – auf dem Gebiet des Politischen – der gekorene Kriegsfürst oder der plebiszitäre Herrscher, der große Demagoge und politische Parteiführer ausüben.

Seit Weber nimmt das Wort *Charisma* in Bezug auf Politiker einen mächtigen Aufschwung. Vor allem die Faszination, die Adolf Hitler auf große Teile des deutschen Volkes ausübte, wurde durch dessen *Charisma* erklärt. Dieses versuchen Max Horkheimer und Theodor W. Adorno schon 1944 in ihrem im amerikanischen Exil verfassten Buch »Die Dialektik der Aufklärung« zu entmystifizieren, indem sie Hitler lediglich ein technisch produziertes Charisma zugestehen: »Das von der Religionssoziologie erfundene metaphysische Charisma des Führers hat sich schließlich als die bloße Allgegenwart seiner Radioreden erwiesen, welche die Allgegenwart des göttlichen Geistes dämonisch parodiert.«

Dennoch hielt auch der große Soziologe Norbert Elias an diesem Denkmodell fest. Sein Beitrag in einem »Spiegel Spezial«-Sonderheft zum hundertsten Geburtstag Hitlers 1989 trägt den Titel »Der charismatische Herrscher«. Heute ist *Charisma* längst etwas, das auch Popstars, Schauspielern und Sportlern zugeschrieben wird. Dies ist die letzte Konsequenz der »Veralltäglichung des Charismas durch Anpassung an die Bedingungen der Wirtschaft« in religiös weniger aufgeregten Gesellschaften, die schon Max Weber beobachtet hatte.

Chimäre

Die *Chimäre* ist eines von vier Geschwistern, die es in dieses Buch geschafft haben. Wie ihre Schwestern, die → *Hydra* und die *Sphinx*, und ihr Bruder, der → *Zerberus*, war sie in der griechischen Mythologie ein Kind der Ungeheuer Echidna und Typhon. Homer und Hesiod, die ältesten Dichter der Griechen, beschrieben die *chimaira* als Mischwesen; dem Ersteren zufolge bestand es aus dem Vorderteil eines Löwen, der Mitte einer Ziege und dem Hinterteil einer Schlange. Das griechische Wort, aus dem lateinisch *chimaera* hervorging, das wiederum Vorbild für unser deutsches Lehnwort *Chimäre* ist, bedeutet eigentlich ›Ziege‹. Das Substantiv, das heute ein feminines Genus hat, wurde anfangs gelegentlich als Neutrum gebraucht und in deutschen Texten lange wie ein lateinisches Wort dekliniert. Martin Luther gebraucht es

1531 in seinen Tischreden noch mit erkennbarem Bezug auf den antiken Mythos:

> Darum sind die Canonisten, des Papsts Heuchler und andere Ketzer ein recht Chimära und gräulich Wunderthier, welches am Angesicht ist wie eine schöne Jungfrau und der Leib ist wie ein Löwe, aber der Schwanz ist wie eine Schlange, das ist, ihre Lehre gleißet schön, scheinet hübsch, und was sie lehren, das gefällt der Vernunft wol und es hat ein Ansehen.

Fast zeitgleich liest man *Chimäre* schon im übertragenen Sinne von ›Hirngespinst, Wunderding‹ beispielsweise bei Sebastian Franck in seinem »Lob der Torheit«. Der bedeutendste aller Barockdramatiker, Daniel Casper von Lohenstein, sinniert im 1689 veröffentlichtem ersten Teil seines Romans »Großmüthiger Feldherr Arminius oder Hermann«: »Die inbrünstigste Liebe verlieret ihr Wesen / und verwandelt sich in eine Chimere / welche mit der Zeit so gar aus dem Gedächtnüsse verschwindet / wenn es um Ehre und Herrschafft zu thun ist.«

Spätestens im 18. Jahrhundert tauchte die der deutschen Orthografie angepasste Schreibweise *Schimäre* auf; so schrieben Christoph Martin Wieland und Friedrich Schiller das Wort, während Goethe, der im zweiten Teil des »Faust« *Chimären* auftreten lässt, Ludwig Tieck und Heinrich Heine die Variante mit *Ch* am Wortanfang bevorzugten. Inwieweit in Zeiten vor der überregionalen Regelung der Rechtschreibung eventuell dialektbedingte Aussprachеschwankungen zwischen *ch* und *sch* eine Rolle für die Schreibung spielten, kann nur vermutet werden.

Relativ jung ist in der medizinisch-biologische Fachsprache der Terminus *Chimäre* für ein Wesen, das genetisch aus unterschiedlichen Zellen oder Geweben aufgebaut ist. Seit dem 17. Jahrhundert existiert zudem ein Adjektiv zur Substantivbedeutung ›Hirngespinst‹. Goethe benutzte es im Sinne von ›verworren, abstrus‹ und nannte die Reformorthografie seines großen Dichtervorgängers Klopstock »chimärisch«.

Chuzpe

Dies ist das Beispiel für eine der atemberaubendsten Aufsteigerkarrieren im deutschen Wortschatz: Aus dem Milieu marginalisierter Außenseiter, die verachtete und lange Zeit nur von Kriminalisten untersuchte Varietäten sprachen, stieg *Chuzpe* in den Bildungswortschatz auf. Zwar wird es in den Duden-Wörterbüchern, im DWDS und bei Wiktionary noch als »salopp« oder »umgangssprachlich« gekennzeichnet, doch der Linguist Gerhard Augst rechnet es in seinem Werk über Bildungssprache dieser Stilebene zu – und er hat recht. *Chuzpe* erfüllt heute die klassischen Voraussetzungen eines bildungssprachlichen Ausdrucks: Einerseits wird es von vielen genauso wenig verstanden wie manche Wörter aus dem Griechischen, Lateinischen oder Französischen. Andererseits verwenden Sprecher mit einem großen Wortschatz den Ausdruck, um eine Nuance auszudrücken, die ihrer Ansicht nach offenbar sinnverwandten Wörtern wie *Unverfrorenheit*, *Dreistigkeit* oder *Unverschämtheit* fehlt.

Chuzpe gelangte über das Jiddische ins Deutsche und lässt sich auf das Hebräische *chuzpa* zurückführen. Jiddisch ist bekanntlich eine aus dem Mittelhochdeutschen hervorgegangene Sprache, die von aschkenasischen Juden gesprochen wird und vor dem Massenmord, den die Deutschen an dieser Bevölkerungsgruppe verübten, vor allem in Mittel- und Osteuropa weit verbreitet war.

Während viele Ausdrücke aus dem Jiddischen über das Rotwelsch, den Soziolekt nicht sesshafter gesellschaftlicher Randgruppen – Gauner, Bettler, Wanderhändler und -handwerker – ins Standarddeutsche kamen, war der Fall bei *Chuzpe* komplizierter. Hier spielte wohl eher eine Rolle, dass im 19. Jahrhundert zunehmend Publikationen jüdischer Autoren, die sich an ein breites Publikum wandten, auf Deutsch gedruckt wurden. Ein Beispiel ist der 1856 erschienene Roman »Auf dem Hradschin, oder Kaiser Rudolph II. und seine Zeit« des vom Judentum zum Katholizismus konvertierten Schriftstellers Eduard Maria Oettinger. Dieser legt einem Rabbi, dessen Tochter von einem jungen Christen belästigt wird, den Satz in den Mund: »Ihr seid ein großes Chuzpe ponim!« Erklärt wird der Ausdruck in einer Fußnote mit ›unverschämter Mensch‹. Ähnlich belegt schon 1832 Joseph Karl von Train in seinem Wörterbuch der Gauner- und Diebssprache *Chuzpeponim* als ›Naseweis‹.

Nichtjüdische Autoren bezogen *Chuzpe* zunächst noch als Imitation jiddischer Sprechweisen ausschließlich auf jüdische Verhältnisse – häufig mit antisemitischem Tenor, indem man den Juden unterstellte, dass *Chuzpe* eine ihrer typischen Charaktereigenschaften sei. Es wurde aber auch von Juden selbst in einem kritisch-abwertenden Sinn gebraucht, beispielsweise vom Reformrabbiner und Schriftsteller Adolf (Aron) Jellinek. Dieser schreibt 1869 über einen bestimmten Typus des intellektuellen Dilettanten: »Läßt er sich von den Sprichwörtern leiten: ›Chuzpe (Dreistigkeit) gilt mehr als baares Geld‹ und ›mit Chuzpe setzt man Alles durch‹, dann bringt er es sicherlich zum jüdischen Vorsteher und wird eine wahre Plage für die echte Bildung und das exacte Wissen.«

Seit dem 20. Jahrhundert wird *Chuzpe* – nachdem es eine Zeit lang noch überwiegend jüdischen Schriftstellern wie Karl Kraus und Lion Feuchtwanger oder aktuell Maxim Biller vorbehalten war – immer häufiger entleert von jedwedem Bezug zum Jiddischen verwendet, etwa bei Martin Walser. Der Adenauer-Biograf

Hans-Peter Schwarz beispielsweise bescheinigt dem ersten Kanzler der Bundesrepublik, dass dieser bei Normverstößen »mit großer Chuzpe und einer fast nachtwandlerischen Sicherheit wieder und wieder durchkam«. Auch in Publikationen wie der »Zeit« oder dem »Spiegel«, die der Autor Claus Koch einmal zu den »Intelligenzblättern« Westdeutschlands zählte, liest man das Wort nur noch als gewähltes Synonym für *Dreistigkeit*.

Couleur

Farben dienten schon in der Antike der politischen Unterscheidung. Berühmt sind die sogenannten Zirkusparteien im Römischen Reich, die sich nicht nur zusammentaten, um ihre bevorzugten Wagenlenker anzufeuern, sondern auch politische Gruppierungen sein konnten. Ebenso erkannte man auf den Schlachtfeldern aller Zeiten Freund und Feind an verschiedenen Farben. So lag es wohl nahe, das bereits im 16. Jahrhundert zunächst ganz konkret im Sinne von ›Farbe‹ aus dem Französischen entlehnten Wort *Couleur* auf politische Gesinnungen und religiöse Parteiungen zu übertragen.

Gemeinhin wird Heinrich Heines Formulierung »Pfaffen von allen Couleuren« aus seinen »Reisebildern« von 1831 als Frühbeleg für diesen Gebrauch angesehen. Allerdings spricht Heine in diesem Fall von den Kostümen einer Berliner Operninszenierung, die unter anderem die Krönung des französischen Königs durch die Jungfrau von Orléans darstellte – wobei natürlich Pfaffen von katholischer *Couleur* auftraten. Daher ist das Wort hier vielleicht doch ganz wörtlich zu verstehen – so wie Heine es in seinen französischen Briefen und Texten mehr als hundertmal verwendet, nämlich mit der konkreten Bedeutung ›Farbe‹.

Tatsächlich scheint *Couleur* erst Mitte des 19. Jahrhunderts mit politisch-weltanschaulichem Bezug versehen worden zu sein. Gottfried Keller verwendet es 1855 eindeutig so, und im deutschen Reichstag wird das Wort 1889 sogar erstmals auf politische Fraktionen übertragen – vorher und nachher ist in den Debatten viel häufiger von *Couleur* als einer durch Karamellisierung von Zucker hergestellten Lebensmittelfarbe die Rede; zur Charakterisierung von Gesinnungen wird das Wort im Reichstag erst um 1900 häufiger eingesetzt.

In diesem Sinne verbreitete sich *Couleur* allgemein im frühen 20. Jahrhundert und vor allem, als sich nach dem Ersten Weltkrieg und der Revolution 1918/19 die Zahl der Parteien und Splittergruppen in Deutschland und Österreich noch einmal vervielfachte. Vor diesem Hintergrund schimpft Karl Kraus 1926 in der »Fackel« über die viel zu vielen Demonstrationen in Wien: »[D]iese scheußlichen Explosionen der Massenseele, diese Aufmärsche des Troglodytentums jeglicher Couleur, diese Höllenmusik des Sonntags, zu der die Rädelsführer aller politischen Gesinnungen die arme Menschheit mißbrauchen [...].«

Dekade

Dieses Wort ist ein geradezu klassisches Beispiel für eine zunehmende Bedeutungsverengung. Im Französischen und im Lateinischen, aus denen es schon im 16. Jahrhundert entlehnt wurde, kann *decade* beziehungsweise *decas* mit dem Genitiv *decadis* jede Zehnereinheit bezeichnen, also von Äpfeln oder Tagen oder im Sinne einer abstrakten mathematischen Rechengröße. So findet man das Wort etwa bei Leonhard Euler in seiner 1738 erschienene »Einleitung zur Rechenkunst«, in der der geniale Mathematiker unser dezimales Zahlensystem und den Umgang damit erklärt:

> Da die Zahlen, welche zusammen gesetzet werden sollen, aus Unitaeten, Decaden, Centenariis, und so fort bestehen; so muß die Summ eben so viel Unitaeten und Decaden und Centenarios und so weiter in sich begreiffen, als die gegebenen Zahlen insgesamt in sich enthalten.

Im Mittelalter war eine *Dekade* zudem eine Maßeinheit für eine Papiermenge, die zehn Bogen umfasste. Und die überlieferten Schriften des römischen Historikers Titus Livius werden seit dem 5. Jahrhundert, als man sie erstmals in Buchform niederschrieb, in *Dekaden* genannte Abschnitte zu jeweils zehn Büchern eingeteilt. Diese Gliederung längerer Werke in Zehnerabschnitte übernahm man in der frühen Neuzeit auch für andere Autoren. Die Predigten des reformierten Theologen Heinrich Bullinger wurden zum Beispiel unter dem Titel »Decaden« in fünf Büchern zu je zehn Predigten zwischen 1549 und 1552 herausgegeben.

Im 18. Jahrhundert begann der Prozess der Bedeutungsverengung, in dem *Dekade* immer mehr auf die Bezeichnung von Zeitspannen reduziert wurde. Der Terminus konnte nun zehn Tage, zehn Monate oder zehn Jahre bezeichnen ebenso wie die zehntätige Woche im von 1792 bis 1805 gültigen revolutionären Kalender Frankreichs. In diesem Sinne liest man es bei Friedrich Christian Laukhard, der sich als verkrachter Student eine Zeit lang für das französische Heer verpflichtet hatte:

> Am Ende jeder Dekade wurden wir ausgezahlt: jeder erhielt alsdann 22 Livres 10 Sous, und so war ich immer im Stande, nicht nur zu bezahlen, was ich indessen geborgt hatte, sondern es blieb noch so viel übrig, daß ich die Dekade bey Viennot, oder sonstwo ordentlich hinbrin-

> gen, und Burgunderwein zur Genüge trinken konnte, wovon ich zwar jeden Tag etwas trank.

Doch schon Jean Paul nutzt das Wort 1793 auf eine uns ganz vertraute Weise in seinem Roman »Die unsichtbare Loge«, um das zu feiern, was wir heute Teenagerzeit nennen. Und die Stelle ist so schön, dass es eines der längsten Zitate dieses Buchs wert ist – selbst wenn es vielleicht eine Dekade von Minuten dauert, den Text zu lesen und zu verstehen:

> Gustav war jetzt in der Mitte des schönsten und wichtigsten Jahrzehends der menschlichen Flucht ins Grab, im zweiten nämlich. Dieses Jahrzehend des Lebens besteht aus den längsten und heissesten Tagen [...]. Glücklicher Jüngling! in dieser Minute nehmen alle Grazien deine Hand, die dichterischen, die weiblichen und die Natur selbst und legen ihre Unsichtbarkeit ab und schliessen dich in einen Zauberkreis von Engeln ein. [...] O sie kehrt niemals, niemals wieder, die zweite Dekade des armen Lebens, die mehr hat als drei hohe Festtage: ist sie vorüber, o so hat eine Todeshand unsre Brust und unser Auge berührt; was noch in diese dringt, was noch aus ihnen dringt, hat den ersten Morgenzauber verloren und das Auge des alten Menschen öfnet sich dann bloß gegen eine höhere Welt, wo er vielleicht wieder Jüngling wird!

Dieser Gebrauch in der Bedeutung ›Jahrzehnt‹ war wegweisend. Selbst wenn der Duden und andere Wörterbücher noch heute angeben, eine *Dekade* könne genauso einen Zeitraum von zehn Tagen oder Monaten bezeichnen, lässt die Beleglage doch nur den Schluss zu, dass das Wort in der Gegenwart fast ausschließlich für eine Spanne von zehn Jahren verwendet wird. 2016 etwa initiierte die Bundesregierung eine »Nationale Dekade für Alphabetisierung und Grundbildung (AlphaDekade)«, die bis 2026 andauern soll. Daneben wird *Dekade* im Rahmen einer weiteren

Bedeutungsverengung häufig auf ein ganz bestimmtes Kalenderjahrzehnt bezogen. Beispielsweise heißt es in einer Geschichte der deutschen Lyrik: »Die sechziger Jahre waren eine Dekade der Umbrüche und scharfen Schnitte.«

Desiderat

Hier handelt es sich um ein Wort, bei dem man die Wahl hat, es im Plural noch bildungssprachlicher klingen zu lassen, als es ohnehin schon ist – je nachdem, für welche Endung man sich entscheidet. Während die im 17. Jahrhundert bei der Herausbildung einer deutschen Wissenschaftssprache aus dem Lateinischen entlehnte Singularform *Desideratum* – wörtlich übersetzt ›Gewünschtes‹, zu *desiderare* ›wünschen‹ – selbst im fachsprachlichen Gebrauch mittlerweile selten ist, hört man in Universitäten noch häufiger den Plural *Desiderata* mit der *a*-Endung für lateinische Neutra auf *-um*.

Fachsprachlich meint *Desiderat* ein zur Anschaffung in einer Bibliothek empfohlenes Buch. Von einem *Desiderat der Forschung* zu sprechen, wenn man ausdrücken möchte, dass ein Thema erstmals oder gründlicher untersucht werden sollte, ist schon eher eine allgemein bildungssprachliche Ausdrucksweise. Im letzteren Sinne nutzt der Arzt Ignaz Semmelweis die seit dem frühen 19. Jahrhundert nachweisbare, kurze eingedeutschte Form des Wortes in seiner 1861 veröffentlichten, epochalen Schrift über das Kindbettfieber, mit der er unzähligen Frauen das Leben rettete:

> Bei dem häufigen und bösartigen Auftreten des Kindbettfiebers in der Prager k. k. Gebäranstalt erscheint die Beantwortung der Frage, wie dem heftigeren Ausbruch dieser Krankheit vorgebeugt werden könnte, als ein Desiderat jedes menschenfreundlichen Arztes [...].

Bei seinem Zeitgenossen und Arztkollegen Rudolf Virchow liest man den Terminus auch im Sinne von ›(biologische) Notwendigkeit‹. In seiner 1858 gehaltenen Vorlesung über »Cellularpathologie« doziert Virchow, man könne vom Nucleolus – dem erst 1835 entdeckten Kernkörperchen der Zelle – bei jungen Zellen »nicht sagen, dass er als ein nothwendiges Desiderat erscheine«. Genauso gebrauchen das Wort noch Adorno und Luhmann, doch allgemein bildungssprachlich wird *Desiderat* vor allem verwendet, um auszudrücken, dass man einmal ein Buch über ein bestimmtes Thema lesen möchte. Gelegentlich bezeichnet der Ausdruck auch etwas politisch Wünschenswertes; 2011 etwa postuliert die »Zeit«: »Eine europäische Medienpolitik wäre ein unbedingtes Desiderat.«

desolat

Hoffmann von Fallersleben ist heute eher durch den Text des Deutschlandliedes oder Kinderlieder wie »Ein Männlein steht im Walde« und »Morgen kommt der Weihnachtsmann« in Erinnerung. 1841 aber macht er sich in einem Gedicht über die taten- und ideenlosen Intellektuellen der späten Biedermeierzeit, in der allmählich der Geist der Revolution von 1848 zu brodeln beginnt, lustig. Die Opfer von Hoffmanns Spott sitzen im »Café National«, so heißt das Gedicht, und lesen die Zeitungen – doch darin erschöpft sich auch schon ihre politische Energie:

> Und die Zeitungsblätter rauschen,
> Und man liest und liest sich satt,
> Um Ideen einzutauschen,
> Weil man selbst gar wenig hat.
> Und sie plaudern, blättern, suchen,

> Endlich kommt ein Resultat:
> Noch ein Stückchen Aepfelkuchen!
> Zwar der Cours steht desolat.

Zu diesen Zeitpunkt hatte das etwa 300 Jahre zuvor aus lateinisch *desolatus* entlehnte Adjektiv bereits die heutige Bedeutung ›trostlos, traurig; schlecht, miserabel‹ angenommen. Zuvor, bis ins 19. Jahrhundert, bedeutete es zunächst ›wüst, einsam, öde, verlassen‹. Es gab sogar ein Substantiv mit dem Genus Neutrum dazu, und oft ist in den Quellen zu lesen, ein Kloster sei zum *Desolat* geworden, also gewissermaßen zum Geisterkloster. In der Chronik des Erzstiftes Magdeburg von Andreas Werner zum Beispiel wird 1584 über den Schwarzen Tod, der die Gegend zwei Jahrhunderte zuvor heimgesucht hatte, berichtet:

> Anno Christi 1350. war das unerhoerte grosse Sterben / da alle Kirchöffe zu klein worden / das man die todten nirgend mehr lassen kundte. [...] / Es schienen auch alle Closter, fast einem Desolat gleich / so scharff und strenge hatte sie diese Purgation mitgenommen.

Heute kann sich das Adjektiv auf Zustände konkreter wie geistiger Art beziehen, etwa auf finanzielle Schieflagen wie beim »Cours« in Hoffmanns Gedicht. *Desolat* können aber auch Gegenstände sein. In Wilhelm Raabes Roman »Der Hungerpastor« von 1863 gehören »desolate Porzellanfiguren« zu den Waren, die der jüdische Trödler Samuel Freudenstein in der Kröppelgasse anbietet.

Jede dieser Verwendungsweisen von *desolat* findet man heute als sprachliches Kleingeld in den Medien. Wer noch Bildungspunkte sammeln will, sollte das Wort wie Annette von Droste-Hülshoff in einem ihrer Briefe zur Beschreibung der seelischen Verfassung einer Person einsetzen: »Die Tante ist desolat, ihr ganzer Reiseplan zerstört.«

determinieren

Heute gilt das Wort als fachsprachlich, etwa in der Mathematik oder der Philosophie, und wahrhaft bildungssprachlich in der allgemeinen Bedeutung ›bestimmen, bedingen, festlegen‹. Doch die beiden frühesten Stellen aus der umfangreichen Belegsammlung des »Deutschen Fremdwörterbuchs« sind merkwürdigerweise ein volkstümliches Predigtgedicht und ein Kirchenlied, also Textsorten, die sich an ein breites Publikum wenden. In einer zeitgenössischen Reimpredigt über das Konzil von Konstanz aus dem frühen 15. Jahrhundert, die der Dichter Detlev von Liliencron in seine Sammlung »Volkslieder der Deutschen« aufnahm, heißt es:

> Alle christenleut die pitten got,
> was da ward determinieret
> und gar weisleich geordiniret
> nach des gemainen concili rat;
> daß das alles werd bestat.

Das nächstjüngere Beispiel ist dann ein Kirchenlied von 1503. Ist das ein Hinweis darauf, dass das aus lateinisch *determinare* entlehnte Verb früher weit verbreitet war und allgemein verstanden wurde? Wohl kaum. Dagegen spricht, dass es danach längere Zeit nur in Milieus nachweisbar ist, in denen sich wie in der Bildungs- und Wissenschaftssprache der frühen Neuzeit üblich Latein und Deutsch mischten – beispielsweise in den Tischreden Martin Luthers, allgemein in theologischen, aber auch juristischen Texten und in der Mathematik.

Die diversen, teilweise längst außer Gebrauch geratenen Spezialbedeutungen müssen uns hier nicht interessieren. Spannend ist aber die Vorstellung, die im 18. Jahrhundert zur Entstehung des Substantivs *Determinismus* führte. Damals griffen Denker wie der atheistische französische Philosoph Paul Thiry d'Holbach und der Mathematiker Pierre-Simon Laplace seit der Antike existierende Ideen neu auf und beschrieben die Welt als ein von ewigen Gesetzen *determiniertes* System: Alle Ereignisse stehen im Grunde schon fest; dementsprechend sei das Handeln des Menschen vorherbestimmt und Wahlfreiheit eine Illusion.

Diese Ansätze wurden auch von deutschen Intellektuellen der Zeit diskutiert – zustimmend etwa von dem deutschen Aufklärer Johann Wilhelm von Archenholz, der 1790 erklärt: »Es giebt gewisse Erscheinungen in der menschlichen Natur, welche dem Determinismus das Wort zu reden scheinen.« Ablehnend zeigte sich hingegen Immanuel Kant, der 1793 urteilt: »Die, welche diese unerforschliche Eigenschaft als ganz begreiflich vorspiegeln, machen durch das Wort Determinismus (den Satz der Bestimmung der Willkür durch innere hinreichende Gründe) ein Blendwerk, gleich als ob die Schwierigkeit darin bestände, diesen mit der Freiheit zu vereinigen, woran doch niemand denkt.«

Das mechanistische Weltbild, das die Aufklärung der Religion entgegensetzte, hat heute keine Konjunktur mehr. Gegenwärtig vermutet man eher, unser Handeln sei entweder durch Klassenverhältnisse – hier spricht man von Marx' »Ökonomischen Determinismus« – oder durch das Unterbewusstsein, hirnchemische Faktoren und Affekte determiniert. So sah es unter anderem schon Robert Musil, der in seinem Roman »Der Mann ohne Eigenschaften« über die Rolle der Affekte in der Politik schreibt: »Ein Zweck, ein Streben determinieren die Gefühle, und die Gefühle die Argumentation.«

dezidiert

Hier konnte sich ein Adjektiv, gebildet aus dem Partizip eines Verbs, länger halten als das ursprüngliche Wort. Im 16. Jahrhundert wurde *dezidieren* aus dem gleichbedeutenden lateinischen *decidere* entlehnt. Beide bedeuten ›entscheiden‹, und in diesem Sinne war das deutsche Fremdwort bis zum 19. Jahrhundert gebräuchlich. So bemerkt Georg Christoph Lichtenberg 1784 in einem Brief über die Grenzen wissenschaftlicher Erkenntnis: »Die schlimmsten Zeiten für die Physic und ihren Fortgang waren seit jeher die, in welchen man in Dingen die jenseit unserer Sinne liegen, decidiren zu können geglaubt hat.« In einer Vorlesung hatte der Philosoph und Physiker kurz zuvor seinen Zuhörern erklärt: »Sie werden mir erlauben, daß ich hier zuweilen decisiv spreche, nicht weil ich decidiren will, sondern weil es einmal die Hofsprache der Hypothesenmacher ist.«

Bis ins 19. Jahrhundert konnte man das Wort in Geschichtsbüchern lesen, weil es Friedrich der Große verwendet hatte und es im höfischen Umfeld späterer preußischer Monarchen noch üblich gewesen war. Dann kam es aus der Mode. Trotzdem wird *dezidieren* noch heute in Duden-Wörterbüchern verzeichnet.

Bis heute allgemein bildungssprachlich üblich ist dagegen das ebenfalls seit 500 Jahren nachweisbare Adjektiv *dezidiert*, das die ganze Bedeutungsspanne des deutschen Wortes ›entschieden‹ umfasst – also auch ›entschlossen‹ oder ›festgelegt‹. In August Wilhelm Ifflands Schauspiel »Selbstbeherrschung« von 1801 sagt zum Beispiel jemand über eine junge Frau mit gesellschaftlich anstößigen Eheplänen noch nah am Verb: »Sie ist dezidiert, den jungen Galgenstrick zu heirathen, das ist klar.« Johann Caspar Lavater gebrauchte das Adjektiv sogar im Sinne von ›markant‹; in einer seiner nachgelassenen »Hundert physiognomischen Regeln« zur Erkenntnis der Menschen behauptet er Ende des 18. Jahrhunderts:

> Wenn das Kinn dezidiert-klug ist, so hast du sicherlich einen ganz klugen [Menschen vor dir, mh]. Das Kinn ist dezidiert-klug, das in der Mitte etwas eingebogen oder gebrochen ist, dessen unterer Theil etwas vorsteht, und das mit verschiedenen Nuancen, Einkerbungen, Zügen markiert, und unten in der Mitte etwas vertieft ist.

Heute findet sich das Wort in der Literatur nur noch selten, vielleicht, weil Dichter es als abgegriffen empfinden. Umso häufiger liest man es dafür in akademischen, politischen und feuilletonistischen Texten.

Diadochenkämpfe

Als der Welteroberer Alexander der Große 323 v. Chr. in Babylon einem Fieber erlag, brachten seine Generäle nacheinander seine Mutter, seine Witwe, seinen Halbbruder, seinen Sohn und weitere Verwandte um. Doch keiner der sogenannten *Diadochen* war in der Lage, das gesamte, von Makedonien bis in das heutige Afghanistan und Pakistan reichende Imperium unter seiner Herrschaft zu vereinen. Es folgten lange Bürgerkriege mit wechselnden Bündnissen, in denen sich mehrere *Diadochen* selbstständig machten. Dauerhaft etablieren konnten sich jedoch nur die Antigoniden (Sippe des Antigonos) in Makedonien, die Ptolemäer (Sippe des Ptolemaios) in Ägypten und die Seleukiden (Sippe des Seleukos) in Vorderasien. Den Ausdruck *Diadochenkämpfe* für diese unübersichtlichen Nachfolgekriege prägte zuerst 1833 Johann Gustav Droysen, der Autor einer heute wissenschaftlich überholten, aber immer noch gut lesbaren Alexander-Biografie sowie Erfinder des Epochenbegriffes *Hellenismus*.

Bis um 1900 wurde *Diadochenkämpfe* ausschließlich auf die historischen Verhältnisse nach Alexanders Tod bezogen. Dann aber hatten ihn sieben Jahrzehnte Studium der griechischen Geschichte in Schule und Universität so etabliert, dass man ihn nun auch auf gegenwärtige Verhältnisse übertragen konnte. Zum Beispiel überlegte 1910 das »Leipziger Tageblatt«, was der deutschen Sozialdemokratie nach dem Tod August Bebels, der drei Jahre später tatsächlich eintrat, blühen könnte. Ein Korrespondent stellt auf dem Magdeburger Parteitag der SPD fest, dass großen Teilen der Partei Bebel nicht mehr radikal genug sei: »Das zeigt, was wir von der Zukunft zu erwarten haben, wenn erst einmal Augusts des Großen Reich an die Diadochen übergegangen sein wird: In der roten Monarchie werden die erbittertsten Diadochenkämpfe anheben.«

In dieser Bedeutung von ›erbitterte Kämpfe unter den Nachfolgern einer Führungsfigur‹ ist das Wort bis heute üblich. Dabei bleibt der Gebrauch keineswegs auf politische Verhältnisse beschränkt. 2004 etwa berichtet der Berliner »Tagesspiegel« über die Nachfolgeregelung im für die westdeutsche Intellektuellenszene so emblematischen Haus Suhrkamp, das Siegfried Unseld lange als überlebensgroße Verlegergestalt geführt hatte: »Dann wurde Unseld alt, heiratete eine junge Geliebte, verstieß den Sohn, konstruierte eine komplizierte Nachfolgeregelung, die zu beschreiben 100 Seiten kostet, starb, und die junge Witwe setzte sich in den postmortalen Diadochenkämpfen als neue Verlagsherrscherin durch.«

Dichotomie

Heute würde kein noch so sehr mit Fremdwörtern prunkender Bildungsbürger mehr auf die Idee kommen, *Dichotomie* als Synonym für den Tod zu gebrauchen. Doch im 17. Jahrhundert nennt Abraham Lindner in seinem Trauer-Ratgeber-Büchlein »Traur- und Trost Advent / des Herren Jesu / Bey Christlichem Leichbegängnüs« den Tod eines Ehepartners eine »blutrünstige Dichotomi«. Da war das Wort noch nicht sehr lange aus dem spätlateinischen *dichotomi* entlehnt worden. Das lateinische Wort wiederum geht auf griechisch *dichotomia* (›Teilung in zwei Hälften‹) zurück.

Sehr schnell wurde der neue Ausdruck zum Bestandteil des botanischen Fachwortschatzes, wo es die Gabelung eines Pflanzenastes und – seitdem man von Zellen weiß – auch Zellteilung bezeichnen kann. Fachsprachlich ist *Dichotomie* zudem üblich in der Mathematik beispielsweise für die Einteilung in gerade und ungerade Zahlen, in der Astronomie für die Halbphasen des Mondes und ähnlicher Himmelskörper sowie in der logischen Philosophie.

Der heutige bildungssprachliche Gebrauch kommt am ehesten dem der Psychologie nahe. Hier bezeichnet *Dichotomie* eine klinische Störung, bei der eine Person die Welt nur noch in zwei strikt voneinander abgegrenzten Kategorien wahrnehmen kann – also das, was man polemisch abwertend Schwarz-Weiß-Denken nennt. In einem ähnlichen Sinn verwendete es zum Beispiel Norbert Elias, der in seinem Buch über den »Prozeß der Zivilisation« von der »Dichotomie ›Affektivität – affektive Neutralität‹« spricht. Auch Elias' Lehrer Karl Mannheim, einer der Begründer der deutschen Soziologie, hatte *Dichotomie* schon in seinem analytischen Wortrepertoire. Wenig überraschend ist, dass das Wort auch von Niklas Luhmann und Jürgen Habermas geschätzt wurde und wird. Habermas erklärt in seiner »Theorie des kommunikativen Handelns«: »Auf der Grundlage einer immer schärfer hervortretenden Dichotomie zwischen Hoch- und Volkskultur bilden die Klassen eigene Milieus aus, schichtenspezifische Lebenswelten und Wertorientierungen.«

Die Verwendung des Wortes *Dichotomie* außerhalb der Grenzen der Fachsprachen dient heute dazu, die eigene Zugehörigkeit zur schichtenspezifischen Lebenswelt der Gebildeten zu markieren.

dis-

Diese aus dem Lateinischen entlehnte Vorsilbe drückt in deutschen Wörtern entweder Entfernung, Entzweiung, Trennung oder Verneinung sowie gelegentlich Verstärkung aus. Trennung bedeutet sie in *Distanz* oder dem aus dem englischen importierten → *Disruption*, Verstärkung in *dirigieren*, wo das *s* – wie oft vor Konsonanten – verschwunden ist. Am häufigsten wird sie verwendet, um das Gegenteil des Ausgangswortes herauszustellen: *dissonant*, wenn etwas ohne Wohlklang ist, → *diskreditieren*, wenn man jemand unglaubwürdig machen will, *diffizil* – auch hier ist das *s* vor dem *f* durch Assimilation verschwunden –, wenn etwas nicht einfach ist, *diskontinuierlich*, wenn etwas unregelmäßig und unvorhersagbar auftritt. Das Präfix *dis-* ist trotz einer ähnlich negativierenden Bedeutung nicht identisch mit der aus dem Griechischen entlehnten Vorsilbe *dys-* (›schlecht‹) in Wörtern wie → *dysfunktional* oder → *Dystopie*.

Mit *dis-* wurden im Deutschen und anderen europäischen Sprachen viele Fremdwörter gebildet, die es im Lateinischen gar nicht gibt. Während das wie eine sehr moderne Schöpfung wirkende *diskriminieren* tatsächlich schon im 16. Jahrhundert entlehnt wurde und auf das lateinische *discriminare* (›trennen, absondern, unterscheiden‹) zurückgeht, haben *disloyal* oder *disharmonisch* keine Entsprechungen im Lateinischen. Neue Zusammensetzungen mit *dis-* als Präfix sind aber nur mit Fremdwörtern griechisch-lateinischen Ursprungs möglich: *distreu, disschön, disbegabt* sind theoretisch denkbar, würden aber als gespreizt und irritierend empfunden werden.

Während fast alle deutschen Wörter, die mit *dis-* beginnen, bildungssprachlich sind, gehört eines zur Jugendsprache: Das aus dem Rap stammende Verb *dissen* (›jemanden verbal herabwürdigen‹) ist die gekürzte Slangvariante des englischen *disrespect*.

diskreditieren

Seitdem in Italien des späten Mittelalters unser europäisches Geld- und Bankensystem erfunden wurde, beruht die Stellung einer Person in der Gesellschaft auf Kredit. Das Wort, das mit dem lateinischen Verb *credere* (›glauben‹) verwandt ist, drückt aus, wie groß der Glaube eines Gläubigers ist, dass derjenige, der sich Geld leihen möchte, es auch zurückzahlen kann. Schwierig wird es für den Leiher, wenn er in *Diskredit* kommt. Dieses Wort wurde vom 17. bis zum 19. Jahrhundert in der Kaufmannssprache für fehlende Kreditwürdigkeit verwendet. Es geht auf das italienische *discredito* zurück. *Diskredit* können nicht nur Menschen haben, sondern ebenso ein ganzer Staat. Der preußische Reformkanzler Freiherr vom Stein hatte eine klare Idee davon, was man dagegen tun könne – einfach mehr Steuern eintreiben. 1811 schreibt er: »Der Discredit kann gehoben werden durch Verbesserung des Abgaben-Systems.« Weil der Kredit eines Menschen oder einer Firma auf ihrem guten Ruf beruht, kann *Diskredit* genauso den schlechten oder zerstörten Leumund bezeichnen. Heute gebraucht man in beiden Bedeutungen eher das Wort *Misskredit*.

Noch gängig ist das Verb für den Vorgang des In-Diskredit-Bringens, das im 17. Jahrhundert aus französisch *discréditer* entlehnt wurde. Beispielhaft für die heutige übertragene Verwendung des Wortes im politisch-gesellschaftlichen Sinne ist eine Stelle in Theodor Fontanes Jugenderinnerungen »Von Zwanzig bis Dreißig«, in der er die etwas zwiespältige Persönlichkeit Louis Schneiders darstellt. Schneider war Hofschauspieler und Vorleser des preußischen Königs Friedrich Wilhelm IV., außerdem unterhielt er ein fast freundschaftliches Verhältnis zu Russlands Zar Nikolaus I., der den fortschrittlichen Kräften Europas als eine Stütze galt. Schneider hatte 1827 die literarische Vereinigung »Tunnel über der Spree« mitbegründet. Seine Kontakte zu den antidemokratischen gekrönten Häuptern machten ihn aber während der Revolution 1848/49 vielen Mitgliedern verdächtig, und so schreibt Fontane Jahrzehnte später: »Wie sich denken läßt, zirkulierten im Tunnel allerhand Anekdoten über ihn, die sämtlich den Zweck verfolgten, entweder ihn politisch zu diskreditieren oder aber ihn als ›komische Figur‹ zu ridikülisieren.«

Just zur Mitte des 19. Jahrhunderts drohte nicht nur Louis Schneider eine *Diskreditierung* – dieses Verbalsubstantiv existiert ebenfalls seit dem 17. Jahrhundert und wird unter anderem von Leibniz in seinen deutschen Schriften verwendet –, sondern auch einer weitaus bedeutenderen Person, die ebenfalls engen Kontakt zum preußischen König hatte: Otto von Bismarck war sehr erleichtert, als Friedrich Wilhelm IV. davon absah, ihn als Gesandten nach Wien abzukommandieren. »Ich hatte die Befürchtung, daß man dort fortfahren würde, mich als gegnerisches Element zu behandeln, mir den Dienst zu erschweren und mich am Berliner Hofe zu discreditiren«, blickt der spätere Reichskanzler Jahrzehnte später in seinen »Gedanken und Erinnerungen« schaudernd zurück. Kaum auszumalen, welchen Verlauf die deutsche Geschichte genommen hätte, wenn es den Wienern tatsächlich gelungen wäre, Bismarck in *Diskredit* zu bringen.

Diskurs

Einer der für heutige Leser rätselhaftesten Zeitschriftentitel der deutschsprachigen Mediengeschichte ist der Name der Publikation, die der Schweizer Literaturtheoretiker, Philologe und Archivar Johann Jakob Bodmer 1721/22 zusammen mit Johann Jakob Breitinger, seinem Freund und Gefährten im Debattenkampf, herausgab. »Discourse der Mahlern« hieß ihre Zeitschrift, die wöchentlich in einer Auflage von zweihundert Exemplaren erschien. Rätselhaft ist der Titel nicht nur wegen des heute ungewöhnlichen Plurals des Wortes *Maler* im Titel, sondern weil keine Maler an der Zeitschrift beteiligt waren. Außerdem ging es nicht um bildende Kunst, sondern um Fragen der Moral und des literarischen Stils – oft in einem satirischen Ton. Bodmer und Breitinger rieten hier den frühen Vertretern einer sich allmählich hinaufmendelnden deutschsprachigen Literatur, den englischen Vorbildern nachzueifern – und nicht den Franzosen, wie es der in Deutschland bald darauf zum Literaturpapst aufsteigende Johann Christoph Gottsched empfahl. Die »Mahlern« gelangten in den Titel, weil Bodmer 1721 einen Gesprächszirkel gegründet hatte, in dem Zürcher Akademiker literarische und gesellschaftliche Fragen diskutierten. Von diesen Treffen angeregt waren die in der genannten Zeitschrift veröffentlichten 94 »Discourse«, die Bodmer und Breitinger nahezu alle allein verfasst hatten und die sie mit den Namen berühmter Maler wie Carrache, Rubeen (Rubens), Holbein, Dürer, Angelo und von Urbin unterzeichneten.

Das Wort *Diskurs* hatte, wie man daraus leicht schließen kann, damals eine etwas andere Bedeutung als heute. Als es im frühen 16. Jahrhundert aus dem französischen *discours* entlehnt wurde, stand das deutsche Wort zunächst für eine wissenschaftliche Abhandlung oder Erörterung. Seit dem frühen 17. Jahrhundert kann mit dem Wort zudem ein Gespräch, eine Unterhaltung oder ein Gedankenaustausch im allgemeineren Sinne bezeichnet werden. Diese Bedeutung hat *Diskurs* im Titel der Bodmer-Breitinger'schen Zeitschrift, und so gebraucht es noch Joseph von Eichendorff in seiner Erzählung »Aus dem Leben eines Taugenichts«, in der der Ich-Erzähler von seinen sinnlosen Flirtversuchen mit einer italienischen Magd, die ihm bei Tisch aufwartet, berichtet: »Ich knüpfte allerlei galanten Diskurs mit ihr an, sie verstand mich aber nicht, sondern sah mich immer ganz kurios von der Seite an, weil mir's so gut schmeckte, denn das Essen war delikat.« Zu Eichendorffs Zeit war der Terminus allerdings schon relativ selten. Die Neubearbeitung des Grimm'schen Wörterbuchs stellt auf Basis der Beleglage fest, dass seine Verwendung ab dem 18. Jahrhundert rückläufig war.

Ende des 20. Jahrhunderts jedoch erlebte *Diskurs* ein gewaltiges Comeback: Alle digitalen Belegsammlungen zeigen an, dass es seit den Siebzigerjahren wieder vermehrt genutzt wird und erneut in den Bildungswortschatz gelangt. Verantwortlich dafür ist einerseits – wie für so vieles – die geistesgeschichtliche Jahrhundertgestalt Michel Foucault. Der Philosoph hatte 1970 seiner Antrittsvorlesung als Professor am Collège de France den Titel »L'ordre du discours« (›Die Ordnung des Diskurses‹) gegeben. Darin zergliedert er die Mechanismen, mit denen eine Gesellschaft sich sprachlich über ihre geistigen Grundlagen verständigt; die Regelung und Lenkung dieses *Diskurses* analysiert Foucault als eine Machtfrage.

Auf der anderen Seites des Rheins und auf der anderen Seite

des Diskurses über den *Diskurs* steht Jürgen Habermas. Bei allen sonstigen Unterschieden zu Foucault gebraucht der Deutsche das Wort *Diskurs* seit den 1960er-Jahren in seiner Kommunikationstheorie auf ähnliche Weise. In seinem Text »Wahrheitstheorien« erläutert Habermas 1972: »Unter dem Stichwort ›Diskurs‹ führte ich die durch Argumentation gekennzeichnete Form der Kommunikation ein, in der problematisch gewordene Geltungsansprüche zum Thema gemacht und auf ihre Berechtigung hin untersucht werden.«

In der Linguistik wird *Diskurs* spätestens seit Dieter Wunderlichs Buch »Sprechakttheorie und Diskursanalyse« von 1976 ebenfalls als Fachterminus verwendet. Unter dem Einfluss von Foucault und Habermas wird die Vokabel dann seit den 1980er-Jahren zu einem regelrechten akademischen Modewort. Dabei half es, dass seine Bedeutung – allen Definitionen der genannten und weiterer ungenannter Geistesgrößen zum Trotz – recht unscharf blieb. Heute verrät, wer *Diskurs* sagt und schreibt, zwar durchaus Bildung, zugleich zeigt er aber, dass ihm das Gespür dafür fehlt, wie abgegriffen das Wort durch seine jahrzehntelange Allgegenwart mittlerweile ist.

Disruption

Hier handelt es sich um den jüngsten Neuzugang im deutschen Bildungswortschatz. *Disruption* steht seit 2020 im Rechtschreibduden, man findet es weder im Grimm'schen Wörterbuch noch im »Deutschen Fremdwörterbuch«. Im »Wörterbuch der Gegenwartssprache« aus der DDR taucht das feminine Substantiv genauso wenig auf wie im zehnbändigen Duden »Das große Wörterbuch der deutschen Sprache« aus der alten Bundesrepublik.

Auch in den Belegsammlungen des DWDS ist es vor 2000 nicht vertreten. In den Millionen Digitalisaten von älteren Zeitungen und Büchern in der Bayerischen Staatsbibliothek in München erscheint *Disruption* nur als Zitat aus dem Englischen; gemeint ist dabei fast immer die »Great Disruption«, die große Glaubensspaltung, die 1843 zur Entstehung der »Free Church of Scotland« führte. Selbst im Englischen war *disruption*, das ›Abbrechen (beispielsweise eines Felsen oder Eisbergs), Unterbrechen, Zerbrechen, Störung‹ bedeuten kann, vor dem Ende des 20. Jahrhunderts nicht sehr häufig; das »Oxford English Dictionary« führt nur wenige ziemlich alte Belege für das Wort, das aus dem spätlateinischen *disrumpere* (›auseinanderbrechen, zerbrechen‹) abgeleitet ist.

Erst um die Jahrtausendwende tauchte *disruption* sowie das zugehörige Adjektiv *disruptive* in amerikanischen Publikationen als viel genutztes Fachwort auf. Man beschrieb damit den Bruch mit Konventionen und vor allem das Aufkommen innovativer Technologien und Geschäftsmodelle, die ihre Vorgänger komplett überflüssig machten. In dieser Bedeutung wurde das Wort ins Deutsche übernommen. Seinen Aufstieg verdankte es eindeutig der digitalen Revolution: Der Onlinehandel etwa war die große *Disruption* im Verkauf, die Suchmaschinen machten auf *disruptive* Weise Lexika, Wörterbücher und vieles andere überflüssig.

Auch wenn *Disruption* aus dem Englischen zu uns kam, wurde seine Weltkarriere durch einen Franzosen befördert. Der international tätige Werbemanager Jean-Marie Dru veröffentlichte 1996 zunächst in den USA das Buch »Disruption. Overturning Conventions and Shaking Up the Marketplace«, ein Jahr später erschien es auf Französisch und Deutsch – hierzulande unter dem Titel »Disruption. Regeln brechen und den Markt aufrütteln«. So gilt Dru als derjenige, der *Disruption* in der internationalen Sprache der Ökonomie und Werbung etablierte.

Das Duden-Fremdwörterbuch definiert *Disruption* als ›einschneidende (meist zerstörerische) Veränderung‹. In Zeitungsquellen ist das Wort in diesem neuen Sinn seit 2002 nachweisbar, zunächst noch mit Bezug auf die USA. In einem Artikel in der »taz« über einen Reklamefilm der Jeansmarke Levis, der erstmals klassische Musik verwendete, wird eine Werberin zitiert: »Cathrin Robertson von Levis spricht von ›disruption‹, einem Durchbrechen des Erwartbaren.« In der »Zeit« erscheint *Disruption* 2013 und wird als ›schöpferische Zerstörung‹ erklärt; dieser Ausdruck war schon von dem 1950 verstorbenen Wirtschaftstheoretiker Joseph Schumpeter geprägt worden und ist tatsächlich weitgehend synonym mit dem neuen Anglizismus.

In der deutschen Politikersprache kommt *Disruption* in der Mitte der Nullerjahre an. Bundeskanzlerin Angela Merkel etwa sieht im Oktober 2016 »Kräfte der Disruption, wie man heute sagt,« am Werk, »die unsere Zukunft mit allen Chancen und Risiken prägen werden«. Seitdem verwendeten sie und ebenso Bundespräsident Frank-Walter Steinmeier das Wort häufiger in Reden.

Heute ist das Wort bildungssprachlich und halbbildungssprachlich so allgegenwärtig, dass bei seinem Gebrauch Vorsicht walten sollte. Bezeichnend ist, dass 2022 in der Krimikomödie »Glass Onion« mit Daniel Craig eine Gruppe zwielichtiger Entrepreneure von sich selbst stolz als »the great disruptors« spricht – im Film dient das eindeutig dazu, sie als aufgeblasen zu charakterisieren.

Dissens

Über die Bedeutung des *Dissens* herrscht *Konsens*. Seitdem das Substantiv im frühen 17. Jahrhundert aus dem gleichbedeutenden lateinischen *dissensus* entlehnte wurde – das sich wiederum aus der bekannten Vorsilbe *dis-* und dem Verb *sentire* (›denken, fühlen, meinen‹) entwickelt hatte –, bedeutet es eigentlich immer das Gleiche: ›Meinungsverschiedenheit, Zwiespalt, Zwist‹. Allenfalls gibt es einen minimalen Unterschied zum älteren juristisch-politischen Sinn des Wortes, der ›Widerspruch‹ gleichkommt. In diesem Zusammenhang kann man *Dissens* gegen einen juristischen oder politischen Tatbestand *einlegen* oder *erheben*. Noch der Jurist Kurt Tucholsky kannte *Dissens* als Fachwort seines Standes. 1932 schreibt er in der Glosse »Kolossal berühmt«: »Wenn zwei Kaufleute miteinander abschließen wollen, und der eine meint, es handle sich um Kauf, und der andre meint, es handle sich um Miete, so kommt auch bei einer scheinbaren Einigung kein Vertrag zustande – Dissens nennt es der Jurist.«

Zum Substantiv gehört seit dem 17. Jahrhundert das heute seltene Verb *dissentieren* (›anders denken, besonders in Fragen der Religion‹) und das wie ein Adjektiv verwendete Partizip Präsens *dissentierend*, die bei Georg Simmel, Bismarck, Marx und Heinrich von Treitschke vorkommen. Zur Bezeichnung freigläubiger protestantischer Gruppen in Großbritannien, die sich der anglikanischen Staatskirche widersetzten, übernahm man das Wort *Dissenter* ins Deutsche.

Das Gegenteil von *Dissens* ist *Konsens*. Goethe jedoch, der Mensch mit dem unübertrefflich großen Wortschatz, hatte noch ein ganz anderes Wort für ›Zustimmung, Übereinstimmung‹ im Repertoire, das außer ihm und wenigen anderen älteren Autoren niemand gebrauchte – und das noch nicht einmal in älteren Fremdwörterbüchern steht. In seinem Tagebuch berichtet Goethe von einem Besuch des bedeutenden Mineralogen und Geologen Abraham Gottlob Werner: »Mehrere geognostische Puncte theils mit Dissens theils mit Assens durchgesprochen.« Mit der Wiedereinführung des Wortes *Assens* ließen sich gewiss mehr Statuspunkte erzielen als mit der Verwendung des bildungssprachlich recht verbreiteten *Dissens* – das früher übrigens auch *Dissenz* geschrieben wurde. Allerdings würde man sich heute damit in den Verdacht bringen, ungebildet zu sein.

Distinktion

Die Scholastik genießt keinen guten Ruf. Sie gilt als absurdeste Form der Theologie, bei der sich gelehrte Mönche darum stritten, wie viele Engel auf eine Nadelspitze passen. In Wahrheit stand die mittelalterliche Philosophie für eine Neubegründung des Denkens in einem Abendland, in dem die Ratio mit dem Ende der Antike ziemlich auf den Hund gekommen war. Denken heißt unterscheiden, und so überrascht es nicht, dass *distinctio* (›Unterscheidung, Unterscheidungsmerkmal‹) als gedankliche Trennung von Phänomenen einer der zentralen Termini der Scholastik war.

Das Wort, das schon im klassischen Latein Ciceros vorkam, wurde durch die Scholastiker fachsprachlich-philosophisch definiert. In dieser Bedeutung wird es bis heute in der Philosophie verwendet, etwa bei Niklas Luhmann, der in seinem Buch »Soziale Systeme« eine Unterscheidungsmethode des Denkens beschreibt: »Beobachten ist nichts weiter als das Handhaben einer Distinktion wie zum Beispiel System und Umwelt.«

In den Debatten, die die Barockdichter im 17. Jahrhundert über die deutsche Literatursprache und die richtige Schreibung der Wörter führten, meinte *Distinktion* auch ›Rechtschreibung‹ im Sinne von ›das, was die Wörter unterscheidet‹. Am Ende des Druckfehlerverzeichnisses von Georg Rodolf Weckherlins 1618/19 erschienenen »Oden und Gesäng« wird der Leser instruiert: »Was sunsten in distinctionen und buchstaben übersehen / wirt der Löser selbs zu verbessern wissen.« Und Georg Philipp Harsdörffer versieht sein dichtungstheoretisches Traktat »Poetischer Trichter« 1650 mit einem Anhang namens »Unvergreifliches Bedencken von der Rechtschreibung und Wortscheidung / oder Distinktion«.

Unter dem Einfluss des Französischen, aus dem auch das Verb *distinguieren* (›(sich) unterscheiden‹) sowie das Adjektiv *distinguiert* stammen, nahm *Distinktion* dann eine gesellschaftliche Bedeutung im Sinne von ›das, womit man sich vorteilhaft von anderen unterscheidet‹ an. Dass kann so ein banales Stück Metall wie ein Orden oder Schmuck sein, das kann ein Verdienst oder eine besondere Wertschätzung sein, aber ebenso ein gewisser vornehm-zurückhaltender → *Habitus*. In Franz Werfels Drama »Juarez und Maximilian« von 1925 urteilt der republikanische General Porfirio Díaz über den Habsburger Maximilian, der sich zum Kaiser von Mexiko hatte einsetzen lassen: »Ernste Grazie und Distinktion wirken immer in Mexiko.« Das Gleiche ist gemeint, wenn man Menschen *distinguiert* nennt. In Maxim Billers »Harlem Holocaust« ist 1998 zu lesen: »Die paar Münchener jüdischen Intellektuellen, die es gab und die Warszawski wohl auch kannte, kamen ohnehin nie – ich glaube, sie fürchteten Warszawski, sie waren für seine Tafel in Geist und Temperament viel zu zurückgenommen und distinguiert.«

In seiner älteren gesellschaftlichen Bedeutung war das Wort *Distinktion* selten geworden, als ihm seit den 1970er-Jahren die Soziologie ein Comeback beschert. Zuerst verwendete es 1939 Norbert Elias in seinem Hauptwerk »Über den Prozess der Zivilisation« im Sinne von ›(bewusste) Abgrenzung von Angehörigen bestimmter sozialer Gruppen gegeneinander oder gegenüber der Gesamtgesellschaft‹. Populär machte das Wort dann aber vor allem der französische Soziologe Pierre Bourdieu mit seinem epochalen Buch »Die feinen Unterschiede. Kritik der gesellschaftlichen Urteilskraft«, das im französischen Original von 1979 den Titel »La distinction« trägt. Ein Autor der »Zeit« erklärt Bourdieus Distinktionsbegriff im Jahr 2011: »Der französische Soziologe Pierre Bourdieu hat dafür sensibilisiert, wie Menschen über Mode, Wohnungseinrichtung, Musikstil, Autoauswahl – kurz über alles, was im Leben Stil hat, feine Abgrenzungen von anderen betreiben, Distinktion eben.«

Durch die intensive Lektüre Bourdieus bei deutschen Geisteswissenschaftlern und Intellektuellen wurden *Distinktion* und die darauf beruhende Zusammensetzung *Distinktionsgewinn* regelrecht zu bildungssprachlichen Modewörtern. Das bescherte uns viele interessante Einsichten, denn so wie Bourdieu hatte vorher noch niemand diese Abgrenzungsprozesse untersucht. Aber die Verwendung des Wortes *Distinktion* taugt mittlerweile nur noch bedingt dazu, sich zu *distinguieren*.

divergieren

Zuerst taten es Flüsse, dann Linien, Strahlen, Pflanzen und schließlich Meinungen. Im Lateinischen beschreibt das Verb *divergere* sich teilende Flüsse oder Wasserarme. Schon lateinisch wird es dann zum mathematischen Fachausdruck für Linien und Zahlenreihen, die auseinanderstreben. Im 17. Jahrhundert gelangte das Wort als *divergieren* in unsere Muttersprache. Hier gebraucht man das Verb fachsprachlich nicht nur in der Mathematik, sondern ebenso für Strahlen in der Optik, wie beispielsweise bei Kant, Lessing und Max Planck, sowie für wuchernde Gewebe und Pflanzen. Im mathematischen Sinne verwendet es zum Beispiel Bernhard Schlink in seinem Bestseller »Der Vorleser« von 1995. Über die Hauptfigur, eine ehemalige KZ-Wärterin, teilt er mit:

> Hanna beschrieb, daß sich die Aufseherinnen verständigt hatten, aus ihren sechs gleich großen Zuständigkeitsbereichen gleich große Gefangenenzahlen zu melden, jeweils zehn und insgesamt sechzig, daß die Zahlen aber bei niedrigem Krankenstand im einen und hohem im anderen Zuständigkeitsbereich divergieren konnten.

Im Zusammenhang mit Reisen meinte *divergieren* früher manchmal auch ›abschweifen‹. So verwendet es Jean Paul Anfang des 19. Jahrhunderts im »Titan«: »Da der Wind mehr gerade ging als der Schub; so konnt' ich bald divergieren und bei einem Postmeister einkehren.«

Bildungssprachlich im eigentlichen Sinne ist *divergieren* bis heute nur in der im 18. Jahrhundert unter französischem Einfluss herausgebildeten Bedeutung ›abweichen, anderer Meinung sein‹. Exemplarisch dafür ist eine Stelle in Gerhart Hauptmanns Drama »Die Ratten« von 1911. Dort widerspricht der Schauspielschüler Spitta dem Theaterdirektor Hassenreuter: »Es ist nicht zu ändern, Herr Direktor: unsre Begriffe von dramatischer Kunst divergieren in mancher Beziehung total.«

dysfunktional

Es ist selten, dass man den Urheber eines Wortes namentlich benennen kann, doch im Falle dieses in jüngerer Zeit in den erweiterten Bildungswortschatz eingegangenen Wortes ist es möglich. Der Amerikaner Talcott Parsons führte das Wort *dysfunctional* in den 1930er-Jahren in die Fachsprache der Soziologie ein; global populär machte es dann Parsons' Schüler und Antipode Robert K. Merton mit seinem Plädoyer für »middle-range theories« (›Theorien mittlerer Reichweite‹). Damit richtete sich Merton gegen die großen Gesellschaftstheorien, die alles erklären wollen, wie beispielsweise der Marxismus, und ebenso die Gedankengebäude seines Lehrers Parsons.

Merton war ein Vertreter des Funktionalismus, der soziale Phänomene daraufhin untersucht, ob sie für die Gesellschaft »funktional« oder »dysfunktional« sind. Einer der Ersten, der das Wort *dysfunktional* in deutschen Texten verwendete, war der Politikwissenschaftler Klaus von Beyme. In seiner Laudatio zur Verleihung des Montaigne-Preises an den französischen Soziologen Raymond Aron lobte er 1968 den Ausgezeichneten mit einem Satz, der in Wortschatz und Grammatik typisch für die Generation der 68er ist:

> Vom Soziologen aber muß man erwarten, daß er die positive Bedeutung der Bewegung (nach Abzug ihrer Entartungserscheinungen) für die Reform unserer immobil gewordenen Gesellschaft analysiert und die dysfunktionalen Folgen ihres Kampfes herausarbeitet, die systemstabilisierend wirken, nicht weil sie zerstören, sondern weil sie verändern, und auch beim sogenannten Establishment Lernprozesse beschleunigen, über denen wir ohne solche Bewegungen immer wieder einzuschlafen drohen.

Älter als das Adjektiv ist das seit Anfang des 20. Jahrhunderts im Englischen als *dysfunction* und im Deutschen als *Dysfunktion* in der medizinischen Fachsprache nachweisbare und heute dort allgegenwärtige Substantiv. Man spricht beispielsweise von einer *erektilen Dysfuntion*, gegen die Viagra hilft. So ist es folgerichtig, dass *dysfunktional* besonders häufig dort verwendet wird, wo sich Gesellschaftstheorie und medizinisches Interesse überschneiden: in der Psychologie. Oft taucht das Wort in Verbindungen wie *dysfunktionale Familie* auf. Aber selbst der Staat, die Verkehrsbetriebe einer Stadt (besonders häufig in Berlin), ein Bauwerk und andere Phänomene können *dysfunktional* sein.

Dies gilt sogar für eine Fußballmannschaft. Auf der Webseite »Spielverlagerung«, die sich der Analyse von Taktiken des Fußballs widmet, resümiert 2020 der Kommentator Constantin Eckner: »Bei Deutschland aber waren alle Mittelfeldkombinationen dysfunktional, da sie aus zwei Spielern bestanden, die gern mal nach vorn (Khedira, Gündogan, Goretzka) oder zur Seite (Kroos) ausweichen, statt den Sechserraum zu schließen.« Mit der Verwendung des Adjektivs *dysfunktional*, das neuerdings auch als Synonym für das Modewort *toxisch* verwendet wird, will der Experte selbstverständlich den gehobenen intellektuellen Anspruch seiner Analyse signalisieren und sich von der gewöhnlichen Sportpresse à la »Kicker« und »Bild« absetzen.

Dystopie

Damit wir dieses Wort brauchten, musste uns erst der optimistische Blick auf die Zukunft abhandenkommen. Die Zahl der *Dystopien*, die heute fürs Kino, in der Literatur oder im Pop produziert werden, übertrifft die Zahl der Utopien bei Weitem – und selbst die Utopien sind oft nur kaum versteckte gruselige *Dystopien*.

Das Wort ist eine Lehnübersetzung des englischen Substantivs *dystopia*, das seit den 1950er-Jahren als Gegenwort zu *utopia* nachweisbar ist: *Utopia* bezeichnet im Englischen nicht nur das fiktive Land mit einer demokratischen Gesellschaft in einem Buch, das der Engländer Thomas Morus 1516 auf Lateinisch publizierte, sondern – kleingeschrieben – auch ein Produkt der Gattung optimistischer Zukunftsvisionen, die Morus mit seinem Werk begründete.

Der älteste Beleg für *dystopia* im »Oxford English Dictionary« stammt von den Professoren Glenn Negley und J. Max Patrick, die 1952 ihr Buch »The Quest for Utopia« veröffentlichten und darin den Anspruch anmelden, das Wort geprägt zu haben. Die aus dem Griechischen entlehnte Vorsilbe *dys-* hat die Bedeutung ›schlecht‹, und so ist *dystopia* der schlechte, kaum erstrebenswerte *topos* (›Ort‹), an dem man lieber nicht sein möchte.

Wenig bekannt ist außerhalb von Fachkreisen, dass *Dystopie* seit dem 19. Jahrhundert in der Sprache der Medizin beschreibt, dass sich ein Organ nicht am üblichen Ort im Körper befindet; häufig ist davon eine Niere betroffen. Dieser fachsprachliche Gebrauch hat jedoch keinen Einfluss auf die Verwendung des Wortes in der heutigen Bildungssprache.

Im Deutschen ist *Dystopie* im Sinne von ›Anti-Utopie‹ seit den 1980er-Jahren nachweisbar. 1989 wird es zum Beispiel in einer Dissertation über »Probleme der Utopie bei Christa Wolf« von Schoro Pak verwendet, 1998 dann in einem Buch des Science-Fiction-Experten Torben Schröder, der es folgendermaßen erklärt: »Die Dystopie, auch Anti-Utopie genannt, ist eine ins Negative verkehrte Spielart der Utopie. Statt eine positive Vision, ein Leitbild zu vermitteln, wird in der Dystopie anhand eines Warnbildes dargestellt, wie es im schlimmsten Falle sein könnte.«

Doch erst nach 2000 steigt der Gebrauch des Wortes steil an. Es wird ein typischer Feuilletonistenausdruck, der kennerisch Werke wie George Orwells »1984« oder Aldous Huxleys »Schöne neue Welt«, aber ebenso aktuelle Romane von Juli Zeh oder Lauren Goff sowie Filme wie »Die Tribute von Panem« charakterisiert.

echauffieren

Im Winter 2022/23, als sich alle Sorgen um die hohen Heizkosten machten, hätte man sich vielleicht einfach häufiger *echauffieren* sollen. Denn das Verb bedeutet, seitdem es zu Beginn des 17. Jahrhunderts aus dem Französischen entlehnt wurde, das Gleiche wie in der Geberspräche: ›(sich) erhitzen‹ – sowohl im physischen Sinne durch Anstrengung als auch im psychischen Sinne durch übermäßige Emotion.

Heinrich Heine lässt 1821 bewusst doppeldeutig im Unklaren, welches *echauffieren* gemeint ist, als er einen seiner Professoren beschreibt: »Als ich einmal in Göttingen bey Professor Saalfeld hospitirte, und dieser mit seiner steifen Beweglichkeit auf dem Katheder hin und her sprang, und sich echauffirte, um auf den Kaiser Napoleon recht ordentlich schimpfen zu können.« Heines Zeitgenosse Karl Gutzkow behauptet 1840 das Verschwinden derartiger Gefühlsregungen: »Das 19. Jahrhundert, dieses klare, durchsichtige, wie Januarluft schneidende Jahrhundert hat aufgehört, sich noch für irgend etwas zu ›echauffiren‹ (sonst nannte man dies Echauffement Schwärmerei), für irgend etwas ausgenommen Geld, Geld und Ruhm.«

Wie wir wissen, war diese Todesanzeige etwas verfrüht – wenige Jahre später, 1848, *echauffierten* sich die deutschen Revolutionäre aus durchaus ehrenwerten Gründen. Auch das 20. Jahrhundert *echauffierte* sich bekanntlich wieder ziemlich häufig, sogar in Massen bei faschistischen Reden oder Rockkonzerten, und die sozialen Medien des frühen 21. Jahrhunderts sind voll von sich *echauffierenden* Menschen.

In der Neubearbeitung des Grimm'schen Wörterbuchs wird *echauffieren* als »veraltend« bezeichnet. Vielleicht gilt das ja für die zugehörigen Substantive *Echauffiertheit*, *Echauffement* und *Echauffierung* sowie für den adjektivischen Gebrauch des Partizips *echauffiert*. Doch die Verwendung des Verbs *echauffieren* ist – darauf deuten digitale Quellensammlungen hin – im neuen Jahrtausend möglicherweise sogar angestiegen. Wenn selbst eine Jugendbuchautorin wie Kirsten Boie das Verb benutzt, dann geht sie wohl davon aus, dass es noch ziemlich bekannt ist. In Boies Roman »Skogland« aus dem Jahr 2005 sagt eine Mutter zu ihrer Tochter: »Mich wundert, dass du dich über eine kleine Ähnlichkeit so echauffieren kannst.« Zwar wird das Wort damit als Erwachsenenausdruck gekennzeichnet, aber Boie setzt voraus, dass ältere Jugendliche das Wort zumindest schon einmal gehört haben. Möglicherweise liegen die Wörterbuchautoren des neuen »Grimm« mit ihrem Abgesang auf das Verb also genauso schief wie Gutzkow 1840 mit seiner Grabrede auf das zugehörige Gefühl.

eklatant

Im Französischen war ein *Eklat* ursprünglich ein Knall: *Éclat* beschrieb dort zunächst nur ein ›lautes Geräusch‹. Dann nahm es auch die Bedeutung ›Skandal, Krach, Aufsehen‹ an – und nur in diesem Sinne wurde es ins Deutsche übernommen. Das französische Substantiv geht zurück auf das Verb *éclater* (›zerplatzen, knallen, lärmen‹), dessen Partizip *éclatant* lautet. Im 17. Jahrhundert gelangte *eclatant* ins Deutsche, wo man es noch bis zum Beginn des 20. Jahrhunderts immer mit c schrieb; erst dann setzte sich die Schreibweise mit k durch. Man darf annehmen, dass dahinter die sprachpuristischen Bestrebungen des Allgemeinen deutschen Sprachvereins (ADSV) standen, die sich im Ersten Weltkrieg geradezu zur nationalen Hysterie steigerten. Unter anderem sorgten sie dafür, dass aus dem Wort *Cakes*, mit dem die Firma Bahlsen ihre Plätzchen bezeichnete, unser heute gebräuchliches *Keks* wurde.

Im Deutschen wird *eclatant/eklatant* von Anfang an nur im übertragenen Sinne von ›offenkundig, aufsehenerregend‹ verwendet. In Anlehnung an die französische Wendung *vengeance éclatante* nutzte man das Adjektiv in älteren Zeiten, als das Französische die zweite Muttersprache aller Gebildeten war, um auszudrücken, dass eine Rache besonders heftig ausfiel. Im Roman »Reichsgräfin Gisela« der im 19. Jahrhundert sehr erfolgreichen Unterhaltungsschriftstellerin Eugenie Marlitt sprechen Dorfbewohner über einen verschwundenen Studenten, der den Tod eines Hüttenmeisters verursacht hatte: »Sie erzählten in tiefster Entrüstung, welch schreckliche Dinge der verabscheuungswürdige ›Demagoge‹ Seiner Exzellenz ins Gesicht gesagt – und daß dieses schauderhafte Verbrechen eine eklatante Sühne verlangt hatte, war selbstverständlich [...].«

Näher am allgemeinen bildungssprachlichen Gebrauch des

Adjektivs ist die Verwendung bei Patrick Süskind. In seinem Weltbestseller »Das Parfum« schwärmt der Marquis de la Taillade-Espinasse, ein Kunde des verbrecherischen Parfümeurgenies Grenouille: »Es sei [...] selbst für ihn als Entdecker des letalen Fluidums, verblüffend zu sehen, welch eklatanten Einfluß ein so nebensächliches und flüchtiges Ding wie ein Parfum, je nachdem ob es aus erdverbundnen oder erdentrückten Provenienzen stamme, auf den allgemeinen Zustand eines Individuums nehme.« Der Marquis wird von Süskind durch den Gebrauch von *eklatant* und anderen Fremwörtern nicht nur als belesener Mann gekennzeichnet, sondern der Schriftsteller lässt das Französische auch im deutschen Satz durchschimmern.

elaboriert

»Ora et labora« lautet bekanntlich ein Motto, das den mittelalterlichen Benediktinermönchen zugeschrieben wird: ›Bete und arbeite.‹ Der Arbeit wurde damit ein spiritueller Wert gegeben. Angesichts der Popularität des Spruches im Spätmittelalter, aus dem die ersten Überlieferungen stammen, ist es wohl kein Zufall, dass in der frühen Neuzeit ein Verb wie *elaborieren* und das partizipische Adjektiv *elaboriert* gerne von Geistlichen in Bezug auf das Fertigstellen ihrer eigenen Predigten, Schriften und theologischen Gedankengänge gebraucht wurde.

Konkret bedeutet das aus lateinisch *elaborare* entlehnte Wort ›ausarbeiten, sich mühen‹. Es war ein typisches Element des mit lateinischen Lehnwörtern und ganzen lateinischen Satzteilen durchzogenen Stils, den man aus Luthers Tischreden kennt und der erst im 18. Jahrhundert durch das Bemühen um eine deutsche Literatur- und Wissenschaftssprache aus der Mode kam. Noch im

Jahr 1715 schreibt Gottlieb Siegmund Corvinus in seinem »Frauenzimmer-Lexikon« über eine Maria Klauin: »Maria. J. N. eines Priesters gelehrtes Weib, sie soll von solcher Geschicklichkeit und Klugheit gewesen seyn, daß sie ihrem Manne viel Predigten elaboriren helffen.«

Im 19. Jahrhundert tauchte das Wort dann immer seltener auf; es wurde zum Kennzeichen eines *Elaborats*, so nennt man seit dieser Zeit einen umständlichen, geistlosen, mühselig zu lesenden Text. Doch in der zweiten Hälfte des 20. Jahrhunderts erlebte *elaboriert* dann ein grandioses Comeback. Wie bei → *dysfunktional* und → *Distinktion* war dafür wieder einmal ein Soziologe verantwortlich – ein Zeichen dafür, welchen großen geistigen Einfluss diese junge Wissenschaft eine Zeit lang ausübte. In den Fünfzigerjahren unterschied der Brite Basil Bernstein bei den Sprechweisen von Mittel- und Unterschicht einen *elaborierten Code* (*elaborated code*) und einen *restringierten Code* (*restricted code*). Der Soziologe hatte sich gefragt, warum höhere Schüler aus der Arbeiterklasse in Tests, bei denen es auf sprachliche Fähigkeiten ankam, regelmäßig schlechter abschnitten als solche aus der Mittelklasse, während sie in Mathematik nicht zurückblieben. *Elaboriert* nannte Bernstein eine abwechslungsreiche, differenzierte Sprechweise, *restringiert* eine mit weniger Ausdrucksvarianten. Ein Merkmal für Letztere war Bernsteins Ansicht nach der starre und beschränkte Gebrauch von Adjektiven und Adverbien. In Deutschland rezipierte man Bernsteins Thesen seit einem Aufsatz im Jahr 1971 in der damals noch wegweisenden Zeitschrift »Kursbuch«, wodurch das Adjektiv *elaboriert* wieder zu einem Element der Bildungssprache wurde.

Elaboriert im Sinne von ›differenziert, formenreich‹, aber auch abwertend mit der Bedeutung ›kompliziert‹ kann heute nicht mehr nur Sprache sein, sondern ebenso ein Kunstwerk, ein Video oder die anspruchsvolle Küche eines Restaurants. Ein Beispiel für den erweiterten Gebrauch ist ein Beitrag des CDU-Bundestagabgeordneten Joachim Pfeiffer bei einer Debatte über Energiepreise: »Viele Verträge vereinbaren einen Basispreis und eine elaborierte Preisformel, die zum Beispiel die Inflation oder erhöhte Lohnkosten beinhaltet.«

Wer allzu viele der Wörter aus diesem Buch in seine Rede einflicht, spricht zwar sicher einen *elaborierten Code*, geht aber das Risiko ein, dass ihm vorgeworfen wird, ein *Elaborat* verfasst zu haben.

enigmatisch

Die meisten Gebildeten wissen heute, was *enigmatisch* heißt – aber was um alles in der Welt ist *änigmatisch*? Walter Benjamin schreibt in seinem Buch »Der Ursprung des deutschen Trauerspiels« von »änigmatischen Hieroglyphen«, mit denen sich die Gelehrten der Renaissance und des Barockzeitalters beschäftigten. Tatsächlich war die Schreibweise mit ä eine Zeit lang üblich neben der mit e, die 1538 in einem Buch des protestantischen Theologen Georg Witzel erstmals belegbar ist. Dieser bezeichnet eine Bibelstelle im Lukasevangelium als »eins teils enigmatisch« – also teilweise rätselhaft –, wenn Jesus seinen Jüngern rät: »Aber nun, wer einen Geldbeutel hat, der nehme ihn, desgleichen auch eine Tasche, und wer's nicht hat, verkaufe seinen Mantel und kaufe ein Schwert.«

Die Variante mit ä orientiert sich am lateinischen Wort *aenigma* (›Rätsel, Geheimlehre‹), das auf das gleichbedeutende griechische *ainigma* zurückgeht. Benjamin schreibt also philologisch gesehen korrekter. Trotzdem ist *enigmatisch* mit e von Anfang an die häufigere Form, während das neutrale Substantiv *Enigma*, das erst im 18. Jahrhundert in deutschen Texten auftauchte, zunächst noch überwiegend *Aenigma* geschrieben wurde.

Enigmatisch wie *Enigma* waren bis in die jüngere Zeit relativ selten. In die Neubearbeitung des Grimm'schen Wörterbuchs wurde das Adjektiv ebenso wenig aufgenommen wie ins »Deutsche Fremdwörterbuch«; selbst in den mehrbändigen gegenwartssprachlichen Wörterbüchern der DDR und der Bundesrepublik fehlt es noch. Jedoch stieg sein Gebrauch in der zweiten Hälfte des 20. Jahrhunderts – möglicherweise unter dem Einfluss des englischen *enigmatic*. Zum Beispiel überlegt in Ingeborg Bachmanns Roman »Malina« von 1971 eine verwirrte Sängerin, die sich vom Gehilfen des Intendanten ein Textbuch erbeten hatte: »Er und alle anderen lächeln enigmatisch, sie wissen etwas, was ich nicht weiß, was wissen die alle nur?« Lustigerweise wird Bachmann dann selbst 2017 in einem Artikel für die »Zeit« von der Schriftstellerin Eva Menasse als »enigmatische Dichterin« bezeichnet.

Zu diesem Zeitpunkt ist *enigmatisch* längst eine allgegenwärtige Vokabel der Feuilletons, die für die Charakterisierung von Wagners Bühnenwerken, Mahlers Symphonien und den Sänger David Bowie ebenso verwendet wird wie für die Regierungstätigkeit des bayerischen Ministerpräsidenten Horst Seehofer.

ephemer

Die Eintagsfliege ist ein ziemlich *ephemeres* Wesen, denn ihr Dasein ist nur von kurzer Dauer. Deshalb entschied sich der Biologe Carl von Linné, Schöpfer der wissenschaftlichen zoologischen Nomenklatur für Flora und Fauna, die Klasse der Eintagsfliegen lateinisch *ephemera* zu nennen.

Ursprünglich stammt das Wort aus dem Griechischen, wo *ephemeros* ›nur einen Tag lebend, ohne bleibende Bedeutung‹ meint. Im Sinne von ›vorübergehend, von kurzer Dauer‹ gelangte *ephemer* dann im 18. Jahrhundert ins Deutsche und hier zunächst in die Sprache der Medizin. Man spricht zum Beispiel von einem *ephemeren Fieber*; daneben gibt es seit dem 16. Jahrhundert die Variante *ephemerisches Fieber*. Im späten 18. Jahrhundert nahmen beide Adjektive eine übertragene Bedeutung an und können nun ›bedeutungslos, unbeständig‹ meinen. Wieland und Goethe gebrauchten noch die Form *ephemerisch*, die aber im 19. Jahrhundert allmählich verschwand; Knigge und Uhland bevorzugten *ephemer*.

In der Kunsttheorie des 18. und 19. Jahrhunderts wurde *ephemer* zu einem Schimpfwort, mit dem sich tiefschürfende Deutschen unter anderem vom kommerziellen Treiben der italienischen Oper oder von erfolgreicheren Landsleuten vorteilhaft distanzieren wollten. So liest man 1811 in einem Almanach aus Rom: »Der deutsche Componist schafft Geisteswerke, über die noch die Nachwelt urtheilen kann, der italienische schreibt ephemere Entwürfe für die Mitwelt.« Franz Liszt rät Richard Wagner 1850 zu einem vorsichtigen Anknüpfen an die »ephemeren Unternehmungen der englischen Theater«. Und Joseph von Eichendorff berichtet in seiner Dramentheorie pikiert über die »Concessionen«, die der Publikumsliebling August von Kotzebue »mit ephemerem Erfolge« mache.

Von da an hat *ephemer* eigentlich fast immer etwas Herabsetzendes. Schaudernd sprechen Schriftsteller wie Hugo von Hofmannsthal von italienischen Politikern und deutschen Erfolgsautoren, deren Karrieren »ephemer« seien. Gesteigert wird das Wort zuletzt bei Annette Kolb, die das Adjektiv gar im Sinne von ›nicht existent, irreal‹ verwendet. Über die Tantiemen, die die Mutter der Familie Lautenbach in Kolbs Roman »Die Schaukel«

für ihre Kompositionen erhofft, kann deren Sohn nur heimlich pfeifend spotten: »Otto hatte einen Pfiff erfunden, der sich speziell auf den ephemeren Charakter dieser Einnahmen bezog.«

Vom DWDS wird *ephemer* dem »gehobenen« Ausdrucksbereich zugeschlagen; der Duden wie der Linguist Gerhard Augst rechnen es zu den bildungssprachlichen Wörtern. Das zeigt, wie fluid die Grenzen zwischen den beiden Kategorien oft sind.

Epigone

In Woody Allens wunderbarem Spätwerk »Midnight in Paris« reist ein amerikanischer Drehbuchautor, der lieber künstlerisch wertvolle Romane schreiben will, mit seiner Verlobten nach Paris. Dort wird ihm aber umso schmerzhafter bewusst, dass er nur ein *Epigone* ist und für die wirklich großen Zeiten der Moderne fast ein Jahrhundert zu spät kommt. Als er aufgrund eines unerklärlichen Phänomens nächtliche Zeitreisen in das Paris der Zwanzigerjahre antreten kann und dort Hemingway, Gertrude Stein, Picasso, Dalí und F. Scott Fitzgerald kennenlernt, bemerkt er, dass es auch in jener Epoche Menschen gibt, die mit dem Gefühl leben, eine viel bedeutendere Ära versäumt zu haben. Mit einer jungen Muse, in die er sich verliebt und die sich nach der Belle Époque um die Jahrhundertwende sehnt, zeitreist er um weitere Jahrzehnte zurück. Dort offenbaren ihm drei Künstler, die wir heute als Riesen ansehen – Henri de Toulouse-Lautrec, Edgar Degas und Paul Gauguin –, dass sie sich ebenfalls als *Epigonen* empfinden und selbst lieber in der Renaissance gelebt hätten.

Das Wort *epigonos* bedeutet im Griechischen ›Nachkomme‹ und wurde in mythologischen Erzählungen für die Söhne der

»Sieben gegen Theben« gebraucht, die zehn Jahre nach der Niederlage und dem Tod ihrer Väter die Stadt eroberten. In deutschen Texten liest man *Epigone* seit dem späten 18. Jahrhundert, zunächst noch im neutralen Sinne von ›Nachfolger‹. Eine nachhaltige Bedeutungsverschlechterung erfuhr das Wort 1836 durch Karl Immermanns Roman »Die Epigonen«. Darin plagen sich ein junger Mann und eine Adelsfamilie mit dem Leben in überholten Verhältnissen und der Wiederholung der Vergangenheit als Farce. Der Autor erklärt sein Werk in einem Brief:

> »Die Epigonen« behandelt den Segen und Unsegen des Nachgeborenseins. Unsere Zeit, die sich auf den Schultern der Mühe und des Fleißes unserer Altvorderen erhebt, krankt an einem gewissen geistigen Überflusse. Die Erbschaft ihres Erwerbes liegt zu leichtem Antritte uns bereit, in diesem Sinne sind wir Epigonen. Daraus ist ein ganz eigentümliches Siechtum entstanden.

Seither werden das Wort *Epigone* und das Adjektiv *epigonal* zur Beschreibung ähnlich empfundener Zustände genutzt. Aus der Mode kam es aber nie: Einerseits, weil Neuheit in der europäischen Kultur spätestens seit dem Geniekult der Sturm-und-Drang-Epoche einen höheren Wert hat als Nachahmung und Regelhaftigkeit. Andererseits, weil das Gefühl vorherrscht, dass seit dem Höhepunkt der künstlerischen Moderne im 20. Jahrhundert sowie dem Ende der großen Welterklärungsmodelle in der Zeit nach 1989 nichts grundlegend Neues mehr in Kunst und Politik hinzukommt – im krassen Gegensatz zu den rasenden technischen Entwicklungen.

Typisch für den Gebrauch des Wortes ist das Urteil, das Willy Brandt in seinen Erinnerungen über die CDU-Politiker nach dem ersten Kanzler der Bundesrepublik fällt: »Was bei Adenauer noch Grund und jedenfalls Format gehabt haben mag – auch wenn es auf eine Goldwaage schon damals nicht paßte – wurde durch wiederkäuende Epigonen zum puren Ärgernis.«

Das Dilemma des Epigonentums, das – siehe Woody Allen – manchmal nur ein eingebildetes ist, bringt Ernst Bloch in »Das Prinzip Hoffnung« auf den Punkt: »Der Epigone befindet sich stets nur auf den gangbaren Straßen, welche Produktivität vor ihm gebaut und geschmückt hat, in der Notierung des Neuen verhielt sich aber auch die bisherige Produktivität so, als kenne sie nur Epigonentum.«

Epitheton

Von den Wörtern, die ich in diesem Buch vorstelle, können viele als *Epithethon* genutzt werden, vor allem, wenn es sich um ein Adjektiv handelt. Als *Epitheton* bezeichnete man schon in der antiken Rhetorik ein Beiwort. Es geht, wie die *on*-Endung anzeigt, auf das Griechische zurück und wurde von dort ins Lateinische und anschließend ins Deutsche entlehnt, ohne seine Form zu verändern. Die Bedeutung des griechischen Wortes lautet ›das Hinzugefügte, das später Eingeführte‹.

In der Rhetorik unterscheidet man schon seit der Antike zwischen dem *epitheton ornans*, dem schmückenden Beiwort, das nicht unbedingt nötig ist, und dem *epitheton necessarium*, dem notwendigen, etwas Wesentliches ausdrückenden Beiwort. Die Frage nach dem Wert und Nutzen von *Epitheta* prägte die Diskussion der Barockpoetik um eine deutsche Literatursprache. In seinem für die Dichtkunst grundlegenden »Buch von der deutschen Poeterey« erkennt Martin Opitz 1624 ihren Wert an: »Newe wörter / welches gemeiniglich epitheta, derer wir bald gedencken werden / und von andern wörtern zuesammen gesetzt sindt / zue erdencken / ist Poeten nicht allein erlaubet / sondern macht auch den getichten / wenn es mässig geschiehet / eine sonderliche anmutigkeit.« Daher sei es nötig, *Epitheta*, »an denen bißher bey uns grosser mangel gewesen / sonderlich von den Griechen und Lateinischen ab[zu]stehlen / und uns zue nutze [zu] machen«. Denn sie gäben »den Poetischen sachen einen solchen glantz«.

Kaum sechs Jahrzehnte später allerdings hatten die Dichter des Barocks das Erfinden neuer Beiwörter und den Gebrauch von *Epitheta* dermaßen auf die Spitze getrieben, dass übermäßiger Einsatz von Adjektiven seither als typisches Kennzeichen eines schwülstigen Stils gilt. Schon 1682 rät Daniel Georg Morhof in seinem »Unterricht von der Teutschen Sprache und Poesie«, »schwülstige Epitheta und Periphrases ganntzlich zu meiden«.

Wie allgegenwärtig *Epitheta* dennoch bis heute geblieben sind, zeigt der sprachkritische Philosoph Fitz Mauthner 1910 am Beispiel des Wortes Wahrheit:

> In sehr zahlreichen Redensarten wird eine besonders wahre Wahrheit von der Wahrheit überhaupt unterschieden: die ganze, volle, gründliche, schlichte, runde, strenge, reine, pure, lautere, nackte (nuda veritas; auch die meisten andern dieser Epitheta haben Analoga in den andern Sprachen, sogar die *deutsche* Wahrheit [Hervorhebung im Original, mh]), bloße, bare, ungeschminkte, dürre, scharfe, unumstößliche, ausgemachte, höchste (summa) Wahrheit.

Die Bedeutung von *Epitheton* wurde im Laufe der Jahrhunderte immer mehr erweitert. Heute kann damit auch ein Substantiv gemeint sein oder eine ganze Wortgruppe wie in Ingo Schulzes Nachwende-Roman »Neue Leben«, in dem der Held Enrico Türmer seinem Freund Jo über den Auftritt des Erbprinzen von Altenburg-Gera in der ersten frei gewählten Volksversammlung berichtet: »[D]er Besuch trägt das Epitheton ›organisiert vom Altenburger Wochenblatt‹«. Von der »sonderlichen anmutigkeit«, die Opitz mit den Epitheta in der Poesie zu erreichen gedacht, ist in der Realität des von Schulze bespöttelten Konglomerats von Lokalpolitik und Lokaljournalismus nicht mehr viel übrig geblieben.

eruieren

Manchmal muss man die Wahrheit unter einer Schicht von Schutt hervorgraben. Diese Empfindung kam offenbar nicht erst im Zeitalter der alternativen Fakten auf, sondern war schon bei den Römern verbreitet. Bereits Cicero sprach davon, Tatsachen »ex tenebris« (›aus der Dunkelheit‹) zutage zu fördern, und benutzte dafür das Verb *eruere*, das ›ausgraben‹ bedeutet und eine Zusammensetzung aus *ex* (›aus‹) und *ruere* (›wühlen, graben‹) ist. Dieselbe Metaphorik liegt noch dem Wort *Wühler* zugrunde, mit dem Goebbels den anarchistischen Schriftsteller Erich Mühsam beschimpfte. Positiv gewendet gebraucht es der Feuilletonist Willi Winkler 2013 in seiner Laudatio anlässlich der Verleihung des Bebel-Preises an Günter Wallraff. Über den Mann, der sich verkleidet in die Lebensverhältnisse der Ausgebeuteten und in die Redaktion der »Bild«-Zeitung eingeschlichen hatte, sagt Winkler: »Günther Wallraff wühlt im Dreck.« In eine ähnliche Richtung weist der englische Ausdruck *muckraker* (›Schmutzaufwühler, Nestbeschmutzer‹) für Enthüllungsjournalisten.

Das *eruere* von Cicero & Co. gelangte im 17. Jahrhundert mit der typischen Fremdwortnachsilbe → *-ieren* in der Bedeutung ›ermitteln, erforschen, ausfindig machen‹ ins Deutsche. Während es zunächst noch im halblateinischen Kauderwelsch der frühen deutschen Wissenschaftssprache angesiedelt war, wird es heute längst allgemein in gewählter Ausdrucksweise verwendet. Der »junge Herr«, der in Arthur Schnitzlers erotischem Stationendrama »Der Reigen« gerade bei einer jungen Frau liegt und von ihr gefragt wird: »Wie spät ist es eigentlich?«, antwortet darauf: »Wie soll ich das eruieren?« Damit gibt er sich als gebildeter Angehöriger einer höheren Klasse zu erkennen und zugleich als ein bisschen postkoital verblödet. Die Geliebte kontert mit der bodenständigen Antwort: »Du musst eben auf die Uhr sehen.«

Ethos

Das Wort ist heute geradezu ein Leitwort jeglichen → *Diskurses* über richtiges Verhalten. Zahlreiche Wendungen wie *ärztliches, journalistisches* oder *soldatisches Ethos* und Zusammensetzungen wie *Berufsethos, Standesethos* oder *Arbeitsethos* zeugen davon. Sein Sinn ist dabei selten klar von dem der *Ethik* geschieden. Beide haben die gleiche etymologische Wurzel und gehen auf *ethikos* (›den Charakter betreffend‹) zurück, das im Griechischen eine Adjektivbildung zum Substantiv *ethos* ist.

Im Deutschen war *Ethos*, als es im späten 18. Jahrhundert aus dem Griechischen entlehnt wurde, zunächst ein Begriff der Literaturtheorie rund um die Weimarer Klassik. Wieland, Schlegel und Schiller benutzen das schon in der Antike gebräuchliche Begriffspaar *Ethos* und *Pathos*, um die Triebkräfte von Figuren in der Tragödie zu beschreiben. So erläutert Friedrich Schiller: »Würde wird mehr im Leiden (pathos), Anmuth mehr im Betragen (ethos) gefordert und gezeigt.«

Im Griechischen meint *ethos* ›Gesinnung, Charakter‹, wenn von einer einzelnen Person die Rede ist, und ›Sitte, Herkommen, Gebrauch‹, wenn es um eine Gruppe geht. Seit dem frühen 19. Jahrhundert wird *Ethos* zur Bezeichnung für das, woran sich menschliches Verhalten im besten Falle orientiert; nach der Definition des Duden-Fremdwörterbuchs bedeutet es ›vom Bewusstsein sittlicher Werte geprägte Gesinnung, Gesamthaltung; ethisches Bewusstsein; Ethik‹. Häufiger wurde das Wort aber erst im 20. Jahrhundert gebraucht. Beispielhaft ist ein Zitat aus Carl Friedrich von Weizsäckers Buch »Bewusstseinswandel« von 1988:

> In Gesellschaften, in denen das ebenfalls uralte Ethos des Herrschens und Dienens selbst eine überkommene und beibehaltene Verhaltensform ist, ist die dienende Klasse oft konservativer als die zu Experimenten fähigen, zu neuen Einfällen freigesetzten Herren.

Peter Sloterdijk kann 1983 bei seiner bildungssprachlich versierten Leserschaft Vertrautheit mit dem ganzen weiten Bedeutungsgehalt des Wortes voraussetzen, wenn er in seiner »Kritik der zynischen Vernunft« über den Beginn der Säkularisierung der Moral schreibt: »Die Aufklärung überrascht die Religion, indem sie sie im Ethos ernster nimmt als diese sich selbst.« *Ethos* kann immer nur im positiven Sinne verwendet werden; Verbindungen wie *Nazi-Ethos* oder *verbrecherisches Ethos* sind kaum vorstellbar.

evozieren

Das Wort kannte im Laufe seiner 400-jährigen Karriere im Deutschen viele Bedeutungen, und fast alle hatten etwas mit ›rufen‹ zu tun, denn es ist aus dem lateinischen *evocare* (›herausrufen, hervorrufen, herbeirufen‹) entlehnt. In der Amts- und Gerichtssprache des 17. und 18. Jahrhunderts wurde man vor ein Gericht oder zur Armee *evoziert* oder *evociert*; heute verwenden wir dafür die Wörter *vorladen* und *einberufen*. Im 19. Jahrhundert wurde das Verb vereinzelt auch für die Beschwörung von Geistern oder Schutzgöttern gebraucht. Und neuerdings kann in der Politik eine höhere Instanz eine Sache zur Entscheidung *evozieren*, also an sich ziehen.

Seine nicht unprominente Stellung in der heutigen Bildungssprache verdankt das Wort aber allein der im 20. Jahrhundert unter dem Einfluss von französisch *évoquer* in der Sprache der Psychologie wie der Betrachtung der Künste aufgekommenen Bedeutung ›(Bilder, Vorstellungen, Gefühle) suggestiv hervorrufen‹. Sigmund Freud und Josef Breuer nutzen es so in ihren für die Psychoanalyse grundlegenden »Studien über Hysterie« von 1895. Dort stellen sie zur Behandlung einer Patientin fest: »Es erwies sich als ganz unthunlich, die Sache abzukürzen, indem man die erste Veranlassung der Symptome in ihre Erinnerung zu evocieren suchte.«

Von der Psychologie – wie die Soziologie eine Leitwissenschaft des 20. Jahrhunderts – ging *evozieren* in das Reden über Kunst ein, wo es immer dann hilfreich ist, wenn der Kritiker nicht konkret beschreiben kann, mit welcher handwerklichen Methode der Künstler eigentlich eine bestimmte Wirkung erzielt. Bedeutungsähnliche Wörter sind *assoziieren, provozieren* und *suggerieren*. Manchmal ist es der Künstler selbst, der zu so einem unklaren Wortbehelf greift. So erklärt 2016 in der »Zeit« Boris Blank, ein Mitglied des wegweisenden Elektronikduos »Yello«, zu seiner Musik: »Außerdem scheint sie Bilder zu evozieren, jedenfalls werden meine Kompositionen häufig für Filmmusiken verwendet.« In Blättern wie der »Zeit« und der »FAZ« finden sich für diese Verwendungsweise des Verbs Hunderte von Belegstellen, überwiegend in den Feuilletons.

exorbitant

Wenn der Papst alljährlich zu Ostern seinen Segen »Urbi et orbi« spricht, hören ihm *exorbitant* viele Menschen auf der ganzen Welt zu. Das Wort *orbis* bedeutet ›Kreis, Rundung‹, und der Pontifex segnet ›die Stadt und den Weltkreis‹. *Orbis* steckt auch im Adjektiv *exorbitant*, das auf lateinisch *exorbitans* zurückgeht, aber im 17. Jahrhundert aus dem Französischen entlehnt wurde, wie die Endung → *-ant* anzeigt. Genau wie im Deutschen bedeutet es schon im Lateinischen, dass etwas außergewöhnlich ist, in dem es von der *orbita* (›Gleis, Fahrbahn‹) abweicht oder die Grenzen des üblichen *orbis* überschreitet.

Im Deutschen hat das Wort von Anfang an die intensivierende Bedeutung ›außerordentlich, jenseits des Gewöhnlichen‹. Schon früh wurde *exorbitant* auf Kaufpreise bezogen, wie beispielsweise bei Johann Gottfried Seume, der 1803 beschreibt wie er auf seinem »Spaziergang nach Syrakus« aus Deutschland kommend die Schweiz und Frankreich in Richtung Dijon durchquerte und bemerkt: »Wenigstens war nirgends der drückende Mangel und die exorbitante Teurung, die man jenseits der Alpen fand.«

Früher konnte *exorbitant* auch neutral im Sinne einer bloßen Zustandsbeschreibung verwendet werden. Beispielhaft dafür ist ein Zitat in Theodor Mommsens »Römischer Geschichte«, in dem er die Rechte der Censoren in der Römischen Republik erklärt: Diese hätten »die exorbitante Befugniss« gehabt, »von fünf zu fünf Jahren die Rathliste zu revidiren und nach Gutdünken Namen zu streichen oder zuzusetzen«.

Ungewöhnlich erscheint uns heute die Beschreibung einer Person mit dem Attribut *exorbitant*. Ricarda Huch entschied sich 1912/14 für dieses Wort, um in ihrer Geschichte des Dreißigjährigen Krieges den »tollen Christian«, einen Braunschweiger Herzog und protestantischen Heerführer, zu charakterisieren. Dieser kämpfte für den Winterkönig Friedrich von der Pfalz und mehr noch – in einer Art ritterlichem Minnedienst – für Friedrichs Gattin, die englische Königstochter Elizabeth Stuart. Dementsprechend lautete Christians Motto auch »Pour dieu et pour elle« (›Für Gott und für sie‹). Huch schildert den Eindruck, den Christian auf das Königspaar machte:

> Elisabeth hatte unleugbar ein gewisses Wohlgefallen an ihm und seinem exorbitanten Wesen, wie es auch Friedrich anzog; denn es war nicht recht dahinterzukommen, ob er ein ritterlicher Held oder ein gottloser Spötter war, der sich über alle Welt lustig machte, oder ob er nur in Erstaunen setzen und bewundert sein wollte.

Mit *exorbitant* drückt Huch hier aus, was der Volksmund mit dem Wort *toll* in seiner alten Bedeutung meinte: dass Christian seinen Zeitgenossen ziemlich durchgeknallt vorkam. Bei der Autorin ist dennoch eine gewisse Faszination für den Herzog zu spüren.

Doch schon früh tendierten Sprecher dazu, *exorbitant* eher im abwertenden Sinne von ›unmäßig‹ zu verwenden. Im Lexikon der »A la Mode-Sprach der Teutschen« von Sperander wird es 1727 mit der schönen Wendung »unmäßig, über die Schnur hauend« definiert. Das passt zum Vorwurf, den in Frank Wedekinds »Erdgeist«-Tragödie von 1895 Dr. Schön seiner ehemaligen Geliebten Lulu macht: »Du stellst weiß Gott was für exorbitante Anforderungen an legitime Verhältnisse!« Dr. Schön ist übrigens der Chefredakteur einer Berliner Zeitung, und bis heute ist *exorbitant*, das nun seit mehr als 300 Jahren dem deutschen Bildungswortschatz angehört, ein Lieblingswort von Journalisten geblieben.

Foliant

Das Werk des größten Schriftstellers aller Zeiten ist in *Folianten* auf uns gekommen: Die »First Folio« von 1623 ist die sieben Jahre nach dem Tod Shakespeares von zwei Freunden publizierte erste Gesamtausgabe der 36 sicher ihm zugeschriebenen Werke mit dem Titel »Mr. William Shakespeares Comedies, Histories, & Tragedies«. Ohne sie hätten wir keine Kenntnis von knapp der Hälfte aller Shakespeare-Stücke. Die »First Folio« trägt ihren Namen, weil das Buch im sogenannten Folioformat mit einer Buchrückenhöhe von knapp 40 Zentimetern gedruckt wurde. Dies entspricht der Hälfte eines Druckbogens; das nächstkleinere Format ist Quart. Nach diesem sind die »Quartos« benannt, in denen 20 Stücke Shakespeares bereits als Einzeldrucke erschienen waren.

Das Wort *Folio* geht auf lateinisch *folium* (›Blatt‹) zurück. Bücher in diesem Format heißen im Deutschen seit dem 17. Jahrhundert *Folianten*. Im 18. Jahrhundert wurde *Foliant* zum Schimpfwort für ein allzu dickes Buch. Lessing schreibt 1766 in seinem »Laokoon«, wie viel Wert er auf das Urteil Winckelmanns über diese Schrift legen würde:

> Sollte er sie seines Beifalles würdigen, so dürfte ich mich schmeicheln, ein besseres Exempel gegeben zu haben, wie glücklich sich die klassischen Schriftsteller durch die alten Kunstwerke, und diese hinwiederum aus jenen aufklären lassen, als in dem ganzen Folianten des Spence zu finden ist.

Der hier angeführte Joseph Spence hatte 1747 sein Buch »Polymetis« über antike Skulpturen veröffentlicht. Indem Lessing hervorhebt, dass es sich um einen *Folianten* handelt, bewertet er das Werk des Briten zugleich als inhaltsleer und aufgeblasen. Ähnlich abfällig benutzt das Wort 1778 Lessings orthodox-lutherischer

Gegner, der Hamburger Hauptpastor Johann Melchior Goeze. In einer in Dialogform verfassten Streitschrift, in denen Goeze Zweifel an der biblischen Überlieferung zurückweist, lässt er einen der Diskutanten den anderen zur Kürze mahnen: »Antworten Sie aber nur nicht in einem Folianten, wobey einem die Geduld vergeht.«

In dem Maße, in dem Bücher im 18. Jahrhundert mehr und mehr zur Massenware wurden, geriet das große, unhandliche und teure Folioformat aus der Mode. *Folianten* waren etwas, das allenfalls noch Gelehrte in ihren Studierstuben auf Büchertischen herumliegen hatten; Bücher für normale, mittelgebildete Leser hatten kleinere Formate, sodass man sie mit sich herumtragen konnte. Durch diese Entwicklung wurde *Foliant* im 19. Jahrhundert zu einer allgemeinen Bezeichnung für ein großes, altes, beeindruckendes Buch mit der Aura der Gelehrsamkeit – ganz egal, welches Papierformat es tatsächlich hatte. Diese Bedeutung lebt bis heute in der Bildungssprache weiter. In Erwin Strittmatters Roman »Ole Bienkopp« aus dem Jahr 1963 lästert eine Frau über eine andere, die als belesen gilt: »Dieses Weib spielt vielleicht nur mit Folianten, um Eindruck auf die Männer zu machen.«

frappierend

Frankreichs atomare Streitmacht wird umgangssprachlich *force de frappe* genannt. Übersetzen kann man das mit ›Schlagkraft‹. *Frappe* heißt ›Schlag‹; das Verb *frapper* bedeutet ›schlagen‹. Aus Letzterem wurde im frühen 18. Jahrhundert unser *frappieren* entlehnt. Von Anfang an wird das Wort im Deutschen in der übertragenen Bedeutung ›verblüffen, erstaunen, betroffen machen‹ gebraucht; gelegentlich bedeutet es auch ›provozieren‹. Als der

Offizier Franz von der Trenck zwei Pistolen am Gürtel eines Räubers entdeckt, der ihm versichert hatte, unbewaffnet und friedlich zu sein, nimmt er ihm das sehr übel: »Dieses frappirte mich dergestalt, daß ich ihm gleich auf den Leib gieng.« Der Konflikt endet damit, dass Trenck seinem Opponenten den Kopf abschlägt – jedenfalls wenn man den erstmals 1748 veröffentlichten Memoiren jenes Kriegshelden, Abenteurers, Raufbolds und Frauenhelden im Dienst der Kaiserin Maria Theresia glauben darf.

Die ganze psychologische Bandbreite der Verbbedeutung zeigt sehr schön eine Stelle in Thomas Manns Roman »Doktor Faustus«. Hier unternimmt der Komponist Adrian Leverkühn einen Ausflug ins ländliche Bayern und entdeckt, dass ein Bauernhof im Dorf Pfeiffering eine fast magische Ähnlichkeit mit dem Anwesen in Mitteldeutschland hat, auf dem er seine Kindheit verbrachte. Sein Freund und Biograf, der Lehrer Serenus Zeitblom, beschreibt diesen Moment Jahrzehnte später: »Weiher und Hügel, der riesige alte Baum im Hof – allerdings eine Ulme – mit seiner grüngestrichenen Rundbank und weitere, noch hinzukommende Einzelheiten mögen auf den ersten Blick frappierend gewirkt haben.«

Typisch ist das Zitat auch darin, dass in der zweiten Hälfte des 20. Jahrhunderts – und bis heute – die adjektivisch oder adverbial gebrauchte Form im Partizip Präsens *frappierend* überwiegt. Sie konkurriert mit dem älteren, im 18. Jahrhundert aus dem Französischen entlehnten *frappant* und wird es möglicherweise mittelfristig verdrängen. Thomas Mann gebrauchte beide Formen gleichbedeutend, wie eine sich ebenfalls auf verblüffende Ähnlichkeit beziehende Stelle zeigt. Im wenige Jahre vor »Doktor Faustus« entstandenen Roman »Lotte in Weimar« ist die Titelheldin berührt davon, wie sehr Goethes Sohn August seinem Vater gleicht: »Es war eine anerkannte Aehnlichkeit und so frappant wie im Einzelnen schwer nachweisbar: gegen eine geringere

Stirn, eine schwunglosere Nase, einen kleineren und weiblicheren Mund behauptete sie sich unverkennbar.«

Weniger bekannt ist, dass *frappieren* seit dem 19. Jahrhundert in der Fachsprache der Gastronomie das Kühlen einer Flasche Wein beschreibt, indem man sie auf Eis dreht oder in einen Bottich mit gestoßenem Eis legt. Im 1962 erschienenen »Fachbuch für Kellner« aus der DDR wird erklärt: »Falls dem Gastgeber der Weißwein noch zu warm ist, beschleunigt man das Abkühlen dadurch, daß die Flasche ›frappiert‹ wird.« Diese Wortbedeutung kommt natürlich, wie so vieles, was mit gehobener Gastlichkeit und Wein zu tun hat, ebenfalls aus dem Französischen. Dort ist *lait frappé* die Bezeichnung für jenes Getränk, für das wir aus dem Englischen das Wort *milkshake* borgen. Auf dem Umweg über Amerika, wo man in Neuengland einen Milkshake *frappe* nennt, entstand daraus die Bezeichnung *Frappucino* für ein mit Eis vermischtes Kaffeegetränk zum Beispiel bei Starbucks – *frappierend*, nicht wahr?

Friktion

Während ich dieses Buch schreibe, herrscht in der Ukraine Krieg. Der russische Angriffskrieg begann am 24. Februar 2022, und laut Schlachtplan sollte er wohl nach wenigen Tagen mit der Einnahme Kyjiw enden. Es kam jedoch zu *Friktionen*.

In der Kriegstheorie des preußischen Offiziers Carl von Clausewitz ist *Friktion* ein zentraler Begriff. In seinem Werk »Vom Kriege« schreibt er dazu: »Es ist alles im Kriege sehr einfach, aber das Einfachste ist schwierig. Diese Schwierigkeiten häufen sich und bringen eine Friktion hervor, die sich niemand richtig vorstellt, der den Krieg nicht gesehen hat.« Clausewitz geht da eindeutig noch von der Bedeutung ›Reibung‹ aus, die *Friktion* im Deutschen hatte, nachdem es im frühen 18. Jahrhundert aus dem lateinischen *frictio* entlehnt worden war. Mehrfach spricht er vom Heer als einer großen Maschine, die durch die *Friktion* verlangsamt wird, und fragt: »Gibt es nun kein milderndes Öl für diese Reibung? Nur Eins, und dieses steht dem Feldherrn und dem Kriegsheer nicht nach Willkühr zu Gebote; es ist die Kriegsgewohnheit des Heeres.«

Die Kenntnis der *Friktion* macht nach Clausewitz einen guten Heerführer aus, freilich nicht, um sich von der *Friktion* imponieren zu lassen, sondern um sie zu überwinden. Zwar hatten schon Goethe und Wieland das Wort, das zunächst nur in der Sprache der Physiker und Ärzte vorkam – in der Medizin bedeutete es ›Abreibung‹ –, im übertragenen Sinne von ›Hindernis, Hemmung‹ gebraucht, doch es war Clausewitz, der dafür sorgte, dass diese Bedeutung im 19. Jahrhundert immer dominanter wurde.

Heute wird das Wort bildungssprachlich meist im Plural verwendet und sehr häufig auf zwischenstaatliche Verhältnisse bezogen. Eventuell ist dies auf Otto von Bismarck zurückzuführen, der das Wort in seinen 1898 veröffentlichten »Gedanken und Erinnerungen« meist in der Mehrzahlform nutzt; vielleicht verstärkte der große Erfolg und die lang anhaltende Rezeption des Memoirenwerks diese Tendenz zum Plural aber auch nur.

Der frühere Reichskanzler setzt den Ausdruck ein, um politische Konflikte zwischen Nationen ebenso wie zwischen individuellen politischen Akteuren zu beschreiben. Etwa: »Der Beistand Oestreichs ist für uns gegen Rußland leichter zu haben als gegen Frankreich, nachdem die Frictionen dieser beiden Mächte in dem von ihnen umworbenen Italien in der alten Form nicht mehr existiren.« An einer anderen Stelle begründet Bismarck, warum er sich von König Friedrich Wilhelm IV. nicht für ein Ministeramt hatte heranziehen lassen:

> Er unterhielt und förderte die Elemente des Zwiespalts zwischen seinen einzelnen Ministern; die Frictionen zwischen Manteuffel, Bodelschwingh und Heydt, die in triangularem Kampfe mit einander standen, waren dem Könige angenehm und ein politisches Hülfsmittel in kleinen Detail-Gefechten zwischen königlichem und ministeriellem Einfluß.

Vermutlich von Bismarck ausgehend nahm *Friktion* in der Berichterstattung der Zeitungen dann mehr und mehr auch den Sinn ›Konflikt, Bruch, Unstimmigkeit‹ an.

frugal

Im Jahr 1799 versuchte der schon ziemlich verzweifelte Friedrich Hölderlin, sein Dasein als freier Schriftsteller durch die Gründung einer Zeitschrift auf eine regelmäßige Einnahmengrundlage zu stellen. Seine Ansprüche waren bescheiden. Seinem Freund Christian Ludwig Neuffer, der später ein Vertreter der von Heinrich Heine so gnadenlos verspotteten schwäbischen Dichterschule wurde, schrieb Hölderlin im August des Jahres: »Nur so viel setz ich hinzu, daß ich ganz für das Unternehmen und von ihm leben werde, daß übrigens meine frugale Existenz nicht so teuer zu besolden ist wie der großen Männer, welche die Horen herausgeben.«

Die »Horen« waren zu diesem Zeitpunkt eigentlich schon wieder eingestellt, und sie hatten nur einen Herausgeber gehabt: Friedrich Schiller. Aber offenbar geisterten in Hölderlins Vorstellungswelt → *exorbitante* Summen herum, die der Verleger Cotta Schiller dafür gezahlt hatte, dass dieser unter anderem Goethe sowie die Humboldt-Brüder Alexander und Wilhelm als Mitarbeiter gewonnen hatte. Im Vergleich zu ihnen sah Hölderlin sich und sein Leben jedenfalls als *frugal* an.

Das Adjektiv mit der Bedeutung ›einfach, genügsam‹ wurde im 18. Jahrhundert aus dem Französischen entlehnt; etymologisch geht es zurück auf lateinisch *frugalis* (›nutzbar, wirtschaftlich, sparsam‹) und ist verwandt mit *frux* (›Frucht‹). Wer also glaubt, *Fructarier*, die sich heutzutage ausschließlich von Früchten ernähren, äßen *frugal*, der liegt nicht ganz falsch. Sehr häufig steht das Adjektiv in Wendungen wie *frugales Mahl, frugales Abendbrot, frugales Frühstück, frugale Mahlzeit*. So erinnert sich 1969 der Physiker Werner Heisenberg in seinen Memoiren »Das Teil und das Ganze«, wie er im vorletzten Kriegsjahr die Mitglieder der sogenannten Mittwochgesellschaft ins Harnack-Haus, der Begegnungsstätte der Kaiser-Wilhelm-Gesellschaft (heute Max-Planck-Gesellschaft), eingeladen hatte: »Ich hatte den Nachmittag über in meinem Institutsgarten Himbeeren gepflückt, die Leitung des Harnackhauses hatte Milch und etwas Wein beigesteuert, so konnte ich meine Gäste wenigstens mit einem frugalen Mahl bewirten.« Es war das letzte Treffen vor dem Attentat auf Hitler am 20. Juli 1944, das zur Zerschlagung der Mittwochsgesellschaft sowie zur Verhaftung und Hinrichtung vieler Teilnehmer dieser Sitzungen führte.

Auf die Lebensumstände, die Hölderlin und Heisenberg mit dem Wort *frugal* schildern, folgt heute eine Farce: Die Bedeutung des Wortes ist teilweise völlig in Vergessenheit geraten, und die Medien verwenden es in einigen Fällen mit dem entgegengesetzten Sinn ›üppig, fruchtreich‹. Das ist dann wieder einmal mehr Unbildungssprache.

fulminant

Das Attribut *fulminant* war früher Vertretern der Macht vorbehalten. Sie drohten mit *fulminanten Strafpredigten*, erließen *fulminante Kabinettsordres*, stellten *fulminante Ultimaten*. Sie waren Pfarrer, Könige oder Reichskanzler: »Bismarcks fulminante Rede, sein Appell an die Deutschen, die Gott fürchteten und sonst nichts in der Welt, – die Ablehnung des Septennats [die Bewilligung des Wehretats für sieben Jahre, mh] und die Auflösung des Reichstags steigerten die fieberhafte Erregung, in der wir alle lebten«, schreibt Lily Braun in ihren »Memoiren einer Sozialistin« knapp zwei Jahrzehnte später rückblickend auf die sprichwörtlich gewordene Rede des Reichskanzlers vom 6. Februar 1888 im Berliner Reichstag.

Das Wort, das im 18. Jahrhundert aus dem Französischen entlehnt wurde, geht auf *fulminans*, das Partizip Präsens von lateinisch *fulminare* zurück. Dieses ist mit *fulgur* (›Blitz‹) verwandt. Zugrunde liegt die Vorstellung ängstlicher Untertanen, die Mächtigen könnten aus der Höhe Blitze schleudern wie Zeus. Die Bedeutung ›blitzend, drohend, heftig, donnernd‹ klingt noch 1936 in Klaus Manns Roman »Mephisto« an. Hier heißt es über die Titelfigur, den Schauspieler Hendrik Höfgen, der Anfang 1933 sicherheitshalber erst einmal nach Paris fährt:

> Sein Gedanke war: Ich muß Zeit gewinnen. Es dürfte kaum ratsam sein, sich gerade jetzt in Berlin zu zeigen. In einigen Wochen hat man sich wahrscheinlich beruhigt […]. Hingegen standen die fulminanten Überraschungen erst bevor. Als Höfgen in Paris eintraf, war das Erste, was er erfuhr, die Nachricht vom Brande des deutschen Reichstags.

Im Roman »Der Zauberberg« von Klaus' Vater Thomas Mann wird zwölf Jahre zuvor die Wirkung des Schlangengifts, mit dem Mynheer Peeperkorn seinem Leben ein Ende setzt, als *fulminant* beschrieben. Der Klinikchef Hofrat Behrens, der den Tod des holländischen Kaffeemagnaten feststellt, resümiert:

> Die Wirkung muß fulminant gewesen sein. Alles spricht dafür, daß es ihm sofort den Atem verschlagen hat, Lähmung des Respirationszentrums, wissen Sie, rapider Erstickungstod, wahrscheinlich ohne Zwang und Qualen.

Zu diesem Zeitpunkt setzte sich aber schon der mittlerweile dominierende positive Sinn des Wortes durch. Heute nennt man musikalische oder schauspielerische Darbietungen ebenso wie sportliche Höchstleistungen *fulminant* und meint damit ›großartig‹. Auch Kritik, Zeitungsartikel und Reden können weiterhin *fulminant* sein. Oft liest und hört man das Adjektiv im Sinne von ›gravierend‹ – im Bundestag etwa ist mehrfach vom *fulminanten Scheitern* eines gegnerischen politischen Vorhabens oder von *fulminanten Sicherheitsproblemen* die Rede. Doch das Element des Drohenden aus dem Götterhimmel der Macht und der Plötzlichkeit, das dem Wort früher zu eigen war, ist nun weitgehend verschwunden. Beängstigend ist nur noch das *Fulminat*, das Quecksilbersalz der Knallsäure, das wegen seiner hohen Explosivität von Alfred Nobel als Zündstoff für Dynamit verwendet wurde.

Furor

Angesichts der Trägheit, Bedenkenträgerei und Verzagtheit des heutigen Deutschlands scheint es schwer vorstellbar, aber den Deutschen und ihren vermeintlichen Vorfahren wurden früher eine Neigung zur Raserei und zum kurz entschlossenen, todessehnsüchtigen Wüten nachgesagt. Als das Volk der Teutonen zusammen mit den Kimbern aus den noch unerforschten Weiten Germaniens kommend im zweiten vorchristlichen Jahrhundert die Römische Republik bedrohten, erschreckten sie die ihnen entgegengeschickten Heere durch ihren Kampfgeist, der rücksichtslos gegen sich und andere war. Später, in der frühen Kaiserzeit, prägte der Dichter Lucan für diese spezielle germanische Form der Raserei den Begriff *furor teutonicus* (›teutonische Wut‹).

Im Mittelalter griff der gebildete Kleriker Johannes von Salisbury, der das Papsttum im Streit mit Kaiser Friedrich Barbarossa verteidigte, auf die antiken Klischees zurück und bezeichnete den deutschen Herrscher und seine Unterstützer als »dumm«, »aufbrausend« und nannte ihr Verhalten »ein Wüten«. Fortan blieb der *furor teutonicus* vor allem in der französischen und italienischen antideutschen Propaganda ein gern genutzter Topos. Friedrich Ludwig Jahn etwa klagte über den *furor tedesco*, den italienische Dichter den Deutschen ankreideten. Heinrich Heine hingegen getraute sich, das Klischee umzudrehen und gegenuber französischen Lesern auf Italienisch vom *furor francese* der Französischen Revolution zu sprechen.

Deutsche verwendeten das feindselige Etikett schließlich – positiv gewendet als Ausdruck vermeintlicher Unbesiegbarkeit – wie ein Eigenlob. Angeblich schätzte Bismarck den Ausdruck, aber im Reichstag gebrauchte er ihn nie und in seinen Memoiren genau ein einziges Mal. Dagegen bringt der große Chirurg Theodor Billroth im Mai 1871, kurz nach dem Ende des Deutsch-Französischen Krieges, die Zwiespältigkeit der nationalistischen Stimmung sehr gut auf den Punkt:

> Der Furor teutonicus tobte in mir. Wir fühlten in Deutschland alle, jetzt ist der Moment gekommen, wo es sich entscheiden wird, ob Deutschland zu ewiger politischer Ohnmacht verdammt ist, oder stark genug ist,

> ein selbständiger Staat zu sein. Es war ein Kampf ums Dasein. Der deutsche Urmensch kam überall heraus, der jeder anderen Nation mißtraut, und vor allem die Wälschen haßt. Es hat etwas wollüstig Berauschendes, sich wenigstens in der Fantasie ganz als starke Bestie zu fühlen.

Von dieser Wollust zeugen heute T-Shirts, auf denen in einer die Runen imitierenden Schrift *Furor teutonicus* steht und die einen etwas übergewichtigen Germanen mit einem Kriegsbeil in der Hand zeigen. Über die Käufergruppe, die mit diesem Kleidungsstück angepeilt wird, kann man nur gruselnd spekulieren. Vielleicht sind es geistige Nachfahren der Verursacher jenes *furor teutonicus*, vor dem der alte Sigmund Freud 1938 nach London fliehen musste. Seinem amerikanischen Kollegen Smith Ely Jelliffe berichtet Freud noch im selben Jahr, er sei »glücklich, dem furor teuonicus entkommen zu sein«.

Im weniger spezifischen Sinne von ›Wut, Zerstörungswut‹ wird *Furor* seit dem 17. Jahrhundert in deutschen Texten auch auf die Taten anderer Wüteriche bezogen. Daneben kann es in der Sprache der Politik und der Medien übertriebene Maßnahmen bezeichnen. Schon in Reichstagsreden des späten 19. Jahrhunderts spricht man vom »protektionistischen Furor« oder vom »Furor der Schutzzöllnerei«.

Wesentlich harmloser ist der *Furor*, der Künstler befällt, wenn sie in einen Schaffensrausch geraten. So nennt der Späthumanist Daniel Federmann in der Vorrede zu seiner Petrarca-Übersetzung von 1578 die Poesie »ein lauter und rechter furor divinus und Göttliche entzündung«. Auch Martin Opitz hebt 1624 in seinem »Buch von der deutschen Poeterey« einen »göttlichen Furor« als Bedingung für die Dichtkunst hervor, und spätestens seit diesem so lange nachwirkenden Werk gehört das Wort *Furor* zum Bestandteil mystifizierender Rede über Kunst und Künstler.

Die Künstler selbst wollen vor allem *Furore* machen. Das im

18. Jahrhundert aus dem Italienischen entlehnte Wort steht in der Gebersprache für ›Raserei, Ungestüm, Wut, Ekstase‹ und geht auf das gleichbedeutende lateinische *furor* zurück. Wie dem »Deutschen Fremdwörterbuch« zu entnehmen ist, wurde *Furore* zunächst auf die Verhältnisse im besonders theater- und opernbegeisterten Wien bezogen und meinte schon damals ›rauschender Beifall, großer Erfolg, Aufsehen‹. Es blieb dann zwei Jahrhunderte lang ein Modewort der Journalisten, vor allem in der Wendung *Furore machen*. Heute wird es, wie ich aus eigener dreißigjähriger Berufserfahrung bezeugen kann, von sprachkritischen Redakteuren als Klischee gemieden.

genuin

Immer wieder stellt sich in diesem Buch die Frage, ob Wörter *genuin* bildungssprachlich sind oder einfach nur dem gehobenen Stil angehören – ein schönes Beispiel für Bedeutungserweiterung und übertragenen Gebrauch des Wortes, denn ›angeboren‹ oder ›erblich‹ kann bei Wörtern selbstverständlich nichts sein. Diese Bedeutungen aber hatte *genuinus* ursprünglich im Lateinischen, und genauso benutzt man *genuin* seit dem frühen 20. Jahrhundert in der deutschen medizinischen Fachsprache. Doch bildungssprachlich wird *genuin*, nachdem es im späten 17. Jahrhundert entlehnt wurde, wie *echt* verwendet – mit allen Nuancen, die das deutsche Stammwort bietet, etwa ›vom Herkommen her‹, ›authentisch‹, ›eigen‹, ›eigentlich‹ oder ›nicht nachgemacht‹.

Genuin war ein Lieblingswort Martin Heideggers, der es in seinem Hauptwerk »Sein und Zeit« von 1927 sehr oft zwischen allen möglichen Bedeutungsschattierungen schillernd einsetzt. Beispielhaft sind Sätze wie: »Wir erfahren nicht im genuinen Sinne das Sterben der Anderen, sondern sind höchstens immer nur ›dabei‹.« Oder: »Wie ist das genuine Erschließen dieser ständigen Bedrohung existenzial möglich?« Bis zum typischen Heidegger-Hammer:

> Der je auf das Zeug zugeschnittene Umgang, darin es sich einzig genuin in seinem Sein zeigen kann, z. B. das Hämmern mit dem Hammer, erfaßt weder dieses Seiende thematisch als vorkommendes Ding, noch weiß etwa gar das Gebrauchen um die Zeugstruktur als solche.

Doch Heidegger hatte die Vorliebe für das Wort nicht exklusiv: Dem Anschein nach war es geradezu ein Modewort bei Großdenkern des frühen 20. Jahrhunderts; auch C. G. Jung verwendet es, und in Max Webers religionssoziologischen Werken häuft es sich fast noch mehr als bei Heidegger. Beispielsweise schreibt Weber 1916 in der »Wirtschaftsethik der Weltreligionen«: »Die genuin konfuzianische Lebensweisheit war ›bürgerlich‹ im Sinne des optimistischen aufgeklärten Beamtenrationalismus mit seinem, jeder Aufklärung leicht beigemengten, superstitiösen Einschlag.«

Von diesen Gipfeln stieg *genuin* aber längst hinab in die Ebenen von Zeitungsdeutsch. Wer Wert auf → *Distinktion* legt, erlangt diese eher noch durch das schon seit dem 18. Jahrhundert nachweisbare Substantiv *Genuinität*, das in theologischen und philologischen Schriften als Synonym für ›Echtheit‹ üblich ist, von den Medien aber bisher noch gemieden wird.

gerieren

Wer als darstellender Künstler auf sich aufmerksam machen will, sollte sich nicht allzu übertrieben *gerieren*, sonst sieht die Kritik nur den fuchtelnden → *Furor*, nicht die Kunst. Das reflexive Verb wurde im 18. Jahrhundert aus französisch *se gérer* (›sich betragen, sich benehmen, sich verhalten‹) entlehnt. Der französische Ausdruck geht auf ein lateinisches Wort zurück, das mit *Geste* verwandt ist.

Zunächst war die Bedeutung im Deutschen ähnlich wie im Französischen, allerdings gab es von Anfang an den Nebensinn des ›Schwindels‹ oder des ›Selbstbetrugs‹ – wer sich *gerierte*, war meist nicht ganz ehrlich zu sich selbst und anderen. So schreibt Rahel Varnhagen 1832 an ihren Freund Ludwig Robert über die Erkenntnisse aus ihrer Lektüre Hegels: »Als Unendliches ist dem Geist bloß armer Witz gelassen, um sich reich in dieser Armuth zu geriren.« Und 1897/98 schwärmt in Fontanes Roman »Der Stechlin« Gräfin Melusine dem alten Dubslav von Stechlin über eine süddeutsche Baronin vor: »Glaubt eigentlich gar nichts und geriert sich dabei streng katholisch. Das klingt widersinnig und ist doch richtig und reizend zugleich. All die Süddeutschen sind überhaupt viel netter als wir, und die nettesten, weil die natürlichsten, sind die Bayern.«

Heute wird das Wort bildungssprachlich nahezu ausschließlich in der Wendung *sich als etwas geriereren* verwendet, wenn im beschriebenen Verhalten etwas Hochstaplerisches oder Anmaßendes anklingen soll. Dieser Gebrauch ist ebenfalls schon seit dem 18. Jahrhundert üblich; im 19. Jahrhundert wurde er dominant. Arthur Schopenhauer etwa höhnt 1844 in seinem Hauptwerk »Die Welt als Wille und Vorstellung« über den sogenannten Atomismus als philosophisches und physikalisches Welterklärungsmodell:

> Diese ganze Aether-Atomen-Tremulanten-Hypothese ist nicht nur ein Hirngespinst, sondern thut es an täppischer Plumpheit den ärgsten Demokritischen gleich, ist aber unverschämt genug, sich heut zu Tage als ausgemachte Sache zu geriren, wodurch sie erlangt hat, daß sie von tausend pinselhaften Skribenten aller Fächer, denen jede Kenntniß von solchen Dingen abgeht, rechtgläubig nachgebetet und wie ein Evangelium geglaubt wird.

Gegenwärtig liest man das Verb in Wendungen wie *sich als Märtyrer, als Beschützer, als Saubermann, als Opfer gerieren*. Ungewöhnlich ist die Verwendung mit *in* statt *als* bei Herta Müller in ihrem 2003 erschienenen Buch »Der König verneigt sich und tötet«: »Ich weiß, viele von den Windigen gerieren sich heute in ziviler Unschuld.«

Gran

Dies ist wieder eines der Wörter, bei denen sich die Lexikografen nicht einig sind, ob es nun bildungssprachlich ist oder dem gehobenen Sprachgebrauch angehört. Ich neige mit Gerhard Augst dazu, es dem Bildungswortschatz zuzurechnen, vor allem, weil es ein Fremdwort ist – selbst wenn es heute nicht mehr als solches empfunden wird.

Aus dem lateinischen *granum* (›Korn‹) wurde in der Mitte des 15. Jahrhunderts – und zunächst im Niederdeutschen – das deutsche *Gran* als Bezeichnung für ein sehr kleines Gewicht entlehnt. Das besonders bei Apothekern, Juwelieren und Münzmeistern gebräuchliche Wort kennt seitdem alle drei Genera; heute überwiegt das Neutrum. Lily Braun führt 1911 in ihren »Memoiren einer Sozialistin« noch die männliche Form an: »Die Menschen kehren heim, ohne einen Gran Kraft und Klugheit gewonnen zu haben.«

Gelegentlich wird das Wort noch für Gewichte benutzt, aber oft gewinnt man den Eindruck, dass der eigentliche Wortsinn längst vergessen ist und Sprecher *Gran* nur für ein vornehmes Synonym von *Gramm* halten. So wirkt es zumindest bei Otto Flake, der in seinem 1917 erschienenen »Logbuch« aus dem Ersten Weltkrieg berichtet: »Man begegnet jetzt überall dem schlanken Typ des deutschen Offiziers: kein Gran Fett, alles von gebräunter Haut überspannte Nerven und Energie.«

Von Anfang an wird *Gran* im übertragenen Sinne von ›eine winzige Spur‹ verwendet – selbst bei Abstrakta, die natürlich gar nicht messbar sind. In der 1661 uraufgeführten Tragödie »Cleopatra« des Barockdramatikers Daniel Casper von Lohenstein sinniert der Römer Caelius: »Ein Gran Verwegenheit ist unter ein gantz Pfund / Der Klugheit schon genung. Vernunft ist das Gewichte / Der Stärck und der Gefahr.« Heute ist der bei Lohenstein noch erkennbare Bezug auf den ursprünglichen Gehalt der Maßeinheit ganz verblasst. Besonders häufig wird das Wort nun auf Gefühlsregungen bezogen. Im 2006 erschienenen Roman »Marthes Vision« von Regula Venske gibt eine Romanfigur zu: »Mag sein, in meine Anteilnahme mischte sich ein Gran Neid.«

Zu *Gran* gehört die Redensart *cum grano salis*. Sie geht zurück auf Plinius den Älteren, der im Jahr 79 beim Ausbruch des Vesuvs nahe Pompeji umkam. Der römische Gelehrte gehört zu den sprachlich folgenreichsten Schriftstellern des Abendlandes: In seiner »Naturgeschichte«, in der er das Wissen seiner Zeit sammelt, überliefert Plinius manche Details vor allem zu Tieren, die dann auf dem Umweg über das im Mittelalter bestimmende Wörterbuch des Isidor von Sevilla sowie die Sammlung »Adagia« des Renaissancehumanisten Erasmus von Rotterdam als Redensarten in die Bildungssprachen der europäischen Länder eingingen. Ohne Plinius den Älteren würde wir beispielsweise nicht von den *Krokodilstränen* sprechen, die die Tiere angeblich beim

Verzehr ihrer Opfer weinen. Die Formulierung *cum grano salis* rührt her von einer Stelle im 23. Buch der »Naturalis historia«, in der Plinius berichtet, der Feldherr Pompeius habe ein Gegengift gegen Schlangenbisse erfunden, zu dessen Zutaten man immer ein Salzkorn gegeben müsse (»addito salis grano«). Da lateinisch *salis* auch Verstand und Witz bedeutet, kann die Redensart so verstanden werden, dass man bei einer Aussage bitte nicht den Verstand ausschalten und sie stets kritisch betrachten solle. In diese Richtung weist wohl der Ausspruch: »Ich habe nie ein Hehl daraus gemacht, daß der Satz Denken ist Sprechen cum grano salis zu verstehen sei«, mit dem der sprachkritische Philosoph Fritz Mauthner eine Devise seiner eigenen Philosophie einschränkt – natürlich *cum grano salis*.

Habitus

Als Mel Gibson im Jahr 2004 seinen Film »Die Passion Christi« ins Kino brachte, schmähten viele Kritiker das Werk wegen seiner exzessiven Darstellung der Gewalt als christlichen Splatterfilm. Frühere Zeitalter, die noch den Anblick öffentlicher Hinrichtungen und Folter kannten, hätten das wohl einfach nur realistisch gefunden. Der Barocktheologe Johann Conrad Dannhauer vergleicht in seiner 1654 gedruckten Predigt den Habitus Christi in der Passion mit der Kleidung eines Arbeiters, der den ganzen Tag rote Weintrauben in einem Bottich zertritt, damit ihr Saft zu Wein werden kann: Christus sei »von seinem Blut roth worden / als eines Keltertretters«. Mit *Habitus* ist hier tatsächlich nicht das Gebaren Christi gemeint, sondern sein Gewand.

Im Kirchenlatein meint *habitus*, das aus *habere* (›halten, an sich tragen‹) abgeleitet ist, ›Kleidung, Ordenstracht‹. Mit dieser

Bedeutung gelangte das Wort als *abit* oder *habit* bereits ins Mittelhochdeutsche und ist noch heute in der Kurzform *Habit* lebendig. Doch schon im Lateinischen kann *habitus* andere Äußerlichkeiten wie die Erscheinung oder den Zustand eines Menschen, eines Tieres oder eines Phänomens bezeichnen. Außerdem war das Wort in der mittelalterlichen scholastischen Philosophie ein Synonym für ›Gewohnheit‹.

Diese Bedeutungsnuancen sind in der älteren Sprache ab dem Mittelhochdeutschen nicht immer sauber zu unterscheiden. Eberhard Werner Happel lässt 1690 in »Der Academische Roman« seinen Helden Venereus auf die Frage, ob wohl ein Reicher oder ein Armer besser zur Weisheit »geschickt« sei, antworten: »Weil die Weißheit / sprach er / ein Habitus, der mit Wissenschafften und Tugenden vermenget ist / so gibt die Armuth zu der einen so wol / als zu der andern / mehr Disposition, als der Reichthum.«

Die Bedeutung ›Gewohnheit‹, die in diesem Satz noch steckt, kam im 19. Jahrhundert außer Gebrauch. Seitdem dominiert bildungssprachlich der Sinn ›Gesamterscheinungsbild einer Person nach Aussehen und Verhalten‹ beziehungsweise übertragen ›(auf einer bestimmten Grundeinstellung aufgebautes, erworbenes) Auftreten‹ sowie ›Haltung, Benehmen, Gebaren‹. Die recht komplexen Definitionen, die dem Duden-Universalwörterbuch entnommen sind, zeigen, wie weit die Bedeutung des Wortes zu fassen ist.

Von Max Weber ausgehend wurde *Habitus* zum Fachwort der Soziologie. Im 1916/17 veröffentlichten Abschnitt zu Hinduismus und Buddhismus seiner »Wirtschaftsethik der Weltreligionen« erklärt er: »Der allgemeine geistige Habitus der Intellektuellen ist in China, Indien und Hellas zunächst keineswegs grundverschieden.« Oswald Spengler dagegen behauptet 1918 im ersten Band seines Werks »Der Untergang des Abendlandes«: »Alle großen Persönlichkeiten der Antike bilden eine Gruppe für sich, deren seelischer Habitus von dem aller großen Menschen der arabischen oder abendländischen Gruppe streng unterschieden ist.« Norbert Elias und Pierre Bourdieu definierten *Habitus* als Lebensstil, Sprache, Kleidung und so weiter, an denen der Rang einer Person in der Gesellschaft erkennbar wird; diesen Habitus betont man durch → *Distinktion*.

Durch Elias und Bourdieu, deren Werke im intellektuell die Bundesrepublik prägenden Suhrkamp Verlag veröffentlicht wurden und weit über das Fach Soziologie hinaus Wirkung zeigten, wurde *Habitus* um die Jahrtausendwende zu einer Lieblingsvokabel von Intellektuellen. Wenn Hengameh Yaghoobifarah die eigene Kolumne, die seit 2016 in der »taz« erscheint, »Habibitus« nennt, darf sie wohl davon ausgehen, dass das Wortspiel mit *Habibi* (arabisch ›mein Freund, Geliebter‹) und *Habitus* allgemein verstanden wird.

Hekatombe

Wollten die alten Griechen ihren Göttern eine besondere Freude machen, dann brachten sie ihnen *Hekatomben* von Tieren zum Opfer. Das Wort wird auf das Zahlwort *hekaton* (›hundert‹) und *bous* (›Rind‹) zurückgeführt, aber nicht immer wurden wirklich hundert Kühe geschlachtet. Oft war damit einfach nur eine beeindruckende Zahl gemeint, so wie bei uns ein Vater seinem Kind erklärt: »Ich habe dir doch schon hundertmal gesagt …«. Andererseits nahm der römische Kaiser Julian, dem die Christen den Beinamen »Apostata« (›der vom Glauben Abgefallene‹) verpassten, weil er das Heidentum wieder an die erste Stelle im Reich setzen wollte, seine Religion und seinen kaiserlichen Rang so wichtig, dass ihm Rinder zu → *profan* erschienen: Er opferte angeblich auch mal hundert Löwen oder hundert Adler.

Als sich unter Deutschlands Intelligenzija klassische Bildung und die Kenntnisse der griechischen Sprache verbreiteten, kam das Wort häufiger in deutschen Texten vor, von Anfang an auch im übertragenen Sinne. In einer Lobrede auf den gerade verstorbenen Kaiser Leopold I., die Samuel von Königsdorf 1705 in Breslau hielt und die Johann Christoph Gottsched später als Exempel in seiner »Ausführlichen Redekunst« abdruckte, heißt es über Leopolds Sohn und Nachfolger Joseph I.: »Wir wollen ihm Hekatomben von Treue und Gehorsam opfern.«

Populär wurde das Wort dann endgültig durch die zwei Jahrhunderte lang viel gelesenen Homer-Übersetzungen von Johann Heinrich Voß. In der »Odüssee« – so die ursprüngliche Schreibweise – beklagt Eurykleia, die treue, alte Amme des listenreichen Titelhelden, dessen Schicksal: »Wehe mir, wehe, mein Sohn! Ich Verlaßene! Also verwarf dich Zeus vor allen Menschen, so gottesfürchtig dein Herz ist? Denn kein Sterblicher hat dem Gotte des Donners so viele fette Lenden verbrannt und erlesene Hekatomben, als du jenem geweiht.«

Im 19. Jahrhundert nahm das Wort dann die heutige bildungssprachliche Bedeutung ›sehr große Zahl‹ an. So beschreibt Ferdinand Kürnberger 1855 in »Der Amerika-Müde« eine Regennacht: »Nasse Wolken sprengen stoßweise Regenschauer nieder, – harte körnige Tropfen, die schon den Eisgedanken denken. Rasselnd fahren sie durch das Gelaub der Bäume und streifen Strich um Strich Hekatomben von Blättern ab.« Und Franz Werfel beschwört 1933 in »Die vierzig Tage des Musa Dagh« die grausigen Szenen während des Völkermords an den Armeniern, der sich knapp zwei Jahrzehnte zuvor ereignet hatte, herauf: »Nicht nur flüchteten Hekatomben von Frauen in den reißenden Euphrat, auch in den europäischen Großstädten gab es Armenier genug, die in geheimnisvoller Verbundenheit ihrem Leben ein Ende machten.« Doch auch in diesen beiden Zitaten ist das Wort noch mit der Idee des Opfers und des Massentodes verbunden – und so bleibt es nach wie vor. *Hekatomben von Süßigkeiten* oder *Hekatomben von Partys* sagt bis heute niemand, obwohl die ursprüngliche Bedeutung des Wortes sicher nur noch sehr wenigen bekannt ist.

heterogen

Ein schönes Beispiel dafür, wie in der frühen Neuzeit aus lateinischen Wörtern allmählich deutsche wurden: Rund 150 Jahre lang, nachdem es im frühen 17. Jahrhundert zum ersten Mal in deutschen Texten aufgetaucht war, wurde das Wort überwiegend in der vollständigen lateinischen Form *heterogenus* verwendet und lateinisch flektiert. In seinem Buch über die euklidische Geometrie erklärt der Mathematiker Daniel Schwenter den Ausdruck: »In unserer Auffgab / wie folgen wird / seynt Heterogenæ lineæ, das ist / ungleiches Geschlechtes / Dann die eine ist gerad / die ander aber krum.« Nicht zuletzt will der Autor mit solchen Sätzen zeigen, dass er zwar auf Deutsch schreibt, aber dafür nicht fehlende Lateinkenntnisse der Grund sind.

Heterogen meint ›von unterschiedlicher Art‹, aber in Wendungen wie »eine heterogene Gesellschaft« genauso ›unterschiedlich zusammengesetzt‹. Es handelt sich um eine ursprünglich griechische Wortbildung aus *heteros* (›abweichend, anders beschaffen‹) und dem Suffix *genes* (›abstammend, herkommend‹), das noch in Wörtern wie *homogen* – dem Gegenwort zu *heterogen* – und *autogen* steckt.

Seine Bedeutung bleibt bis in die Gegenwart bildungssprachlich gleich, doch wird das Wort fast immer negativ konnotiert. Selbst heute, wo Vielfalt und Diversität als erstrebenswerte gesellschaftliche Leitbilder gelten, klingt ein bedrohliches Omen oder eine Diagnose von Schwäche an, wenn Phänomene als *heterogen* bezeichnet werden. Dies zeigen schon historische Belegstellen. Wieland etwa beschreibt 1767 die schleichende moralische Korrumpierung des Titelhelden in seinem Roman »Geschichte des Agathon«:

> Er wurde diese eben so unmerkliche als unläugbare Einflüsse, und die Veränderungen, welche sie verstohlner Weise in seiner Seele verursacheten, eben so wenig gewahr, als ein gesunder Mensch die geheimen und schleichenden Zerrüttungen empfindet, welche die Unbeständigkeit der Witterung, die kleinen Unordnungen in der Lebensart, die heterogene Beschaffenheit der Nahrungs-Mittel, und das langsam würkende Gift der Leidenschaften, stündlich in seiner Maschine verursachen.

Und Herder erklärt 1769 im ersten »Wäldchen« seiner »Kritischen Wälder«, dass der Tastsinn nicht im eigentlichen Sinne Ekel auslösen könne:

> Ein Antasten des Sammets, feiner Haare kann im eigentlichen Verstande eben so wenig ekelhaft heißen, als das sogenannte Kitzeln: es ist Widrigkeit, ein heterogenes Gefühl, eine heterogene Berührung, als ich mag: und zwar Widrigkeit durch das zu Sanfte.

holistisch

Hier handelt es sich um ein Wort, mit dem man tatsächlich noch Distinktionsgewinne erzielen kann. *Ganzheitlich* ist in den letzten drei bis vier Jahrzehnten zum weit verbreiteten Schlagwort in Ökologie, Medizin und Therapieszene geworden. *Holistisch* bedeutet im Wesentlichen dasselbe, aber es klingt doch nicht nach etwas, das jeder Allerweltsöko im Munde führt, sondern wesentlich wissender und eingeweihter.

In die Bildungssprache ging das Wort in den 1980er-Jahren ein. Es ist das Adjektiv zum Begriff *Holismus*, den der südafrikanische Philosoph, Politiker und General Jan Smuts 1926 mit seinem Buch »Holism and Evolution« prägte. In Deutschland war es der Naturphilosoph Adolf Meyer-Abich, der in Texten wie »Hauptgedanken des Holismus« von 1940 das Wort und die dahinter liegenden Vorstellungen weiterentwickelte. Global populär wurden *Holismus* und *holistisch* schließlich in den 1970er-Jahren durch den sehr erfolgreichen österreichisch-amerikanischen Physiker und Philosophen Fritjof Capra. Dieser gehörte zu den Denkern, die 1987 in einem »Zeit«-Artikel beschrieben werden: »Das nichtlineare Yin-Denken, das sich primär auf das Gefühl beziehe, betrachte die Welt eher ganzheitlich – ›holistisch‹, wie die New-Age-Vertreter die erstrebte schöne neue Weltsicht nennen.«

Doch nicht nur New-Ager, selbst gestandene Systemtheoretiker und -kritiker wie Luhmann und Habermas verwendeten das Wort. Mittlerweile ist *holistisch* bildungssprachlich so etabliert, dass es zwei so unterschiedliche Politiker wie Johannes Rau (SPD) und Julia Klöckner (CDU) in Reden benutzen konnten. So lobt Bundespräsident Rau 2003 auf einem Staatsbesuch in Indien das in der Universität Hyderabad praktizierte interdisziplinäre Arbeiten: »Das entspricht gewiss auch dem indischen Denken, das in seiner spirituellen Tradition stärker an einem ganzheitlichen, holistischen Naturverständnis orientiert [...].« Und Bundesministerin Klöckner informiert in einem Bulletin Fürst Albert II. von Monaco während seines Besuchs der »Hamburger Klimawoche« 2018 über die Möglichkeiten des Klimaschutzes: »Das Erreichen dieser Ziele ist nur durch einen holistischen Ansatz aller beteiligten Akteure möglich, die im engen Schulterschluss zusammen wirken.« Nun, es mag nicht immer auffallen, aber die Aura des Besonderen, das im Grenzgebiet zwischen Spiritualität und Philosophie, zwischen westlichem und östlichem Denken angesiedelt ist, soll dem Wort nach wie vor anhaften.

Hybris

Als der Zweite Weltkrieg zu Ende ging und Deutschland weitgehend in Schutt und Asche lag, fragten sich Dichter wie Thomas Mann und Wolfgang Koeppen, was ihr Land eigentlich dazu gebracht hatte, sich in einer derartig monströsen Weise außerhalb aller Zivilisation zu stellen. Beide griffen zu einem großen, griechischen Wort, um ihre Fassungslosigkeit auszudrücken. Mann urteilt schon 1943 in einem Brief an die Journalistin Agnes E. Meyer: »Moralisch-pädagogisch betrachtet, kann nach der entsetzlichen Hybris, dem unverzeihlichen Superioritäts-Rausch, in dem das Land jahrelang gelebt hat, zunächst sein Sturz nicht tief genug sein.« Und in Koeppens Roman »Das Treibhaus« von 1953 überlegt der Erzähler, was passiert wäre, »wenn die Geschichte anders gelaufen wäre (gewiß war dies unvorstellbar), ohne den österreichischen Irren, ohne die monströse Erhebung, ohne Frevel, Hybris, Krieg, Tod und Zerstörung«.

Es ließen sich noch Tausende Belege finden, in denen *Hybris* im Zusammenhang mit dem Nationalsozialismus und seinen Verbrechen gebraucht wird. Offenbar ließ sich das Grauen am angemessensten ausdrücken mit einem Wort, das die alten Griechen nicht für ein einfaches Vergehen verwendeten, sondern für einen frevelhaften Verstoß gegen die gesamte Ordnung der Welt, der Menschen und der Götter. Dieses metaphysische Element der *Hybris* war Gebildeten früher noch präsenter als heute.

In deutschen Texten tauchte der Ausdruck erstmals im 18. Jahrhundert auf. Zunächst bezog er sich noch ausschließlich auf griechische Verhältnisse, etwa die Taten des Sisyphos, der die Götter provoziert und den Tod überlistet hatte. Heute ist das Wort, das im Deutschen seit dem 19. Jahrhundert losgelöst von griechischen Zuständen im übertragenen Sinne verwendet wird, bedeutungsgleich mit *Hochmut*, *Überheblichkeit* und *Vermessenheit*. Karl Kraus erklärt es 1912 in der »Fackel« gar zu einem bloßen Synonym für → *Chuzpe*. Der religiöse Schauder, der damit einst verbunden war, ist vollständig gewichen.

Hydra

Selten war wohl eine Familie zu ihrer Zeit so gefürchtet und verhasst wie die Ungeheuer Echidna und Typhon mit ihren Kindern – und führten dann in der Erinnerung ein ebenso langes wie vornehmes Nachleben. Wie die Namen ihrer Geschwister → *Chimäre*, *Sphinx* und → *Zerberus* wird *Hydra* heute in der Bildungssprache übertragen gebraucht und bezeichnet ein unübersichtliches, kaum beherrschbares Übel.

Die Allgegenwart und Beliebigkeit des Wortes bestätigt 1913 Kurt Tucholsky in seinem Feuilleton »Der Mann, der keine Zeitungen mehr las«:

> Wenn ein findiger Kopf herausgefunden hatte, daß unser Publikum eine gewisse Kinomüdigkeit befallen habe, und hinzugefügt hatte, daß trotzdem die Hydra des Kino überall ihr Haupt erhebe, so konnte man darauf wetten, daß man gleichmäßig im »Morgengebet«, im »Hinkenden Politischen Boten« und beim Aufrollen der »Arbeiterfahne«, der von Bildung zeugenden Bemerkung mit der Hydra begegnen würde.

Bildung signalisiert die Verwendung des Wortes *Hydra*, weil sie Vertrautheit mit der griechischen Mythologie beweist oder der Sprecher zumindest so tut, als habe er Hesiod und Gustav Schwabs »Sagen des klassischen Altertums« gelesen.

Die *Hydra* – ihr griechischer Name bedeutet so viel wie ›Wasserschlange, Wasserungeheuer‹ – lauerte in Sümpfen und kroch von dort aus an Land, um Viehherden zu reißen. Die Tötung der Bestie war die zweite von zwölf Aufgaben, die König Eurystheus dem Halbgott Herkules aufgetragen hatte. Dabei musste man sich nicht nur vor dem Giftatem der Schlange in Acht nehmen, sondern vor allem vor ihren neun Köpfen, die immer wieder nachwuchsen, wenn man sie abgeschlagen hatte. Herkules löste das Problem, indem er die Halswunden mit brennenden Baumstämmen ausglühte, sodass die Köpfe nicht neu wuchern konnten.

Spätestens seit der frühen Neuzeit ist die *Hydra* ein politisches Symbol. Der Reformator Martin Luther etwa wird 1519 auf einem Holzschnitt von Hans Holbein als deutscher Herkules dargestellt, der mit einer Keule dem vielköpfigen Schlangenungeheuer der römischen Kirche die Schädel einschlägt. Auch in der Französischen Revolution zeigen propagandistische Grafiken den Adel als *Hydra*, dem das Volks als Herkules entgegentritt.

Als sprachliche Metapher für etwas unbeherrschbar Wucherndes ist *hydra* schon vor 1789 im Französischen allgegenwärtig; seit der Mitte des 18. Jahrhunderts taucht es im Deutschen auf, zunächst in deutschen Ausgaben französischer Werke wie beispielsweise der »Theodizee« von Leibniz. In einer 1749 von Johann Christoph Gottsched übersetzten Geschichte der Pariser Akademie der Wissenschaften wird die Weitschweifigkeit des Gräzisten Jean Boivin charakterisiert: »Die allergemeinste Frage verwandelte sich unter seinen Händen in eine stets wachsende hydra, und gab zu ewigen Wortgezänken Anlaß.«

Seit dem 19. Jahrhundert wird *Hydra* dann auch in deutschen Texten zur politischen Metapher: die »tausendköpfige Hydra [des Judentums]« in dem berüchtigten antisemitischen Werk »Die Judenschule« von Hartwig von Hundt-Radowsky, die *Hydra der Revolution*, die *Hydra des Faschismus*; in Bundestagsdebatten über verbotene leistungsfördernde Mittel im Sport ist sogar mehrfach von der »Hydra Doping« die Rede.

idiosynkratisch

Dies ist eines der rätselhaftesten Wörter des deutschen Bildungswortschatzes. Der Online-Duden nennt nur die beiden fachsprachlichen Bedeutungen – in der Medizin ›überempfindlich gegen bestimmte Stoffe und Reize‹ sowie in der Psychologie ›von unüberwindlicher Abneigung erfüllt und entsprechend auf jemanden, etwas reagierend‹. Das Adjektiv wurde im 19. Jahrhundert abgeleitet von dem etwas älteren Substantiv *Idiosynkrasie*, das schon bei den alten Griechen ein medizinischer Terminus für die spezifische Reaktion eines Menschen auf Reize war. Ursprünglich bezeichnete das griechische *idiosynkrasia* die besondere Säftemischung im menschlichen Körper – und weil man sich vorstellte, dass das Temperament einer Person vom individuellen Zusammenspiel gelber und schwarzer Galle, Blut und Schleim abhing, wurde *idiosynkrasia* auch zum Ausdruck für die jeweilige Wesensart eines Menschen.

Das Wort *Idiosynkrasie* gebrauchten E. T. A. Hoffmann, Heinrich Heine und andere dann im Sinne von ›starke Abneigung, Ekel‹, den es seit dem 18. Jahrhundert in der deutschen Medizin hat. Doch schon seit dem frühen 19. Jahrhundert sind beide Wörter auch neutral als Synonyme zu ›Wesensart, Eigenart‹ beziehungsweise ›wesensartlich, der besonderen Eigenart entsprechend‹ in der Bildungssprache üblich. So schreibt 1838 der Arzt Gustav Blumröder unter dem Pseudonym Antonius Anthus in seinen »Vorlesungen über die Esskunst«: »Üebrigens vergesse man nicht, daß bei Kunsturtheilen gar viel darauf ankommt, was der Urtheilende schon Alles gegessen, was er weiß und nicht weiß, was er gewohnt und nicht gewohnt ist, was er idiosynkratisch liebt und nicht liebt.« Auf diese Belegstelle passt keine der beiden eingangs angeführten fachsprachlichen Definitionen, genauso wenig wie auf diesen Satz von Jürgen Habermas aus seiner »Theorie des kommunikativen Handelns« von 1981: »Nicht die wissenschaftliche Rationalität als solche, wohl aber ihre Hypostasierung scheint zu den idiosynkratischen Zügen der westlichen Kultur zu gehören.«

Habermas, der das Wort *idiosynkratisch* immer wieder verwendet, ist möglicherweise der Hauptverantwortliche dafür, dass dessen Frequenz in der Bildungssprache seit den 1980er-Jahren nachweisbar zunimmt. In der »Theorie des kommunikativen Handelns« findet der Philosoph sogar zu einer eigenen Erklärung: ›nicht verallgemeinerbar und bloß subjektiv‹. Möglicherweise unter seinem Einfluss nutzt die Linguistik den Terminus *idiosynkratisch*, um sprachliche Unregelmäßigkeiten zu beschreiben, die sich keiner Regel fügen. Der Gebrauch, den Habermas selbst von *idiosynkratisch* in seinen Werken macht, passt dazu. Nicht jede Stelle lässt sich jedoch mit der Bedeutungsangabe erhellen, die er selbst gegeben hat. Wie in der Sprache der Feuilletons, wo der Ausdruck sehr häufig auftaucht, setzt Habermas das Wort oft in einem schillernden Sinne ein, der sich wohl am ehesten mit ›aus schwer ergründlichen persönlichen Motiven‹ oder einfach mit ›für Außenstehende fast unverständlich‹ beschreiben lässt. Wer es selbst aktiv gebrauchen möchte, sollte sich darüber im Klaren sein, dass das Wort leicht als abwertend verstanden werden kann, aber auch auf eine vertrackte Weise ironisch wirkt – wie ein Fremdwort, das man nutzt, um sich über Fremdwortgebrauch lustig zu machen. Diese Klippen zu umschiffen, ist nicht allen gegeben. Es handelt sich hier eindeutig um Bildungswortschatz für Fortgeschrittene.

-ieren

Dieses Verbalsuffix ist im Bildungswortschatz und in den Fachsprachen, aus denen ja fast alle Verben der Bildungssprache ursprünglich stammen, das Wortbildungselement schlechthin. Es wird sowohl für die Eindeutschung von Verben aus anderen Sprachen gebraucht als auch für die Bildung neuer Verben. Allerdings handelt es sich dabei überwiegend um Wörter, die dem griechisch-lateinischen, dem französischen und dem italienischen Sprachkreis angehören. Anglizismen werden eher selten mit dem Suffix *-ieren* eingedeutscht. Wenigen Ausnahmen wie *boykottieren* und *trainieren* stehen zahlreiche englische Lehnverben des Typus *shoppen, checken, faken, downloaden, rappen, parken* (in der Schweiz allerdings auch *parkieren*) und so weiter gegenüber. Die rund 3400 Verben und Verbvarianten auf *-ieren*, die im Online-Duden angeführt werden, beruhen überwiegend auf griechisch-lateinischen und romanischen Wortstämmen. Doch Bildungen mit deutschen Stammwörtern finden sich ebenfalls darunter, beispielsweise *hofieren* und *gastieren, verdünnisieren, amtieren* und *inhaftieren*.

Die besondere Beziehung zwischen dem Suffix *-ieren* und Fremdwörtern aller Art ergibt sich aus der im Sprachbewusstsein immer lebendig gebliebenen Erinnerung, dass dieses Wortbildungselement zwar sehr lange eingebürgert, aber letztlich fremd ist: Das Verbalsuffix *-ieren* wurde schon im Mittelhochdeutschen auf der Basis der französischen Verbendungen *-ier* und *-ir* entlehnt. Ältere Sprachwissenschaftler, darunter eine Autorität wie Hermann Paul, gingen noch davon aus, dass es aus dem Burgundischen stamme.

Von Anfang an wurde *-ieren* auch gebraucht, um Verben einzudeutschen, die im Französischen auf *-er* enden. Das älteste noch gebräuchliche Beispiel dafür ist *parieren*, dass auf französisches *parer* zurückgeht. Der finnische Germanist und Romanist Emil Öhmann, einer der hervorragendsten Kenner der mittel- und frühneuhochdeutschen Entlehnungsbeziehungen, führte die Neigung, *-ier* zur Fremdworteindeutschung zu verwenden, auf die Bekanntheit und den hohen Stellenwert zurück, den altfranzösische Nomina Agentis wie *chevalier* oder *soldier* bei den mittelhochdeutschen Autoren hatten. Das *-ier* wurde dann als typisch französisch angesehen und bevorzugt als Verbendung für Lehnwörter genutzt, weil diese Ausdrücke dadurch sichtbar am hohen Prestige des Altfranzösischen in den höfischen Kreisen Europas teilhatten. Aus dem höfischen Wortschatz gelangte *-ieren* dann in die Allgemeinsprache. Bereits im Mittelhochdeutschen wurde aus der Verbendung das Substantivsuffix *-ierung* abgeleitet und zur Wortbildung produktiv. Eines der ältesten so entstanden deutsche Wörter ist *Regierung*.

Bei den auf deutschen Stammwörtern beruhenden Verben mit *-ieren* handelt es sich im Wesentlichen um drei Gruppen: Fachwörter wie *pulverisieren* oder *schattieren*, die ihre Endungen analog zu Fremdwörtern wie *amalgamieren* oder *galvanisieren* erhielten. Witzige Bildungen wie *spintisieren* oder das genannte *ver-*

dünnisieren, die häufig aus der älteren Schüler- und Studentensprache stammen und bei denen die fremde Endung ursprünglich parodistisch war. Und schließlich aus Namen abgeleitete Verben, die oft ebenfalls einen humoristischen Anstrich haben. Emil Öhmann nannte als Beispiele *goethisieren* und *gottschedisieren*. Im letzteren Sinne kann auch *-ierung* zur Bildung witziger, neuer Wörter genutzt werden. Eine Kollegin von mir sagte einmal über eine Schauspielerin, die neuerdings ihre Achtsamkeit in Interviews sehr betonte, deren *Gwynethpaltrowisierung* sei bereits ziemlich fortgeschritten. Nicht nur mit der spontanen Schöpfung des Wortes, sondern auch mit dessen fehlerfreier Aussprache bewies sie Bildung.

impertinent

Als *impertinent* wurde in der mittellateinischen Rechtssprache bezeichnet, was nicht wirklich ins Verfahren gehörte; ein feststehender Ausdruck war *impertinentia interrogatoria* (›nicht sachdienliche Fragen‹). In der Ulmer Gerichtsordnung von 1683 wird in der für die juristische Fachsprache der frühen Neuzeit typischen Mischung aus Latein und Deutsch darüber geklagt, dass Gerichtspersonen »viel impertinentia zu ihrem schlechten ruhm ein mischen« und »sich durch unzeitige affect auf personalia verleiten lassen«. Man kann sich gut ausmalen, wie sich aus solchen Entgleisungen die heutige bildungssprachliche Bedeutung das Adjektivs *impertinent* entwickelte.

Dieses Adjektiv, das auf das lateinische Verb *pertinere* (›sich erstrecken‹) zurückgeht, hatte schon im Lateinischen zusätzlich die neutralere, nicht juristische Bedeutung ›töricht, unangemessen‹. Nachdem es im frühen 17. Jahrhundert zunächst ins Juristendeutsch gelangte, nahm es um 1700 in der allgemeinen Sprache den bis zur Gegenwart üblichen Sinn ›in herausfordernder Weise ungehörig; frech, unverschämt‹ an. In seinem 1913 begründeten »Deutschen Fremdwörterbuch« vermutet Hans Schulz, dass der Gebrauch zunächst ein ironisch-euphemistischer war. Der Philosoph der Frühaufklärung Christian Thomasius verwendet *impertinent* schon 1691 ganz auf heutige Weise: Er macht sich über das in seinen Augen lächerliche Vorurteil lustig, dass in Schriften von Königen, Fürsten, Würdenträgern und Reichen »ungemeine Wahrheiten« zu finden seien, man im »Gegentheil aber die Bücher gemeiner Leute als bürgerlichen Standes / Kauffleute / Handwercksleute / Bauren / u. s. w. als ob sie voller impertinenten Thorheiten wären« verachte.

Heute bezeichnet man als *impertinent* oft Außenseiter, die die Regeln der Höflichkeit und des Anstands nicht nur missachten, sondern scheinbar gar nicht kennen – womit der Sprecher manchmal mehr über sich selbst und seinen Hochmut verrät, als er beabsichtigt. Typisch dafür ist ein Zitat aus Stefan Zweigs »Schachnovelle« über einen ungebildeten Bauernburschen, der rätselhafterweise ein außergewöhnliches Talent zum Schachspiel zeigt: »Er warf jedesmal nur einen scheinbar flüchtigen Blick auf das Brett, sah an uns so lässig vorbei, als ob wir selbst tote Holzfiguren wären, und diese impertinente Geste erinnerte unwillkürlich an die, mit der man einem räudigen Hund abgewendeten Blicks einen Brocken zuwirft.«

inhärent

Das Wort ist eine Frucht der Französischen Revolution. Einer der ersten deutschen Texte, in denen es im späten 18. Jahrhundert erscheint, ist Wielands »Ausführliche Darstellung der in der französischen Nazional-Versammlung am 26. und 27. November 1790 gehaltenen Debatten« in seiner Zeitschrift »Der Neue teutsche Merkur«. Damals versuchten die Deputierten, unter anderem das Verhältnis zwischen Staat und Religion neu auszuhandeln – eine Kernangelegenheit der Aufklärung. In diesem Zusammenhang greift, wie Wieland berichtet, der Abt François-Xavier de Montesquiou-Fézensac als Vertreter des Klerus ein Wort seiner Gegner auf: »Nun fragt ihr, ob es der Kirche inhärent sey, daß der Umfang einer Diözese auf diese oder jene Art bestimmt sey?« Wieland hält es für nötig, den Satzteil mit *inhärent* seinen Lesern in Klammern im französischen Original zu präsentieren: »si l'est inherent à l'église«. Dieser Frühbeleg stützt die vom Etymologen Wolfgang Pfeifer geäußerte Vermutung, unser Wort *inhärent* gehe nicht direkt auf das lateinische *inhaerens* (›anhaftend, innewohnend‹) zurück, sondern sei wohl aus dem Französischen übernommen.

Der neue Ausdruck wurde im Deutschen schnell heimisch; unter anderem benutzten ihn der Sprachwissenschaftler August Ferdinand Bernhardi, der durch seine Verschwägerung mit Ludwig Tieck zum Kreis der frühen Romantiker gehörte, zur Beschreibung grammatischer Abhängigkeiten. Im 19. Jahrhundert war das Wort zudem ein Lieblingsausdruck von Denkern, die Gott aus der Welt heraushalten wollten. Dazu gehörten so unterschiedliche Philosophen wie Max Stirner und Karl Marx, die *inhärent* 1845 in »Der Einzige und sein Eigenthum« beziehungsweise im 1894 posthum erschienenen dritten Band des »Kapitals« gebrauchen. Wenn den Dingen dynamische Eigenschaften *inhärent* seien, dann könne die Welt ohne göttliches Zutun bewegt werden durch »Kraft und Stoff« – so der Titel eines Weltbestsellers, in dem der Mediziner Ludwig Büchner, der jüngere Bruder des Dichters Georg Büchner, seine materialistische und darwinistische Philosophie ausbreitet. Büchner schreibt in seinem 1855 erstmals erschienenen Werk, das sogar ins Arabische übersetzt wurde:

> In dieser Erkenntniß ist er Mensch und Gott zu gleicher Zeit, Mensch, insofern er, selbst ein Theil des Stoff's, von den Gesetzen abhängig ist, welche dem Stoff von Ewigkeit her inhärent sind – Gott, insofern er die Gesetze des Stoff's zu erkennen, zu durchschauen und dadurch zu beherrschen und zu seinen Zwecken zu verwenden vermag.

Wer sich hier über den Genitivapostroph wundert: Offenbar war das in der gebildeten Familie Büchner so üblich; auch das berühmte Drama von Bruder Georg erschien 1835 als »Danton's Tod«. Außer bei Ludwig Büchner kommt *inhärent* als Bezeichnung für dem Stoff innewohnende Eigenschaften und Kräfte auch bei dem noch radikaler materialistisch denkenden Ernst Haeckel vor. Offenbar war *inhärent* ein zentraler Begriff bei Denkern des 19. Jahrhunderts, die sich um nicht metaphysische Entwicklungserklärungen bemühten. Auch Charles Darwin verwendet das englische *inherent* 1859 in »On the Origin of Species«.

Spätestens Mitte des 20. Jahrhunderts gelangte *inhärent* aus den Fachsprachen in den allgemeinen Bildungswortschatz. Seine Gebrauchshäufigkeit nimmt aktuell immer noch zu. Neuerdings bekommt es jedoch Konkurrenz durch das eigentlich nicht wirklich synonyme *intrinsisch* mit der Bedeutung ›von innen her, aus eigenem Antrieb; durch in der Sache liegende Anreize bedingt‹, das im 20. Jahrhundert aus dem Englischen entlehnt wurde.

inkommensurabel

Hier liegt der Fall vor, dass ein Grundwort im Deutschen viel seltener gebraucht wird als das mit einer entsprechenden Silbe gebildete Gegenwort. Das Adjektiv *inkommensurabel* haben fast alle schon einmal gehört oder gelesen, *kommensurabel* wohl eher nicht. Letzteres wurde im 18. Jahrhundert aus dem Französischen ins Deutsche entlehnt, wobei das dem französischen Wort *commensurable* (›messbar, vergleichbar‹) zugrunde liegende lateinische *commensurabilis* noch mitwirkte. Ungefähr zur gleichen Zeit gelangte dann das französische *incommensurable* in unsere Muttersprache; die Form *inkommensurabel* setzte sich erst im 19. Jahrhundert durch. Wie *kommensurabel* diente es zunächst als Fachwort der Mathematik, wo es für Größen, deren Verhältnis irrational ist, verwendet wurde und wird. So liest man 1723 in einer Übersetzung der »Elemente« des Euklid in der 41. Proposition: »Wenn 2 rechte Linien AB und BE, (welche in Macht incommensurabel, und deren zusammen addirte quadrate ein rectangulum medium, ingleichen das von ihnen beschlossene rectangulum eine rational Fläche ausmachen) zusammen gebracht werden. So wird die ganze Linie A E irrational seyn.«

Obwohl *kommensurabel* bei E. T. A. Hoffmann und Theodor W. Adorno steht und Karl Marx den Ausdruck im »Kapital« häufig für messbare Größen und Verhältnisse im Warenverkehr gebraucht, wurde das Wort im 20. Jahrhundert allmählich immer seltener. *Inkommensurabel* hingegen stieg auf zum allgemein gängigen Wort der Bildungssprache. Vielleicht lag es daran, dass *kommensurabel* weiterhin fast nur in seinem fachsprachlichen Sinn ›messbar, in Zahlen vergleichbar‹ verwendet wird, während *inkommensurabel* auch die übertragene Bedeutung ›mit dem Verstand nicht erfassbar, alle Vorstellungskraft übersteigend‹ angenommen hatte.

An dieser Entwicklung wirkte Goethe mit, der den Ausdruck offenbar vor allem in mündlicher Rede gern nutzte. Die Hälfte der fünfzehn Belege, die das Goethe-Wörterbuch kennt, stammen aus Gesprächsaufzeichnungen. Gegenüber Eckermann sagte Goethe beispielsweise: »Der Faust [...] ist doch ganz etwas Incommensurabeles, und alle Versuche, ihn dem Verstand näher zu bringen, sind vergeblich«. Oder: »Die Erwägung, wie incommensurabel Menschliches zum Himmlischen stehe, war auch dem Mittelalter nicht verschlossen.« Und über seinen Plan zum Roman »Die Wahlverwandtschaften« ließ er den Gesprächspartner Eckermann wissen: »Je inkommensurabeler und für den Verstand unfaßlicher eine poetische Produktion ist, desto besser.«

Dieser freiere Gebrauch löste das Wort aus dem Gefängnis der Fachsprache und machte es für die Bildungssprache verfügbar. Theodor W. Adorno schreibt 1951 über die Stücke des von ihm verachteten Friedrich Schiller: »Die Kabalen der allzu gut gebauten Stücke Schillers sind ohnmächtige Hilfskonstruktionen zwischen den Leidenschaften der Menschen und der ihnen bereits inkommensurablen und darum in menschlichen Motivationen nicht mehr greifbaren sozialen und politischen Realität.« In »Minima Moralia« gebraucht Adorno das Wort noch häufiger. Die genaue Bedeutung, die er dem Wort beilegt, ist oft im besten Goethe'schen Sinne *inkommensurabel* und gelegentlich für den Verstand unfasslich.

Insignien

Während sich der römische Kaiser Konstantin der Große und sein Heer 312 auf die Schlacht an der Milvischen Brücke bei Rom vorbereiteten, soll ihnen am Himmel ein Kreuz aus Licht erschienen sein, das die griechische Inschrift »Ἐν τούτῳ νίκα« (›Durch dieses siege!‹) trug. Als Konstantin tatsächlich seinen Gegner bezwungen hatte und das Römische Reich christlich geworden war, überlieferten spätere Geschichtsschreiber die Botschaft des Himmels in der lateinischen Version »In hoc signo vinces!« (›In diesem Zeichen wirst du siegen!‹). In der Folge spielten Kreuze in den *Insignien* der Mächtigen Europas mehr als ein Jahrtausend lang eine herausragende Rolle. Jeder König und erst recht jeder Kaiser oder Zar führte damit mehr oder weniger bewusst seine Legitimation auf Konstantin zurück.

Bis heute haftet dem im 16. Jahrhundert ins Deutsche gelangten Wort *Insignie,* das fast nur im Plural gebraucht wird, etwas Sakrales an. *Insignien,* also Symbole von Macht und Würde wie Krone, Zepter, Tiara oder Reichsapfel, sind typisch für Personen und Institutionen, die ihre Stellung und Würde zumindest früher von Gott herleiteten wie Kardinäle, Bischöfe, Könige, Fürsten und Grafen. Dazu erklärt Julius Bernhard von Rohr in seiner »Einleitung zur Ceremoniel-Wissenschafft der großen Herren« von 1729: »Bey den Reichs-Grafen sind die Insignien, die vergüldeten Spohren, vergüldeten Casquetes, der Harnisch, die vergüldeten Handschuhe und der Degen.«

Im Zusammenhang mit der Krönung von König Charles III. im Mai 2023 wurde das Wort naturgemäß sehr häufig in deutschen Medien gebraucht. Wenn *Insignien* dagegen auf rein weltliche Institutionen bezogen werden, schwingt oft etwas Ironisches mit, so wie in Ehm Welks Roman »Der hohe Befehl« aus dem Jahr 1939, wo es heißt: »[D]ie Insignien des Dorfgerichts lagen mit einigen Gesetzbüchern in einer offenen Kiste auf dem Boden«. Allerdings sind mit *Insignien* manchmal auch Abzeichen und Symbole des Nationalsozialismus gemeint. Am 209. Tag des Nürnberger Prozesses gegen die Hauptkriegsverbrecher im August 1946 versuchte der Rechtsanwalt Georg Böhm, die Richter davon zu überzeugen, dass die Mitgliedschaft in der Reiter-SA nicht unbedingt auf eine fanatische faschistische Einstellung schließen lasse: »Ich bringe dieses Reiterzeichen in Ausführung in Silber zur Einzelvorlage vor den Gerichtshof als Dokument; ich darf vielleicht darauf hinweisen, daß es wohl das einzige Abzeichen ist, das keinerlei nationalsozialistische Insignien trägt.«

In jüngerer Zeit wird *Insignien* auch ohne jeden Bezug zur Macht im übertragenen Sinne von ›Kennzeichen, Symbol‹ gebraucht. 1999 liest man in der »Zeit« über die damals noch recht neue Tendenz zum Körperschmuck: »Sogar der eigene Körper wird irreversibel mit Insignien von Andersheit beschriftet, die weiland als primitiv (Piercing et cetera) oder als proletenhaft (Tätowierungen) galten.«

Der Singular von *Insignien* lautet übrigens *das Insigne*. Er ist so selten, dass die meisten Menschen ihn nicht kennen, wenn sie das Wort tatsächlich einmal in der Einzahl benutzen wollen. Der Rechtschreibduden bemerkt: »Manchmal werden daher Formen wie *die Insignie* oder *das Insignium* gebildet, die nicht als standardsprachlich gelten [Hervorhebungen im Original, mh].« Beide falschen Formen sind in Medien wesentlich häufiger vertreten als die korrekte Variante.

Invektive

Selbst Jesus fluchte manchmal. Nie wird er in der Bibel so zornig beschrieben wie in Lukas 19, 45–46. Da geht er in den Tempel zu Jerusalem, verjagt die Händler und Geldwechslerund schimpft: »Es steht geschrieben: ›Mein Haus ist ein Bethaus‹; ihr aber habt's gemacht zur Mördergrube.« Der einflussreiche Barocktheologe Johann Conrad Dannhauer nennt das in einer 1657 gedruckten Predigt »eine hefftige / aber hochbefuügte und abgenöthigte invectiv«.

Zu Dannhauers Zeit war das aus dem gleichbedeutenden spätlateinischen *invectiva* entlehnte feminine Substantiv *Invektive* (›Schmährede‹) – die Schreibweise mit k statt c setzte sich erst allmählich nach 1900 durch – bereits seit etwa einhundert Jahren in deutschen Texten präsent. Lange blieb es seltener als das synonyme, heute bedauerlicherweise ganz aus der Mode gekommene *Pasquill*. Um 1800 findet man *Invektive* dann aber bei fast jedem Klassiker – und Antiklassiker.

Am unteren Ende dieser Skala schildert Friedrich Christian Laukhard in seinem Buch »Leben und Schicksale« das zeitgenössische Studenten- und Soldatendasein. Er erinnert sich, wie die im französischen Revolutionsheer dienenden Deutschen von den Franzosen provoziert und als geborene Untertanen, die Sehnsucht nach Tyrannei haben, verspottet wurden. Laukhard kommentiert: »Unsre Soldaten lachten über die Invectiven der Franzosen, und reizten sie oft dazu, blos nur zum Spaß.« Am anderen Ende, im Olymp der Weltliteratur, freut sich Goethe in seiner »Farbenlehre« über die Kritik des Franzosen Louis-Bertrand Castel an Newtons Theorie der Lichtbrechung: »Seine Invectiven gegen die Newtonische Darstellung des Spectrums übersetzen wir um so lieber, als wir sie sämmtlich unterschreiben können.«

Kairos

Dies ist eines der wenigen Wörter in diesem Buch über Bildungssprache, mit dem man tatsächlich noch Bildung anzeigen kann – so wie der Schriftsteller Steffen Kopetzky in seinen Roman »Grand Tour« von 2002: Dort rät der Verführungsspezialist Poliakov seinem Kollegen, dem Schlafwagenschaffner Leo Pardell, sich jetzt ins Abteil 451 zu einer Frau zu begeben, »mit plötzlichem Ernst und der Dringlichkeit des Kenners, der weiß, daß der Kairos gekommen ist – der richtige Augenblick«.

Das Wort wird fast immer erklärt, wenn es mal gebraucht wird. Im Jahr 2000, kurz nachdem Angela Merkel mit einem in der FAZ veröffentlichten Text den Abschied der CDU vom Übervater Helmut Kohl eingeleitet hatte, schreibt die Autorin Sabine Rückert in der »Zeit«: »Die griechische Antike kannte den schönen Begriff des Kairos. Er meint den entscheidenden Augenblick, der einem Menschen schicksalshaft und einmalig entgegentritt und von ihm ergriffen werden muss, sonst ist er unwiederbringlich verloren. Angela Merkel hat ihren Kairos nicht entrinnen lassen.«

Kairos war im Griechischen der Name einer eher unbekannten Göttergestalt im Schatten des *Chronos*, des Gottes der gleichmäßig fließenden Zeit. Nur wenige Darstellungen und Schilderungen des Kairos sind überliefert. Die bekannteste unter ihnen ist eine Plastik des Lysipp – heute nur als Kopien erhalten –, die der Bildhauer im Auftrag Alexanders des Großen angefertigt hatte. Zumeist wird Kairos als Jüngling dargestellt; seine langen, lockigen Haare sind vorne zu einem Zopf gebunden, während der Hinterkopf rasiert ist. Außerdem trägt er eine Waage, die auf einer Messerschneide balanciert. Die Redensart »die Gelegenheit beim Schopf packen« soll darauf zurückgehen, dass man den hinten kahlen Kairos nicht mehr festhalten konnte, wenn er einmal vorbeigegangen war. Auch die Wendung »auf Messers Schneide« soll sich auf Kairos beziehen.

In deutschen Texten ist *Kairos* seit dem 17. Jahrhundert nachweisbar. Mit Bezug zum Gleichnis Jesu vom Feigenbaum beschreibt der Theologe Johannes Olearius in seiner »Biblischen Erklärung« von 1681 die Fauna des Heiligen Landes im jüdischen Frühlingsmonat Nisan als die Zeit, »wo man ordentlicher weise weder neue Blätter / noch Früchte völlig haben, konnte / da es noch nicht war kairos«. Es bleibt aber bis heute ein bildungssprachlicher Geheimtipp.

Kanon

Die Kanone hat ein Rohr, das weiß jeder, auch wenn die Redewendung *Heiliges Kanonenrohr!* aus der Mode gekommen ist. Weniger bekannt ist, dass auch der *Kanon* etwas mit Rohr zu tun hat. Das griechische Wort *kanon* bezeichnete wohl zunächst einen Rohrstab und ist verwandt mit *kanna* (›Rohr‹). Schon im Griechischen nahm *kanon* – ausgehend vom ursprünglichen Sinn ›Richstab, Lineal, gerade Stange‹ – die übertragenen Bedeutungen ›Regel, Vorschrift, Liste, Katalog, Verzeichnis der klassischen Schriftsteller‹ an. Nur als Musikstück kannten die Griechen das Wort noch nicht; dieser Zusammenhang entwickelte sich erst im 16. Jahrhundert im Deutschen, weil ein *Kanon* nach strengen kontrapunktischen Regeln gesungen wird.

Bildungssprachlich sind heute allein die beiden Bedeutungen ›Richtschnur, Leitfaden für jemandes Verhalten‹ sowie ›Liste mustergültiger Autoren, Werke‹. Diese gehen auf kirchenlateinisch *canon* zurück, das den unveränderlichen Hauptbestandteil der Messe, das Verzeichnis der als göttlich inspiriert geltenden Bücher der Bibel sowie den Katalog der Heiligen bezeichnet.

Die erste Bedeutung, *Kanon* als ›Verhaltensleitfaden‹, ist gemeint, wenn Walter Rathenau 1918 in seinem Buch »Von kommenden Dingen« schreibt:

> Welch gewaltige Richtkraft bewußter Volksüberzeugung innewohnt, das erkennt man in einem Lande, das uns nicht Vorbild ist, wo die einseitigen und unbeseelten Begriffe der Herrenwürde und der Stammesgepflogenheiten zum Kanon allen Menschenurteils geworden sind.

Die zweite Bedeutung, ›Liste mustergültiger Autoren, Werke‹, wurde um die Jahrtausendwende sehr populär, als sowohl der Anglistikprofessor Dietrich Schwanitz als auch der Literaturkritiker Marcel Reich-Ranicki in einem späten Aufbäumen gegen das Verblassen abendländischer Bildungstraditionen *Kanons* aufstellten. Hierzu erläutert Schwanitz 1999 in seinem Bestseller »Bildung. Alles was man wissen muss«: »›Bildung‹ war aber das Konzept, das vor 1968 den Widerspruch zwischen dem Fachstudium und dem Schulunterricht durch den sogenannten ›Kanon‹ überbrückte.«

Reich-Ranicki kündigte 2001 in einem »Spiegel«-Gespräch an, einen »Kanon lesenswerter deutschsprachiger Werke« als »Opus magnum« seines Lebens zusammenzustellen und zu veröffentlichen: »Die Frage, ob wir einen solchen Katalog benötigen, ist mir unverständlich, denn der Verzicht auf einen Kanon würde den Rückfall in die Barbarei bedeuten. Ein Streit darüber, wie der Kanon aussehen sollte, kann dagegen sehr nützlich sein.« Dieser Ankündigung folgten in den Jahren 2002 bis 2006 fünf Teile mit von Reich-Ranicki für *kanonisch* erachteten Romanen, Erzählungen, Dramen, Gedichten und Essays.

Seitdem gab es immer wieder Versuche, einen vermeintlich zeitgemäßeren *Kanon* aufzustellen. Die »Literarische Welt« etwa forderte 2018: »Wir müssen den Kanon umschreiben« – es ging darum, Literatur von Frauen bekannter zu machen. Und im gleichen Jahr las man in der »Zeit« die Überschrift: »Wir brauchen einen neuen Kanon« – hier war ein modernerer Begriff von Allgemeinbildung gemeint.

Manche Traditionalisten fanden das *unter aller Kanone*. Die Redensart geht zurück auf ein altes studentensprachliches Wortspiel mit der lateinischen Formel *sub omni canone* (›unterhalb aller Kanons‹), bei dem das letzte Wort absichtlich falsch übersetzt wurde.

katexochen

Hier stoßen wir auf ein geradezu klassisches → *Paradigma* der deutschen Bildungssprache: Deutsch ist bestenfalls »gehoben«, Französisch ist »bildungssprachlich«, aber Griechisch toppt alles. In diesem Falle: *Par exemple* zu sagen, ist gebildeter als einfach nur *schlechthin*, aber *katexochen* klingt noch gebildeter.

Mit dem Adjektiv, das auf dem griechischen *exochen* (›Erhabenheit, Herausragen‹) beruht, bezeichnet man Phänomene, die die Klasse, der sie angehören, in perfekter Vollendung, in reinster Form verkörpern. In dieser Bedeutung wird *katexochen* seit Anfang des 18. Jahrhunderts gebraucht. In den frühen Texten schrieb man es zunächst noch mit griechischen Buchstaben, wie Lessing, der 1757 in einem Brief an Gleim ironisch mitteilt:

> Er hat diese Messe, »Sittliche Gedichte zur Ermunterung des Gemüths« herausgegeben, und zwar, was mich ärgert, in Duodez [ein Buchformat, mh]. In der That zwar sollte ich mich nicht ärgern; denn, Gott sei Dank, nun habe ich doch auch in diesem Formate Einen unter mir und bin nicht mehr der schlechte deutsche Poet in Duodez κατ᾽ ἐξοχήν.

»Er« war Christian Gottlieb Lieberkühn, ein dichtender Feldprediger der preußischen Armee, der im Briefwechsel zwischen Lessing und Gleim mehrfach als Inbegriff des miserablen Poeten und ahnungslosen Übersetzers antiker Literatur erwähnt wird. Zu Lessings Lebzeiten konnte *katexochen* auch ›vorzugweise‹ bedeuten, wie Hans Schulz im »Deutschen Fremdwörterbuch« anhand einiger Belege nachweist.

Als man im 19. Jahrhundert allmählich dazu überging, das Adjektiv nur noch in lateinischen Lettern zu schreiben, stand die heutige Bedeutung schon allein. Novalis sagt in seinem 1802 veröffentlichte Fragment über »Magische Philosophie«, dass der Mensch irgendwann die Begrenztheit der bloß »brauchbaren« Philosophie empfinde:

> Jetzt fällt ihm endlich ein, in sich selbst als absolutem Mittelpunkt dieser getrennten Welten das absolute Vereinigungsglied aufzusuchen – er sieht auf einmal, daß das Problem realiter schon durch seine Existenz gelöst ist und das Bewußtsein der Gesetze seiner Existenz die Wissenschaft kat' exochen sei, die er so lange schon suche.

Bis heute ist *katexochen* ein Wort der Philosophen, der Theologen, der Linguisten und allgemein der Geisteswissenschaftler, aber nicht der Medien. Selbst in einem bildungsbürgerlichen Leitmedium wie der »Zeit« wurde es zwischen 1946 und 2018 nur dreimal verwendet, in der gesamten Erscheinungszeit des »Spiegels« seit 1947 nur fünfmal.

Kohärenz

Von der *Kohärenz* hing das Leben und das Seelenheil ab; zumindest im 17. Jahrhundert, zu dessen Beginn das Wort von dem lateinischen *cohaerens*, dem Partizip Präsens von *cohaerere* (›zusammenhalten, zusammenhängen‹), abgeleitet und zunächst noch mit c und ae geschrieben wurde. Nur das z am Ende zeigte klar, dass es sich hier nicht mehr um ein Zitat handelte, sondern um ein bereits eingedeutschtes Wort. Wolf Helmhard von Hohberg erklärt 1682, warum Gott zwar jeden Tod zulässt, aber keineswegs jeder Tod, den irgendjemand durch maßlosen Lebenswandel verursacht, auch von Gott gewünscht ist:

> Gott hat aber auch das übrige Fressen und Sauffen hart verbotten / und will / daß wir sollen züchtig / gerecht und mässig leben / nüchtern und wachsam seyn / daher wann ein Mensch dieses in den Wind schlägt / muthwillig mit Füllerey sein Hertz / Magen und Haupt beschweret / die natürliche Cohaerenz und Ubereinstimmung der Glieder zerrüttet; sollte dann Gott die Schuld haben, daß er ihm kein weiters Lebens-Ziehl gesetzt hätte.

Von Anfang an hatte das Wort im Deutschen die heutigen Bedeutungsnuancen ›Zusammenhang; Abstimmung, Koordination, Folgerichtigkeit‹. Es blieb lange ein Lieblingswort der Theologen, die der *Kohärenz* von Glauben, Leben und Handeln einen hohen Stellenwert beimaßen. Heute ist es zudem ein Fachwort der Physik, wo es auf Wellen und Phasen bezogen wird und ›Übereinstimmung‹ meint, sowie der Sprachwissenschaft. Der sprachwissenschaftliche Sinn in Zusammensetzungen wie *Textkohärenz* entspricht weitgehend dem bildungssprachlichen. Der Philosoph Paul Feyerabend nennt in seinem wissenschaftsanarchistischen Werk »Wider den Methodenzwang« als formale Elemente eines lesbaren Textes »Eleganz, Einfachheit, Allgemeinheit und Kohärenz«.

Seltener sind das Gegenwort *Inkohärenz* sowie die Adjektive *kohärent* und *inkohärent*, die aber alle bildungssprachlich gebräuchlich sind. Sigmund Freud kritisiert 1900 in seiner »Traumdeutung«, dass Autoren »die scheinbare Inkohärenz der Träume« nicht entschlüsselt hätten. Zwei unterschiedliche, aber in ihrer Ablehnung der parlamentarischen Demokratie übereinstimmende Autoren wie der Kommunist Georg Lukács und der Nationalsozialist Carl Schmitt kritisierten die *Inkohärenz* des Parlamentarismus und der ihm zugrunde liegenden Rousseau'schen Idee vom »Contrat Social«. Umgekehrt wurde sowohl dem Denken Freuds als auch dem von Lukács und Schmitt *Inkohärenz* vorgeworfen. So hat das Wort oft noch immer die moralisch negative Konnotation wie im Barock.

Koinzidenz

Um auszudrücken, dass etwas unwahrscheinlich oder gar ausgeschlossen ist, sagt man, das passiere nur, »wenn Weihnachten und Ostern auf einen Tag fallen«. Bildungssprachlich könnte man auch formulieren: »Bei einer *Koinzidenz* von Weihnachten und Ostern.« Die frühesten Belege für das Wort in deutschen Texten aus der Zeit um 1700 beziehen sich alle auf Kalenderereignisse. Der vom Polyhistor Stanislaus Reinhard Acxtelmeier herausgegebene und möglicherweise auch verfasste »Monatliche Staats-Spiegel« spekuliert 1699 über die »Coincidenz der auf gewise Monaths-Täge gesetzten Feste / so man Festa immobilia nennet«. Schon lateinisch *coincidentia* konnte aber genauso das Zusammenfallen anderer, normalerweise nicht zusammengehörender

Phänomene bezeichnen. Der spätmittelalterliche Gelehrte Nikolaus von Kues sah die »coincidentia oppositorum«, den Zusammenfall der Gegensätze, sogar als wesentlich für Gott an: Sie alle seien in ihm aufgehoben.

Als *Koinzidenz* wird meist nicht der bloße Zufall bezeichnet, sondern das glückhafte Zusammenwirken zweier unterschiedlicher Faktoren. Als zum Beispiel 1517 das finanzielle Interessen des Kurfürsten Friedrich des Weisen von Sachsen zur Unterbindung des Ablasshandels mit den religiösen Vorbehalten Martin Luthers zusammenfielen – so Leopold von Ranke 1839 in seiner »Deutsche Geschichte im Zeitalter der Reformation« –, sei der entscheidende Schritt zur Reformation erfolgt: »Der Moment, von welchem das große Weltereigniß ausgeht, ist die Coincidenz von beiden.«

Heute – in einer Zeit, die besessen ist von Verschwörungstheorien und vermeintlichen geheimen Drahtziehern – wird *Koinzidenz* auch gerade dann gebraucht, um Zweifel am bloß zufälligen Zusammenfall zweier Ereignisse anzudeuten. Die Verbindungen *merkwürdige Koinzidenz* und *seltsame Koinzidenz* gehören zu den häufigsten Kollokationen, in denen das Wort in den Medien gebraucht wird.

kongenial

Das späte 18. Jahrhundert erfand bekanntlich den Geniekult. Als höchste Lob galt es, *kongenial* mit einem Genie zu sein. So wie die Form *genialisch* anfangs häufiger war als die heute übliche kurze Variante *genial*, überwog zunächst auch *congenialisch* – die Schreibung mit k setzte sich erst im 20. Jahrhundert durch – gegenüber *congenial*. Das Adjektiv lässt sich über französisch *congénial* auf neulateinisch *congenialis* zurückführen.

Vermutlich ist das Wort vom Englischen beeinflusst. Das Interesse an dieser Sprache erwachte in Deutschland Mitte des 18. Jahrhunderts mit der Entdeckung der Stücke von Shakespeare sowie dem europaweiten Erfolg der Romane von Samuel Richardson. Wörterbücher der Zeit versuchten, deutschen Lesern die Aussprache des englischen Adjektivs *congenial* als »kandschehniäl« anschaulich zu machen. Die englische Bedeutung ähnelt weitaus mehr der deutschen als die französische (›symphatisch‹). Vor allem aber wurde der ganze Geniekult, zu dessen Umfeld das Wort gehört, vom englischen Philosophen und Kunsttheoretiker Anthony Shaftesbury geprägt, der das englische Wort in der Schreibweise *con-genial* verwendete.

Shaftesbury beeinflusste zunächst Immanuel Kants Überlegungen zum Genie, dann auch Herder und Schiller. *Kongenial* bedeutet im Deutschen ›ebenbürtig‹ im geistigen wie im künstlerischen Sinne. Herder, der wichtigste deutsche Theoretiker des Geniegedankens, behandelte es in einem der frühesten Belege noch als Fremdwort und übersetzte es. Über die Wirkung des Genius auf andere Menschen erklärt er 1800 in »Kalligone. Von Kunst und Kunstrichterei«: »Wir werden mitgenialisch (congenial) mit ihm, fühlen uns seiner Art, er bildet in uns feine Empfindungen, seine Gedanken.«

Bei Theodor Mommsen, Heinrich von Treitschke und vielen anderen wurde *kongenial* nicht mehr auf ein Genie oder eine andere Einzelperson bezogen, sondern bekam die Bedeutung ›im Einklang mit der Nationalseele eines Volkes‹. So schwärmt Mommsen in seiner »Römischen Geschichte« von der »dem energischen und realistischen italischen Wesen so congenialen Architektur«, die in der Frühzeit Latiums nach dem Vorbild der Griechen geschaffen worden sei. Schopenhauer und andere benutzten das Wort im Sinne von ›angeboren‹ – wie englisch *congenital*, eine Verwechslung, die selbst im Englischen nicht selten ist.

In seinen »Parerga und Paralipomena« von 1851 verhöhnt Schopenhauer die deutsche Neigung zu endlosen Satzperioden und vermutet, es lägen »Stumpfheit und Schlafmüßigkeit dieser Eigenthümlichkeit zum Grunde, welche gerade es ist, was den Ausländern alle deutsche Schreiberei verhaßt macht, weil sie eben nicht im Dunkeln tappen mögen; welches hingegen unsern Landsleuten kongenial zu seyn scheint.«

Im späten 19. Jahrhundert setzte sich unter dem Einfluss von Rechtschreibnormierungen und Bemühungen um die Verdeutschung von Fremdwörtern allmählich die Schreibweise mit k durch. Gelegentlich wird das Wort irrigerweise als Steigerungsform von *genial* aufgefasst, beispielsweise vom damaligen SPD-Finanzminister Peer Steinbrück, der 2005 äußerte: »Franz Müntefering hat das kongenial zusammengefasst: Opposition ist Mist.« Wie beim falschen Gebrauch von → *Astralleib* oder → *frugal* erreicht man damit allerdings genau das Gegenteil des Gewünschten und stellt statt Bildung eher Bildungslücken zur Schau.

kongruent

Das aus dem Partizip Präsens *congruens* des lateinischen Verbs *congruere* (›übereinstimmen‹) abgeleitete Wort tauchte im späten 17. Jahrhundert erstmals in Texten der Kanzleisprache auf, die damals ein besonders undurchdringliches Gestrüpp aus deutschen und lateinischen Elementen bildete. Hier konnte es neben der ursprünglichen lateinischen Bedeutung genauso für ›passend, akzeptabel, angemessen‹ stehen.

Bekannt ist *kongruent* jedem Schüler aus der Mathematik. Dort bezeichnet es beispielsweise in der Geometrie zwei deckungsgleiche Figuren. Der Mathematiker Ernst Schröder erklärt dazu 1890 in seinen »Vorlesungen über die Algebra der Logik«: »Es gibt Raumteile, die sich nur durch ihre Lage unterscheiden; diese heissen ›kongruent‹.« Im späten 18. Jahrhundert wurde das Wort auch im allgemeineren Sinne von ›gleich‹ verwendet; heute definiert es das Duden-Universalwörterbuch mit ›in allen Punkten übereinstimmend, völlig gleich‹. Dem entspricht als ein Beispiel unter vielen ein Satz aus Oswald Spenglers kulturpessimistischem Buch »Der Untergang des Abendlandes« von 1918/22:

> Die exakte sinnlich-geistige Erfahrung ist im Gegenteil ihrer Struktur nach dem vollkommen kongruent, was tief religiöse Naturen des Abendlandes, Pascal zum Beispiel, der Mathematiker und Jansenist aus der gleichen inneren Notwendigkeit war, wohl als Erfahrung des Herzens, als Erleuchtung in bedeutenden Momenten ihres Daseins kennen gelernt haben.

Doch der tatsächliche Gebrauch ist wesentlich unbestimmter – ähnlich wie bei *kohärent* (→ *Kohärenz*), mit dem es manchmal nahezu synonym erscheint. Das Paradebeispiel dafür ist Goethe, bei dem sich ein weitgestreckter Bedeutungshorizont nachweisen lässt, weil er es auf literarische und andere künstlerische Leistungen im Sinne von ›in sich stimmig, harmonisch, geschlossen‹ anwendete. Eine Zeichnung der Gräfin Egloffstein etwa nennt er 1823 »höchst congruent und verständig«. Mit Bezug auf künstlerischen Geschmack meinte das Wort bei Goethe auch ›gefestigt‹. So lobt er 1831 den Theaterintendanten Graf von Brühl in Berlin: »[M]an ist Ihnen schuldig, daß die Übereinstimmung des Äußern mit dem Innern nicht allein mit Worten gelehrt, sondern durch lebendigen Vorgang ein congruenterer Geschmack möglich geworden.«

Die Schreibweise mit k setzte sich wie bei vielen anderen Wörtern und gar Stadtnamen im späten 19. Jahrhundert durch –

das k entsprach mehr dem erstarkten deutschen Nationalgefühl als das lateinisch-französische c. Das berühmteste Beispiel für die nationale Symbolik dieser beiden Buchstaben ist übrigens der Name der Stadt Köln: Erst im Januar 1919 führte die Kölner Stadtverwaltung endgültig die K-Schreibweise ein, die dann durch Erlass der preußischen Staatsregierung im folgenden April für allgemein verbindlich erklärt wurde; vorher ging es jahrhundertelang zwischen K und C hin und her. Paradoxerweise waren sich ausgerechnet die Franzosen, die Köln zwischen 1794/1801 und 1813 beherrschten und *Cologne* nannten, sowie die späteren preußischen Könige und deutschen Kaiser, die auf dem vornehmeren Cöln bestanden, einig in der Bevorzugung der Schreibweise mit C. Die Kölner Bürger hingegen kämpften schon ab den 1850er-Jahren für das gute deutsche K wie in Kölle. Vor der eigenen Haustür aber erlaubte Kaiser Wilhelm II. aus dem Cöln mit C liebenden Geschlecht der Hohenzollern schon 1912 dem Ort Rixdorf, der damals noch außerhalb Berlins lag, sich in *Neukölln* mit k umzubenennen. Aber der Name der alten Siedlung Cölln an der Spree und der Stadt Köln sind ja auch nicht wirklich *kongruent*.

konzedieren

Dieses Wort weist für den Verlauf der vergangenen 400 Jahre eine merkwürdige Karrierekurve auf. Nachdem es im späten 16. Jahrhundert ins Deutsche gelangt war, blieb es bis etwa 1800 ein Lieblingsausdruck der Verwaltungs- und Rechtssprache im Sinne des amtlichen ›bewilligen‹, wurde aber genauso schon im Sinne von ›einräumen, zugestehen; zugeben‹ gebraucht. Das zugehörige Substantiv lautete *Concession*. Als 1649 der Text des Westfälischen Friedens, der im Jahr zuvor den Dreißigjährigen Krieg beendet hatte, gedruckt wurde, stand ganz am Anfang neben dem kaiserlichen Privileg, das den Druck erlaubte und vor Nachdrucken schützen sollte, eine *Concession* des Erzbischofs und Kurfürsten von Mainz. In dieser bekräftigt Johann Philipp von Schönborn die Druckerlaubnis seines Vorgängers Anselm Casimir Wambolt von Umstadt, die dieser dem Frankfurter Verleger Jacob Fischer gegeben hatte, in der ganzen Umständlichkeit der damaligen Kanzlei- und Diplomatensprache:

> Wie nun höchstermelte jetztregierende Ihre Churfürstliche Gnaden von dem Jenigen / so vor dero Lobseligsten nächsten Vorfahren am Ertz-Stifft Mäyntz / wegen obberührter Friedens-Tractaten und Schluß / dem gemeinen Wesen zu Nutzen und Besten löblich concediret und verordnet worden / keineswegs abzusetzen gedencken.

Nach dem Tiefpunkt um 1800 legte *konzedieren* im 19. und 20. Jahrhundert einen beachtlichen Wiederaufstieg hin. Das hatte vermutlich nicht zuletzt damit zu tun, dass politische Verhandlungen, in denen es immer präsent geblieben war, nun öffentlich geführt, ihre Protokolle gedruckt und Debatten in Zeitungen zitiert wurden.

In den Aufzeichnungen des deutschen Reichstages vermisst man das Wort in den 1930er-Jahren, in denen sich Diskussionen, Verhandlungen und komplizierte Mehrheitsbildungen alsbald erübrigten – nicht erst mit der Machtübernahme der Nationalsozialisten 1933, sondern schon ab 1930, als vom Reichspräsidenten Hindenburg eingesetzte Kanzler ohne parlamentarischen Rückhalt mithilfe sogenannter Notverordnungen regierten. Bis dahin war es von 1871 bis 1930 ein viel gebrauchtes Wort, wenn es um Zölle, Renten oder Erleichterungen bei Reparationszahlungen ging, die *konzediert* wurden. Doch man benutzte es nicht nur, um Verwaltungsvorgänge zu bezeichnen. Ebenso *konzedierte* man dem Gesprächspartner und politischen Gegner, dass er manchmal recht hatte, eigentlich auch das Beste wollte oder einen wunden Punkt angesprochen hatte.

Dieser einschränkend zustimmende Gebrauch von *konzedieren* ist heute vorherrschend, wobei das Wort besonders oft mit Ergänzungen wie *immerhin* und *zwar* erscheint. In diesem Sinne wurde es im Bundestag seit 1949 in allen vergangenen 19 Wahlperioden regelmäßig verwendet, was man – angesichts der Beobachtungen über sein Verschwinden im Reichstag nach 1930 – möglicherweise als Zeichen für eine stabile demokratische Debattenkultur interpretieren darf.

konzis

Sich *konzis* – also kurz und bündig – auszudrücken, gilt heute als Tugend. Das war nicht immer so eindeutig. Der Sprachwissenschaftler Johann Andreas Fabricius etwa urteilt 1729 in seiner »Philosophischen Oratorie«: »Ehrgeitzige lieben einen magnifiquen, wollüstige einen fluiden, geldgeitzige einen concisen ausdruck.« Meistens benutzte man das Wort, das im 18. Jahrhundert aus lateinisch *concisus* (›abgebrochen, kurz gefasst‹) entlehnt worden war, aber neutral oder gar lobend. So schwärmt Oskar Panizza 1895 in seiner Schrift »Der Illusionismus« vom Stil Max Stirners: »Stirner, der Schriftsteller, der in seiner knappen, konzisen, flinken und oft burschikosen Form bewiesen hat, dass Leichtigkeit und Flüssigkeit des Vortrags ein Vorteil sei für die Behandlung abstrakter Disziplinen gegenüber dem zähen Asfalt-Brei aus dem Munde patentirter Sanskritisten.«

Bei Kurt Tucholsky und anderen kann das Wort auch den Nebensinn ›gut gegliedert‹ haben. In seinem Nachruf auf Siegfried

Jacobsohn, den Gründer der Zeitschrift »Die Schaubühne« (später »Die Weltbühne«) schreibt Tucholsky 1926:

> Dabei hatte er eine außerordentlich konzise Art der Beantwortung; er pflegte seine Briefe in lauter kleine Absätzchen aufzuteilen, die er numerierte, und wenn ich aus Spaß eine Anfrage unter 117 rubrizierte, dann kam bestimmt unter 117 etwas zurück.

Seit Panizza und Tucholsky veränderten sich weder die Bedeutung noch die Gebrauchshäufigkeit des Wortes, weshalb dieser ihm gewidmete Abschnitt *konzis* bleiben kann.

Koryphäe

Es ist nur eine Spekulation: Vielleicht gelangte das aus dem französischen *coryphée* entlehnte Wort im späten 18. Jahrhundert ins Deutsche, weil man nach der Revolution in Frankreich ein neues, nicht aristokratisch klingendes Wort benötigte, das ausdrücken sollte, dass jemand der Erste, Bedeutendste und Herausragendste auf seinem Gebiet sei. Beim Wechsel der Sprachen wurde das im Französischen maskuline Substantiv im Deutschen zum Femininum, da man möglicherweise das *-ée* als weibliche Endung interpretierte.

Heute ist das Wort auf wissenschaftliche und seltener künstlerische Fähigkeiten eingeengt. Doch zunächst konnten *Koryphäen* ebenso die Anführer einer Partei, eines intellektuellen Zirkels oder einer Sekte sein. Johann Gottfried Seume urteilt 1802/03 in der ihm eigenen meinungsfreudigen, oft etwas schlecht gelaunten Art über den Unterschied der Metropolen Frankreichs und Italiens:

> Der Gelehrte gehe nach Paris; der Künstler wird zur Vollendung immer noch nach Rom gehen, wenn er gleich für sein Fach auch hier an der Seine jetzt zehnmal mehr findet als vorher. Sobald die Franzosen Raphaele und Bonarotti haben werden, sind sie die Koryphäen der Kunst, und man wird zu ihnen wallfahrten, wie ins Vatikan [sic!, mh].

Das französische Wort leitete sich vom griechischen *koryphaios* ab, das den Chorführer im antiken Drama bezeichnete. Es ist also verwandt mit *Chor* und *Choral,* wird aber im Deutschen von Anfang an meist mit *k* geschrieben. Nur in der Altphilologie nutzt man manchmal die Variante *Choryphäe,* um den ›Chorführer‹ vom ›Experten‹ zu unterscheiden. Auch in der Theatersprache, wo der Vortänzer oder erste Solist des Balletts ebenfalls *Koryphäe* genannt wird, kam im 19. Jahrhundert die Schreibweise mit *ch* vor. Ganz selten verwendeten Autoren das *ch* in der allgemeinen Bedeutung, um ihre Kenntnis des griechischen Ursprungs anzuzeigen und sich damit einen besonders gebildeten Anstrich zu geben.

Heute kann man zwar *Koryphäe* auf nahezu jedem wissenschaftlichen Gebiet sein – in Friedrich Dürrenmatts »Die Physiker« aus dem Jahr 1962 werden Einstein, Newton und Möbius von der Anstaltsleiterin Fräulein Dr. h. c. Dr. med. Mathilde von Zahnd einfach nur als »die Koryphäen« zusammengefasst. Besonderes Gewicht aber besitzt dieser Ehrentitel in der Medizin: Es beruhigt ungemein und gibt selbst dem fast Todgeweihten neue Hoffnung, wenn er von einer *Koryphäe* behandelt wird.

Kotau

Im Jahr 1820 erfuhren die Deutschen zum ersten Mal von einem merkwürdigen Ritual in China. In Christian Gottlieb Daniel Steins »Handbuch der Geographie und Statistik für die gebildeten Stände« ist zu lesen: »Der Kaiser wird mit dem Kotou d. i. 3 Kniebeugen und 9 Stirnschlagen begrüßt, eine Cerimonie, die ursprünglich dem Himmel gewidmet und in der Folge auf den Sohn des Himmels, den Kaiser, angewandt wurde, und ihm von Vasallen und fremden Gesandten erwiesen wird.« Die Schreibweise in diesem Frühbeleg entspricht der französischen und zeigt an, dass Stein sein Wissen aus französischen Quellen bezogen hatte.

In »Das Reich der Mitte« von Samuel Wells Williams, einer Übersetzung aus dem Englischen, werden die Zeremonie und das Wort 1852/53 schon als »wohlbekannt« bezeichnet. Weiter verbreitete sich der Terminus hierzulande erst, als die europäischen Mächte Diplomaten an den chinesischen Kaiserhof schickten und diese überlegen mussten, ob sie den *Kotau* ebenfalls vollziehen wollten. So berichtet 1859 die »Allgemeine Zeitung« über eine Begegnung des amerikanischen Gesandten mit dem Kaiser: Auf die Forderung nach der Unterwerfungsgeste entgegnete Hr. Ward, »er könne dem Kaiser seine Ehrfurcht nur in derselben Weise wie seinem eigenen Herrscher oder wie einem andern Souverän bezeugen; knieen könne er nur im Gebete vor Gott«. Dies ist nur einer von vielen Zeitungsbelegen in der zweiten Hälfte des 19. Jahrhunderts, in der über diplomatische Erwägungen angesichts des verlangten *Kotaus* berichtet wird. In »Meyers Deutsches Jahrbuch« ist schließlich zu lesen: »Die Verhandlungen über diesen Fall waren lang, aber es unterlag keinem Zweifel, daß China nachgeben mußte. Im März 1873 bewilligte der Kaiser die Audienzen unter Aufhebung des Kotau.«

Gegen Ende des 19. Jahrhunderts wurde *Kotau* vermutlich

aufgrund der zunehmenden deutschen Präsenz in China im Deutschen heimisch. 1902 wurde es erstmals im Reichstag verwendet, als der SPD-Abgeordnete Albert Südekum die Regierung kritisierte: »Die Affäre des Generals Spitz hat deutlich gezeigt, daß die Leute antreten und den Gesinnungs-Kotau machen müssen, wenn es denen gefällt, die sie an die Spitze gestellt haben.« Das Wort gehörte auch zu den Lieblingsausdrücken des einflussreichen Journalisten Paul Liman – ein scharfer Kritiker des selbstherrlichen Kaisers Wilhelm II. –, der mit seinen Publikationen hohe Auflagen erreichte. Im Kapitel »Der Kotau des Prinzen Tschun« seines Buchs »Der Kaiser« beschreibt Liman die Reise des sogenannten Sühneprinzen und Vaters des späteren letzten chinesischen Herrschers Puyi, der sich 1901 zur Entschuldigung für die Ermordung eines deutschen Diplomaten nach Berlin begeben musste.

Heute, nach gut 200 Jahren, bezeichnet *Kotau* in der Sprache von Politik und Medien in Deutschland allgemein eine Unterwerfungsgeste, mit der sich ein Schwächerer vor einem Stärkeren demütigt. In jüngerer Zeit wurde unter anderem Bundeskanzlerin Merkel vorgeworfen, Zugeständnisse der Türkei in der Flüchtlingspolitik nur mit einem »Kotau« vor Präsident Erdoğan erreicht zu haben.

kulminieren

Die Sonne *kulminiert* am Mittag. Der Ausdruck stammt ursprünglich aus der Astrologie und meint dort – bezogen auf Gestirne – ›den höchsten Stand erreichen‹. Unmittelbar nach der Übernahme aus dem gleichbedeutenden französischen *culminer* beziehungsweise dem lateinischen *culminare* (›krönen‹) im 17. Jahrhundert wird das Wort aber auch im erweiterten, nicht astrologischen

Sinne von ›gipfeln‹ verwendet. In einer 1664 gedruckten Predigt verortet der Theologe Johann Conrad Dannhauer den Höhepunkt der Weltgeschichte so: »Die Blum aller Länder in Asia / Africa und Europa hat unter dem Römischen Himmel gegrunet und gelebet / sonderlich zu Trajani Zeiten / da das Römische Reich culminiret / und im höchsten Gipffel / flor und Macht gestanden.«

In der Schweiz können ebenso Gebirgsketten *kulminieren*, also mit einem Gipfel ihren höchsten Stand erreichen; so jedenfalls wird das Wort in den Schriften des Schweizer Alpenvereins häufiger gebraucht. In der politischen Sprache wird *kulminieren* meist negativ eingesetzt, um auszudrücken, dass etwas unerträglich oder maßlos sei. Die Frauenrechtlerin Grete Meisel-Heß beispielsweise erklärt 1909 in »Die sexuelle Krise«: »Die Nötigung zur Prostitution hat vor allem in sozialen Ursachen, wie sie in unserem Heiratssystem kulminieren, ihren Grund.« Und Theodor W. Adorno bezeichnet 1966 den »gesellschaftlichen Druck« als Ursache für den Rückfall in die Barbarei: »Er treibt die Menschen zu dem Unsäglichen, das in Auschwitz nach weltgeschichtlichem Maß kulminierte.«

Um die Jahrtausendwende *kulminierte* der Gebrauch des Wortes und scheint seitdem im Sinken zu sein.

Lackmustest

Dieses Wort implantierte nicht der Chemieunterricht in die deutsche Bildungssprache, sondern der Englischunterricht, der es Deutschen ermöglichte, Produkte englischsprachiger Unterhaltungskultur zu übersetzen oder im Original zu konsumieren.

Soweit erkennbar wird das Wort in unserer Sprache erst seit dem späten 20. Jahrhundert im übertragenen Sinne von ›Prüfstein, Gradmesser‹ verwendet. Im Englischen ist diese Bedeutung mindestens schon seit den 1950er-Jahren verbreitet, wie das Oxford English Dictionary nachweist. Ein Beispiel aus jüngerer Zeit findet sich im Roman »Slumberland« von Paul Beatty aus dem Jahr 2008/09. Dort erklärt eine Frau, wie sie feststellt, ob eine Partybekanntschaft kompatibel sei: »Mein Lackmustest ist Tom Cruise. Ich verabscheue Menschen, die Tom Cruise verabscheuen.« Durch diese Art von Übersetzungen – im Original heißt es »litmus test« – wurde der erweiterte Gehalt des Wortes auch im Deutschen popularisiert.

Ein *Lackmustest* im eigentlichen Sinne ist ein Verfahren, bei dem mit Lackmus getränktes Papier in eine Flüssigkeit getaucht wird: Färbt sich das Papier blau, ist die Flüssigkeit alkalisch, wird es rot, handelt es sich um eine Säure. Sprachkritiker weisen darauf hin, dass ein Lackmustest in der Chemie nichts über die Zukunft aussage und die übertragene Verwendung deshalb falsch sei. Sie ist aber sicher nicht falscher als viele andere übertragene Verwendungen von Wörtern. Es gibt allerdings auch keinen wirklichen Grund, das Wort zu benutzen – außer pompösem Getue –, denn es lässt sich nahezu überall problemlos durch ein einfaches *Test* ersetzen.

lakonisch

Die Griechen erfanden bekanntlich die Rhetorik, und bei den Römern galten sie – je nach Einstellung – als Lehrmeister der Beredsamkeit oder dekadente Schwätzer. Doch dieses Bild ist von der Philosophie und Literatur geprägt, die in Athen und den kleinasiatischen Griechenstädten blühten. Daneben gab es aber auch Griechen, die es vorzogen, sich wortkarg zu geben. So war es bei den Spartanern, deren militärische Elitenkultur wie ein gesellschaftlicher Gegenentwurf zu Athen wirkte. Da man die Spartaner im Altgriechischen nach der Landschaft, in der sie lebten, auch *lakones* (›Lakonier‹) nannte, wurde das Adjektiv *lakonikos* beziehungsweise lateinisch *laconicus* schon in der Antike gleichbedeutend mit ›knapp und treffend im Ausdruck‹ verwendet.

In einem deutschen Text erschien das Wort erstmals Ende des 17. Jahrhunderts, aber noch mit Bezug auf die Antike:

> Plutarchus sagt / die Rede seye dreyfach / eine nohtwendige / freundliche / und überflüssige / die er verdammt. Zum Beyspiel / auf die Frage: Ist Socrates drinnen? sey die nohtwendige Antwort; er ist nicht drinnen / oder auf Laconisch: Nein / wie also die Laconische Stande Philippo auf sein weitlauffiges Schreiben / daß sie ihn in ihre Statt einlassen sollten allein dise 2. Buchstaben geantwortet οὔ, Nein!

Im 18. Jahrhundert löste sich das Wort dann mehr und mehr von seinen historischen Bezügen. An seiner Verbreitung war vermutlich der einflussreiche Sprach- und Literaturreformer Johann Christoph Gottsched beteiligt, der 1730 in seinem »Versuch einer critischen Dichtkunst« über die Fabeln des Ovid schreibt: »Sonst findet man noch, daß diese Fabeln sehr lakonisch, das ist, in sehr kurz gefaßter Schreibart abgefasset gewesen.« In den folgenden Jahrzehnten wurde die heutige Verwendung dann allgegenwärtig – bei Wieland, Musäus, Wezel, Goethe und der als »preußische Sappho« gepriesenen Poetin Anna Louisa Karsch, die, als ihr Friedrich der Große die lächerliche Summe von zwei Talern hatte zukommen lassen, dichtete:

> Ich faßte kurzen Schluß; ich lächelte catonisch
> Auf dies Geschenk herab, und schrieb
> Mit kaltem Blute ganz laconisch,

Weil mir nichts weiter übrig blieb:
»Zwei Thaler giebt kein großer König;
Ein solch Geschenk vergrößert nicht mein Glück,
Nein, es erniedrigt mich ein wenig,
Drum geb ich es zurück.«

In heutigen Feuilletons wird *lakonisch* nicht mehr nur auf die Redeweise von Personen bezogen, sondern genauso zur Beschreibung von künstlerischen Arbeiten genutzt. Als *lakonisch* bezeichnen etwa die »Zeit« und der »Tagesspiegel« unter anderem den Film »Fargo« der Coen-Brüder, ein schwarzhumoriger Thriller im winterlichen Norden der USA, sowie die Kompositionen von Erik Satie, die wegen ihrer Klarheit bewundert werden.

latent

Dieser »Kunstausdruck der Medizin und Physik«, wie ihn der Fremdwortphilologe Otto Basler nennt, wurde im späten 18. Jahrhundert entweder direkt aus dem lateinischen *latens* oder dem gleichbedeutenden französischen *latent* übernommen.

Eine naturwissenschaftliche Belegstelle liefert Alexander von Humboldt, der sich in seiner Zeit als Bergassessor mit den chemischen Grundsätzen der Salzwerkskunde beschäftigte und darüber 1792 in einem Artikel im »Bergmännischen Journal« schreibt:

> Ob Wasser in der Luft blos verdünstet, so darin aufgelöst wird, daß es latent, d. h. ohne Wirkung auf den Feuchtigkeitsmesser ist, oder ob dasselbe auch zerlegt und dann mit vermehrter Capacität in einen permanent elastischen Zustand übergehen kann; sind zwey der interessantesten Fragen, mit welchen sich die neuere Chemie beschäftigt hat.

Als prominentes Beispiel für den Gebrauch als medizinisches Fachwort sei hier Robert Koch zitiert, der 1900 in einem Vortrag die »Ergebnisse der vom Deutschen Reich ausgesandten Malariaexpedition« zusammenfasst und zum Schluss kommt:

> Die Ärzte, welche zur Bekämpfung der Malaria in die Kolonien hinausgesandt werden, müssen [...] im Mikroskopieren so geübt sein, daß sie auch die schwierigen latenten Fälle, bei denen oft nur vereinzelte Parasiten nachzuweisen sind, mit Sicherheit diagnostizieren können.

Schon bald nach seiner Entlehnung wurde das Wort auf politische Verhältnisse übertragen. Der Publizist Joseph Görres, der als Anhänger der Französischen Revolution den Terror Robespierres aus eigener Anschauung erlebt hatte, distanziert sich hiervon 1800 in seiner Widerrufsschrift »Resultate meiner Sendung nach Paris«:

> So wie einmal jene Katastrophe eingetreten war, die die bisher latent gewesene Nationalkraft frei und sensibel gemacht hatte, von diesem Augenblicke an hing es von der Art dieser entbundenen Kräfte und ihrem Verhältnisse untereinander ab, welche Erscheinungen das politische Ungewitter zeigte, das am Horizonte Europa's aufzog.

Doch erst von der Mitte des 19. Jahrhunderts an wird *latent* häufiger im erweiterten Sinne benutzt – unter anderem in der von Karl Marx redigierten »Neuen Rheinischen Zeitung«, von Otto von Bismarck, Theodor Fontane, Wilhelm Raabe und George Simmel. Anhand der Reichstagsprotokolle lässt sich verfolgen, wie der Gebrauch ab 1871 mit jeder Sitzungsperiode zunahm.

Die Definitionen von *latent* in verschiedenen aktuellen Wörterbüchern zeugen von einer gewissen Schwierigkeit, den ganzen Bedeutungsumfang des Wortes abzudecken. Das Duden-Universalwörterbuch nennt ›vorhanden, aber (noch) nicht in Erscheinung tretend; nicht unmittelbar sichtbar oder zu erfassen‹, das »Deutsche Fremdwörterbuch« von Schulz/Basler ›verborgen; gebunden‹, das DWDS ›vorhanden, aber nicht hervortretend‹ und das »Etymologische Wörterbuch« von Wolfgang Pfeifer ›verborgen, nicht sichtbar‹.

Der bildungssprachliche Gebrauch des Wortes deutet an, dass etwas Drohendes kaum verborgen unter der Oberfläche der Phänomene schlummert, was sich in der Häufung von Verbindungen wie *latenter Antisemitismus*, *latenter Rassismus*, *latente Gefahr* und *latente Gewaltbereitschaft* zeigt. Unter den elf Wörtern, zu denen *latent* laut dem Wortprofil des DWDS am häufigsten als Adjektivattribut steht, ist *Homosexualität* das einzige, das nichts Negatives und keine Feindseligkeit ausdrückt. Im Grunde aber wird Homosexualität durch die Verbindung mit dem aus der Medizin bekannten Wort immer noch pathologisiert. Daneben gibt es Beispiele für Kollokationen wie *latente Schönheit* oder *latente Freundlichkeit*, die aber extrem selten sind.

-lateral

Wortbildungen mit dem Zweitbestandteil *-lateral* nehmen in der Sprache der Politik und der über sie berichtenden Medien in jüngerer Zeit zu. 2022 etwa titelt die »taz«: »Aus bilateral mach quadrilateral«. Gemeint war, dass US-Präsident Joe Biden bei seinem Besuch in Israel virtuell den Premierminister Indiens und den Präsidenten der Vereinigten Arabischen Emirate zu Gesprächen hinzuzog. Aus Dialogen zwischen zwei Gesprächspartnern wurden solche mit vier Beteiligten.

Bilateral ist das Wort aus dieser Gruppe, das am längsten in der deutschen Sprache vertreten ist, nämlich seit dem frühen

19. Jahrhundert. Es entstammt der medizinisch-biologischen Fachsprache und bedeutet dort ›zweiseitig, spiegelbildich‹. So schreibt der Naturwissenschaftler Carl Vogt 1851 in seinen »Zoologischen Briefen« über eine Gruppe der Würmer, bei ihnen trete »eine Tendenz zur bilateralen Lagerung der Organe hervor«. Die Juristerei kennt schon Mitte des 19. Jahrhunderts *bilaterale Verträge*, die beide Seiten zu etwas verpflichten, sowie *bilaterale Beweisgründe*, die sowohl für als auch gegen eine Behauptung sprechen.

Übertragen auf die Politik ist seit der zweiten Hälfte des 19. Jahrhunderts in Zeitungen ebenso wie in öffentlichen Debatten von *bilateralen Verträgen* die Rede, wenn es sich um Vereinbarungen zwischen gleichberechtigten Nationen handelt. Einen Höhepunkt erreichte der Wortgebrauch im Zuge der Entspannungspolitik, die ab den 1970er-Jahren den Kalten Krieg abmilderte und schließlich sogar die deutsche Wiedervereinigung ermöglichte. Ähnliches zeigt sich bei *multilateral*, das seit den 1920er-Jahren in Medien sowie in Protokollen des Reichstages nachweisbar ist. Nach der Konferenz von Locarno 1925, auf der das Deutsche Reich mit einigen seiner früheren Kriegsgegner verhandelte, gelangte der Terminus aus dem Englischen, wo er schon länger im juristisch-politischen Sinne verwendet worden war, ins Deutsche.

Das Gegenwort zu *bilateral* oder *multilateral* ist das zumeist negativ konnotierte oder sogar als Drohung verstandene *unilateral*. Seit dem 19. Jahrhundert meint das eher seltene medizinische Fachwort, das etwas ›einseitig‹ sei. Dann wurde es nach dem Zweiten Weltkrieg unter englischem und französischem Einfluss in die politische Sphäre übernommen. 1948 etwa berichtet »Das Volk«, eine sozialdemokratische Zeitung in Südbaden, über die Pläne der amerikanischen Besatzer für Japan, dass General MacArthur den Vorschlag gemacht habe, das Land »wenn notwendig unilateral« zu einer unabhängigen Nation zu erklären. *Unilateral* ist aber nach wie vor weit weniger gebräuchlich als *bilateral* und *multilateral.*

Noch seltener ist *monolateral,* ein in erster Linie ebenfalls medizinischer Fachbegriff für ›einseitig‹. Zum Beispiel rügte 1993 die damalige Bundesregierung eine Anfrage der SPD wegen ihrer »monolateralen Betrachtungsweise«. Niemals den Bereich der Fachsprachen verlassen hat hingegen das Wort *lateral* (›seitlich‹, aus lateinisch *lateralis*), das all jenen Bildungen zugrunde liegt.

Bilateral ist dagegen neuerdings aus dem Bereich der engeren Bildungssprache in die niedere Sphäre des Business-Imponiergeredes gesunken. Man bespricht dort Dinge, die sich nicht für Konferenzen, Meetings und Großdiskussionen eignen, nicht mehr einfach »unter uns«, »unter vierAugen« oder »zwischen dir und mir«, sondern *bilateral* – und jeder Gesprächsteilnehmer darf sich als Großmacht fühlen.

luzid

In seiner »Kritik der zynischen Vernunft« ruft Peter Sloterdijk 1983 den Dichter Gottfried Benn als Kronzeugen auf, um zu erläutern, was Zynismus überhaupt sei: »Gottfried Benn, selber einer der profilierten Sprecher der modernen zynischen Struktur, hat wohl die Jahrhundertformulierung des Zynismus gegeben – luzide und unverschämt: ›Dumm sein und Arbeit haben – das ist das Glück!‹« Typisch daran ist, dass das Adjektiv, das laut Duden eigentlich nur *luzid* lautet, hier um ein wohlklingendes End-e bereichert wird; ohne dieses e am Ende ist es selten zu finden. Vielleicht wirkt die Tatsache, dass die deklinierten Formen des Wortes wie *luzider Witz* oder *mit luzider Ironie* alle ein e haben, auf die Wahrnehmung der undeklinierten Normalform zurück. Im Duden gehört es noch zu den Adjektiven auf -id, bei denen Varianten mit oder ohne e nebeneinander gezeigt werden, wie etwa *frigid(e), invalid(e), rapid(e), solid(e), stupid(e)*. Klar ohne e sind dagegen *hybrid, arid, florid*.

Hinzu kommen regionale Unterschiede: Im großen österreichischen Schulwörterbuch aus dem Dudenverlag wird zum Beispiel *invalid* als »besonders österreichisch, süddeutsch, schweizerisch« ausgewiesen, während *invalide* als »in Deutschland« gebräuchlich gilt. Diese regionale Variation passt dazu, dass in süddeutschen Mundarten viele Wörter, die im Standarddeutschen ein unbetontes Endungs-e haben, ohne e gesprochen werden: *Kron*, *Seel*, *Sonn* sind Beispiele aus den Grammatiken des 18. Jahrhunderts, als diese Schreibweise noch ein höchst umkämpftes religionspolitisches Thema war. Die Schreibung und Aussprache mit e galt nämlich in den katholischen Gebieten als »lutherisch« und war deshalb unerwünscht. Schließlich war der Ausfall des Endungs-e um 1500 in fast allen deutschen Mundarten vollzogen, nur nicht im Mitteldeutschen, das aber Martin Luther über den Umweg der mitteldeutsch-sächsischen Kanzleisprache als Grundlage seiner Bibelübersetzung genutzt hatte. Durch das Prestige der Luther-Bibel wurde das Endungs-e dann in den nächsten 250 Jahren in die allgemeine Standardsprache implantiert. Erst im 18. Jahrhundert gaben katholische Grammatiker ihren Kampf gegen das »lutherische e« allmählich auf.

Das Wort *luzid*, das im 19. Jahrhundert aus lateinisch *lucidus* (›lichtvoll‹, verwandt mit *lux* ›Licht‹) entlehnt wurde, wird im Duden-Universalwörterbuch erstens mit ›klar (und eindeutig); verständlich, einleuchtend‹ und zweitens mit ›hell, durchsichtig, klar‹ definiert, wobei nur die zweite Bedeutung bildungssprachlich sein soll und zudem als »veraltet« gilt. Gemeint ist damit eine konkrete physikalische Beschreibung, die sich allerdings noch

2023 in einer Architekturkritik des Berliner »Tagesspiegels« findet: »Ein luzides, transparentes Haus, am Fuß des Bettenhauses auf dem Campus Mitte.«

In den Medien ist *luzid* heute ein → *ubiquitäres* Modewort, das weit über die enge Definition des Dudens hinaus verwendet wird. Lobend kann es im Sinne von ›intelligent‹ genutzt werden; so wird Robert Habeck 2017 in der »Zeit« als »der sonst überaus luzide Grünen-Spitzenpolitiker« gepriesen. Auffällig oft bringen Musikkritiker den Ausdruck, um die geglückte Interpretation von musikalischen Werken zu würdigen. Über eine Darbietung der Chorwerke György Kurtágs liest man ebenfalls 2017 in der »Zeit«: »Ein zärtlicheres, luzideres Denkmal wurde Kúrtag [sic!, mh] nie gesetzt als hier unter Reinbert de Leeuw.« Besser begreift man, was in der Traumforschung mit dem Wort gemeint ist: Dort wird von *luziden Träumen* gesprochen, wenn sich der Schlafende des Träumens bewusst ist.

mäandern

Wenn ein Text allzu sehr *mäandert*, ist er das Gegenteil von → *luzid* und → *konzis*. Was man bei Flüssen und Bächen heute als erstrebenswert ansieht und durch die Renaturierung begradigter Ufer wieder ermöglichen möchte, ist in geschriebener Rede eher unerwünscht: Dass sich die Sätze schlängeln, krümmen und winden – denn genau das ist die Bedeutung des Wortes.

Das Verb *mäandern* ist abgeleitet vom Substantiv *Mäander* als Bezeichnung einer Flussschlinge oder -krümmung, die in natürlichen, langsam fließenden Gewässern durch Ablagerung von Sedimenten oder natürliche Hindernisse wie Felsen entsteht. Das Substantiv geht zurück auf den Namen des Flusses Maiandros in

Kleinasien, der in der Antike für seine auffällig vielen Windungen bekannt war. Schon 1691 wird in Kaspar von Stielers Wörterbuch »Der Teutschen Sprache Stammbaum und Fortwachs« *meander* – die lateinische Form des griechischen Flussnamens – nicht mehr nur als Bezeichnung des konkreten Gewässers in Phrygien angeführt, sondern als bedeutungsgleich mit ›krummer Fluss‹ im Allgemeinen angegeben. Im 18. Jahrhundert bedeutete das Substantiv dann wie heute ›Flussschlinge‹. In Justus Wilhelm Friedrich Zachariaes Libretto zu Telemanns 1757 uraufgeführtem Kantatenzyklus »Die Tageszeiten« ist im vierten Teil »Der Abend« die Rede vom »Feldbach, / Welcher sich still in die Au mit krummen Mäandern hinabschlingt«.

Bereits einige Jahre zuvor hatte der Schriftsteller und Literaturtheoretiker Christoph Otto von Schönaich das Wort *Mäander* auf die Beschreibung von Texten übertragen. In seinem polemischen Werk »Neologisches Wörterbuch oder die Aesthetik in einer Nuß« aus dem Jahr 1754 schreibt er:

> Meander. Dieses soll ein Fluß in Kleinasien seyn, der in seinem Laufe mancherley Krümmen und Wendungen machet. [...] So geben wir hiermit, kraft unsers Kunstrichteramtes, allen denen, die nur zum Dichten, und Hexametrisiren einigen Beruf fühlen, freye Macht und Gewalt, ihren Strömen und Bächen, an denen sie wohnen, gleiche Ehren zu erweisen.

In dem Text, der schon nach damaligen Maßstäben selbst bis zur Unverständlichkeit *mäandert* – und nach heutigen erst recht –, wirft Schönaich seinem Zeitgenossen Klopstock jene von ihm ironisch empfohlene Schreibweise vor. Das entsprechende Verb, das auch in der Form *mäandrieren* existiert, kam aber erst gegen Mitte des 19. Jahrhunderts auf – zunächst in der geografischen, dann in der übertragenen Bedeutung.

Heute wird das Wort genauso im Sinne von ›abschweifen‹,

›ziellos umherwandern‹ oder ›hin und her schwanken zwischen zwei Zuständen‹ gebraucht. In Bernhard Schlinks Weltbestseller »Der Vorleser« aus dem Jahr 1995 ist zu lesen: »Zuerst scheute ich mich, auf dem Heimweg durch die Dörfer des Elsaß zu mäandern und ein Restaurant fürs Mittagessen zu suchen.« Und in der Fachzeitschrift »Golf Post« bescheinigt 2021 ein Autor dem Profigolfer Rory McIlroy, dass er »mäandert zwischen Attacke und Aussetzern, genial und gruselig, unbesiegbar und unterirdisch«. Man sieht: Die Bedeutung von *mäandern* mäandert deutlich über das hinaus, was die relativ engen Definitionen in verschiedenen Wörterbüchern erfassen.

Makulatur

Dies ist eines der vielen lateinischen Wörter, die kein alter Römer je verstehen würde. Erst im Mittelalter bildeten Gelehrte auf der Basis des lateinischen Verbs *maculare* (›beflecken‹) das Nomen *maculatura*, das etwas Beflecktes oder eine Befleckung bezeichnet – durchaus auch im sexuellen Sinne. So spricht Duns Scotus von der *maculatura carne*, der Befleckung durch das Fleischliche, die das Kind bei der Empfängnis im Zeugungsakt infiziert.

Nach der Erfindung des Buchdrucks wurde das Wort im entstehenden Druckergewerbe auf fehlerhafte Druckbogen und Altpapier im Allgemeinen übertragen. Das Wörterbuch »Promptuarium vocabulorum« des Humanisten Johann Pinicianus bucht das deutsche *Makulatur* erstmals 1516. Gessner und Hager erklären es 1740 in ihrer »Buchdruckerkunst und Schriftgießerey«: »Maculatur, heißt man insgemeim gedrucktes Pappier, welches entweder verdorben worden, oder sonsten keinen Abgang findet, dahero man solches zu weiter nichts, als zum einpacken gebrauchen kan.«

Spätestens im 18. Jahrhundert wurde *Makulatur* dann auch für nutzlose geistige Ergüsse und Unsinn verwendet. Es war ein Lieblingswort Georg Christoph Lichtenbergs. Bekannt ist sein nicht näher datierter Aphorismus über den Literaturbetrieb: »Das Maculatur von heute rühmt das Maculatur von gestern.« Und im zehnten Band seiner »Erklärung der Hogarthischen Kupferstiche« von 1808 beschreibt Lichtenberg einen Arbeiter in der »Beer Street« – so der Titel des Blattes –, der in einem Korb aussortierte Bücher trägt: »[D]ie Leiber natürlichen Todes Gestorbener oder auch mit dem Schwert oder dem Strange hingerichteter Geistesgeburten, oder was man im Deutschen mit einem Wort Maculatur nennt«.

Heute wird *Makulatur* vor allem in der politischen und wirtschaftlichen Sphäre gebraucht für Wahlversprechen, Programmpunkte, Verträge, Arbeitsplatzgarantien oder Friedensabkommen, die schon bald nach ihrer Formulierung nur noch bedrucktes Papier sind, um das sich niemand mehr kümmert.

maliziös

Totgesagte leben länger. Das Wort *maliziös* wird im DWDS als »veraltend« bezeichnet. Doch eine einfache Suche bei Google Books zeigt an, dass es noch in zahlreichen Unterhaltungsromanen erscheint, also Texten, die sich keineswegs an ein hochgebildetes, älteres Publikum wenden.

Am Ende des 17. Jahrhunderts, als die Fremdwörterei hierzulande mit Übernahmen aus dem Französischen ihren modischen Höhepunkt erreichte, gelangte auch *maliziös* ins Deutsche. Von Anfang an hatte es die gleiche Bedeutung wie das französische *malicieux*, nämlich ›boshaft‹ mit dem Nebensinn von ›Verschlagenheit, Hinterlist und Sarkasmus‹. Zuvor gab es in deutschen Texten schon das gleichbedeutende *maliciosisch*, das auf lateinisch *malitiosus* zurückgeht. In Jakob Michael Reinhold Lenz' Tragikomödie »Der Hofmeister« aus dem Jahr 1774 empfangen die Freunde Fritz von Berg und Pätus einen Brief, der das Schicksal des »genotzüchtigten« Gustchens enthüllt. In einem abgerissenen Satz, wie er typisch für die Literaturepoche des »Sturm und Drang« ist, flucht Pätus: »Ich will den hundsföttischen maliziösen Brief den Augenblick – (zerreißt ihn).«

Heute wird *maliziös* oft zur Beschreibung eines Gesichtsausdrucks verwendet. Verantwortlich dafür ist vielleicht der seinerzeit viel gelesene und sehr ernst genommene Johann Caspar Lavater mit seinen »Physiognomischen Fragmenten, zur Beförderung der Menschenkenntniß und Menschenliebe«. In seiner Analyse des Gesichts eines russischen Jünglings kommt Lavater im vierten Band von 1778 zum Schluss: »Maliziöser Witz, natürliche, aber kalte Güte, Hitze der Leidenschaften und unbeschreibliche Leichtbeweglichkeit scheinen mir die Ingredienzien zu dem Charakter des vor uns liegenden Gesichtes zu seyn.« Und im teils autobiografischen Roman »Aus dem Leben einer Frau« der Protofeministin Louise Aston heißt es 1847: »In diesem Augenblicke wurde die Thüre leise geöffnet und das schöne, doch maliciöse Gesicht der Gräfinn Lichtenfels schaute hinein.« Ein Gebrauch, wie er sich in der oben erwähnten Unterhaltungsliteratur noch immer findet.

Im Gegensatz zu *maliziös* ist das verwandte Substantiv *Malice* (›Bosheit, boshafte Bemerkung‹), das ebenfalls im 17. Jahrhundert aus dem Französischen zu uns kam, heute tatsächlich veraltet. Man kennt es noch aus der Klassikerlektüre. In Friedrich Schillers »Kabale und Liebe« von 1784 ereifert sich der Hofmarschall über eine konkurrierende Schranze, die ihm beim Schmeicheln zuvorgekommen ist: »Schnappt mir das Kompliment weg – Ich meyne in Ohnmacht zu sinken. Eine solche Malice ist gar nicht erlebt worden.« Mitte des 20. Jahrhunderts verwenden Erich Auerbach und Hermann Kant *Malice* in ihren jeweiligen Hauptwerken »Mimesis« beziehungsweise »Die Aula«. In den Intelligenzblättern kommt das Wort noch gelegentlich vor; insgesamt aber sinkt sein Stern messbar.

Menetekel

Die schaurige Geschichte des babylonischen Königs Belsazar inspirierte Künstler im Abendland wie wenige andere Geschichten der Bibel. Händel, Telemann und Rossini wählten sie als → *Sujet* für Opern, Rembrandt stellte sie in einem seiner effektvollsten Gemälde in Helldunkelkontrasten dar, Heine brachte sie in Verse und noch Johnny Cash besang das düstere Schicksal des Herrschers, der Gott gespottet hatte, in seinem Gospel »Belshazzar«.

Wie das Buch Daniel aus der Zeit der Babylonische Gefangenschaft der Juden erzählt, feiert Belsazar ein Gastmahl mit den Großen seines Reiches, seinen Frauen und Nebenfrauen »und soff sich voll mit ihnen« – so übersetzt es Luther in der ihm eigenen direkten Sprache. Im Rausch lässt er sich die goldenen und silbernen Gefäße bringen, die sein Vater Nebukadnezar aus dem Tempel in Jerusalem geraubt hatte. In Heines Ballade versteigt sich Belsazar zum Fluch: »Jehova, dir künd ich auf ewig Hohn. Ich bin der König von Babylon.« Da erscheint wie von Geisterhand geschrieben ein Satz an der Wand. Der Herrscher wird von Angst ergriffen, doch keiner seiner Gelehrten kann die Schrift entziffern. Zuletzt holt man den gefangenen Juden Daniel, und dieser erklärt Belsazar, der Satz laute »Mene tekel u-parsin«: »Mene, das ist, Gott hat dein Königtum gezählt und beendet. Tekel, das ist, man hat dich auf der Waage gewogen und zu leicht befunden. Peres, das ist, dein Reich ist zerteilt und den Medern und Persern gegeben.« Belsazar beschenkt Daniel mit einem Purpurgewand und einer Goldkette, doch noch in derselben Nacht wird der König umgebracht.

Die Geschichte ist eine Mahnung, dass alle irdische Herrlichkeit vergänglich sei. Das machte sie vor allem im Barock, der die Vergänglichkeit des Menschen besonders intensiv thematisierte, so populär. Obwohl der aramäische Satz, den Daniel deutet, schon in den ersten Bibelübersetzungen des 15. Jahrhunderts im Original steht, wurde das Wort *Menetekel* im Sinne von ›Warnung, böse Vorahnung, schlechtes Omen‹ erst im 19. Jahrhundert als neutrales Substantiv lexikalisiert. Schließlich schreibt Heine 1832 in einem Zeitungsartikel aus Frankreich: »Die Gesellschaft der Gewalthaber glaubt wirklich an die ewige Dauer ihrer Macht, wenn auch die Annalen der Welthistorie und das feurige Mene-Tekel der Tagesblätter, und sogar die laute Volksstimme auf der Straße ihre Warnungen aussprechen.« Heines Ballade »Die Grenadiere«, die in der Vertonung von Schumann eines der bekanntesten romantischen Kunstlieder wurde, trug wahrscheinlich mit dazu bei, das Wort dauerhaft zu etablieren.

misogyn

Man ist geneigt, *misogyn* für neu zu halten, weil es so fest verwurzelt im aktuellen feministischen Jargon ist. Das Wort ist gleichbedeutend mit *frauenfeindlich* und gehört zum Wortfeld von *chauvinistisch* und *sexistisch*. Doch tatsächlich handelt es sich um eine uralte griechische Vokabel. In »Dr. Vollmer's Wörterbuch der Mythologie aller Völker« findet sich 1874 ein wenig bekannter Spitzname des berühmtesten aller griechischen Halbgötter:

> Misogynes (Gr. M.), Beiname des Hercules: »der Weiberfeind«; von einem Gesetz, welches dem Priester dieses Heroen in Phocis verbot, während der ein Jahr langen Dauer seines Priesterthums ein Weib zu berühren.

Herkules stand nicht allein mit solcher Ablehnung, wie der Staatsrechtler Karl von Rotteck in seiner ab 1812 veröffentlichten »Allgemeinen Geschichte« über das Leben in Athen zu berichten weiß:

> Einen grellen Kontrast mit den leidenschaftlichen Verehrern der Schönheit bildeten die Weiberfeinde (Misogynen), deren es in Griechenland in ansehnlicher Menge und zum Teil unter den ausgezeichnetsten Männern gab. Euripides war Misogyn. Melancholisches Temperament, Bizarrerie oder unglückliche Liebe waren die Quellen dieser Krankheit.

Als maskulines Substantiv wurde *Mysogyn* im 18. Jahrhundert ins Deutsche übernommen. Der junge Lessing verfasste 1748 ein Lustspiel »Der Misogyn« über einen Witwer, der nach der Erfahrung dreier Ehen zum Weiberfeind wird. Das heute wesentlich geläufigere Adjektiv kam erst im 19. Jahrhundert auf. In Theodor Fontanes Roman »Der Stechlin« von 1897/98 bekundet die freigeistige und ironische Gräfin Melusine ihr Desinteresse an einem »misogynen Prinzen«.

Der Ausdruck blieb aber recht selten, bis man in den 1970er-Jahren ein gebildeter scheinendes Synonym für das rasch abgenutzte *frauenfeindlich* suchte. *Misogyn* ist gewissermaßen dessen feuilletonistische Variante. In den Kulturteilen deutscher Bildungsblätter wurden zuletzt unter anderem die Rapper Haftbefehl, Kollegah und Farid Bang, der Nationalsozialismus, Wagners Alberich, sogenannte Incels und die biblische Geschichte von Evas Schöpfung aus Adams Rippe als *misogyn* bezeichnet.

Monolith

Bildungssprachlich soll das Wort ausdrücken, dass jemand oder etwas einzigartig ist und alles andere überragt. So ist 2014 in der »Zeit« zu lesen, Sergio Leones Epos »Es war einmal in Amerika« werde trotz aller Kritik »immer als Monolith aus dem Bildermeer der Kinogeschichte ragen«. In diesem Beispiel schwingt noch der konkrete geologische Sinn des Wortes mit, das als gelehrte neulateinische Bildung um 1800 in deutschen Texten auftauchte. Im klassischen Latein existiert nur das auf griechisch *monolithos* zurückgehende Adjektiv *monolithus* (›aus einem Stein bestehend‹). Dementsprechend beschreibt die »Allgemeine Literaturzeitung« 1803 ein ägyptisches Bauwerk: »Ein Tempel aus einem Stein, (Monolith) in welchem ein heiliges Thier aufbewahrt zu werden pflegte.«

Von der Verwendung solcher *Monolithen* in der Baukunst leitet sich wohl die erste Erklärung im Duden-Fremdwörterbuch ab: ›Säule, Denkmal aus einem einzigen Steinblock‹. Das DWDS definiert *Monolith* etwas weiter als ›riesiger Steinblock‹ und folgt darin dem »Wörterbuch der deutschen Gegenwartssprache« aus der DDR. Die zweite im Fremdwörter-Duden angeführte Bedeutung lautet übertragen ›festgefügter Machtblock, Staatenblock‹. So ist wohl auch die unfreiwillig komische Formulierung zu verstehen, die 2015 in der »Zeit« über die SPD zu lesen ist: »Wie ein roter Monolith sollen die Genossen in den Wahlkampf schreiten.« Wer die ursprüngliche Bedeutung des Wortes noch kennt, fühlt sich unweigerlich in einen Gruselfilm voller wandernder Steinmonster versetzt.

Im Grenzbereich zwischen Bildungssprache und Allgemeinsprache muss ein *Monolith* nicht mehr unbedingt aus Stein sein. Sehr häufig wird der schwarze Quader, den die Menschenaffen am Anfang von Stanley Kubricks Science-Fiction-Film »2001« finden, als *Monolith* bezeichnet, obwohl er genauso gut aus Metall sein könnte. Im Banne solcher Szenen nennt der »Spiegel« geheimnisvolle schwarze Metallstelen, die 2020/21 im kanadischen Toronto aber ebenso in Bayern und Hessen auftauchten, »Monolithen«. In der gleichen Publikation wird das Wort auch kreativ auf einen Gegenstand ausgedehnt, der durch Beweglichkeit und Form ganz eindeutig vom steinernen Vorbild abweicht. Über das neue BMW-Motorrad R 18 ist da zu lesen: »Dieser schwarze Monolith ist ein feines Destillat aus Ingenieurskunst und Fahrspaß; für Motorradfahrer Quell reiner Freude.« Inwieweit das noch schöpferischer bildungssprachlicher Gebrauch ist oder vielleicht einfach nur eine Verwechslung mit *Bolide* vorliegt, mag jeder selbst erraten.

Jünger als das Substantiv ist das verwandte Adjektiv *monolithisch*, das bis ins 20. Jahrhundert nur ein Fachausdruck der Architektursprache war, seitdem aber auch im übertragenen Sinne von ›undurchdringlich, festgefügt, unteilbar‹ üblich ist. So etwa bei Hans Magnus Enzensberger, der schon 1970 in einem Essay für die Zeitschrift »Kursbuch« das Bild der Staatsmedien in der → *Dystopie* »1984« kritisiert: »Die elektronische Technik kennt keinen prinzipiellen Gegensatz von Sender und Empfänger [...]. George Orwells Schreckbild einer monolithischen Bewusstseins-Industrie zeugt von einem Verständnis der Medien, das undialektisch und obsolet ist.«

morbid

Manchmal ist die Zeit für ein Wort einfach reif. So erging es dem Adjektiv *morbid*, das im frühen 19. Jahrhundert aus dem gleichbedeutenden französischen *morbide* und dem lateinischen *morbidus* entlehnt wurde. Herders »Conversations-Lexikon« definiert es 1856 mit ›mürbe, weich; nach dem Leben gemalt‹ und kennt zudem die Ausdrücke *Morbidesse* und *Morbidezza* für anschaulich gemachte Weichheit des Fleisches bei der Aktmalerei.

Doch literarisch bedeutsam wurde das Wort im Deutschen erst durch die Literatur des Fin de Siècle um 1900, die sich für Verfall, Nervenschwäche und Dekadenz interessierte. Hugo von Hofmannsthal preist 1893 in der »Frankfurter Zeitung« den italienischen Schriftsteller Gabriele D'Annunzio und insbesondere seine Erzählung »L'Innocente« über einen Kindsmord: »Der Erzähler der Geschichte, der Ehemann, ist eines jener Wesen von morbider Empfindlichkeit, hellsichtig bis zum Delirium und unfähig, zu wollen.« Einige Jahre später beschreibt Thomas Mann seine Figur Gerda Buddenbrook, die Ehefrau von Thomas Buddenbrook, der sich als Letzter gegen den Verfall seiner Familie wehrt: »Gerda, deren ein wenig morbide und rätselhafte Schönheit einen seltsamen Gegensatz zu der hübschen Gesundheit ihrer Schwägerin bildete.« Beide Zitate entsprechen schon ganz der heutigen Bedeutung des Wortes, die der Online-Duden mit ›(vom körperlichen Zustand) nicht sehr widerstandsfähig; kränklich, angekränkelt‹ sowie ›vom inneren, sittlichen, moralischen Zustand) im Verfall begriffen, brüchig‹ definiert.

Während die Figurenbeschreibungen bei Hofmannsthal und Mann ebenso wie bei Gerhart Hauptmann, Jakob Wassermann und Hugo Ball durchaus von zwiespältiger Faszination geprägt waren, wurde der Ausdruck vor allem in deutschen Medien des frühen 20. Jahrhunderts eindeutig negativ gebraucht – häufig mit einem national gesinnten Unterton. Als *morbid* galten in deutschen Zeitschriften der genannten Zeit unter anderem Pablo Picasso, die italienische Kriegspolitik und der französische Impressionismus. Noch 1933 sorgt sich ein Autor im Nazi-Blatt »Völkischer Beobachter« um die deutschen Frauen und Mädchen: »Helft, ihr ewigen Helferinnen, helft brechen den Wahn des Standesdünkels, der das gesunde Mädel zurückstößt um den ›Rang‹ morbider Dämchen!«

Im NS-Kontext diente das Adjektiv häufig zur Herabwürdigung anderer Länder sowie als undeutsch empfundenen Verhaltens. In einer Proklamation vom November 1944 nutzt es Adolf Hitler, um den italienischen König, der Mussolini abgesetzt hatte und einen Separatfrieden mit den Alliierten suchte, zu verunglimpfen:

> Daß Monarchen in einer völligen Verkennung ihrer eigenen, heute nur noch als prähistorisch anzusehenden Position den Mut verlieren und zu Verrätern werden, liegt in ihrer durch jahrhundertelange Inzucht hervorgerufenen geistigen und moralischen Unzulänglichkeit begründet. Völker verlangen in solchen Zeiten andere Führer als krank und morbide gewordene alte Geschlechter.

Zu diesem Zeitpunkt meldete sich Hitler schon nicht mehr so häufig, die Äußerung wurde daher in der Presse sehr breit zitiert. Dass ausgerechnet die Nazis, die sich doch als so junge und lebenskräftige Bewegung im politbiologische Sinne verstanden, dieses Wort gebrauchen, ist bemerkenswert.

Doch auch am anderen Ende des politischen Spektrums war das Wort gebräuchlich, diesmal zur Kritik am angeblich überlebten kapitalistischen System. 1933 beispielsweise analysiert die sozialdemokratische Zeitung »Deutsche Freiheit«: »In dem morbiden und angefaulten Körper der bürgerlichen Gesellschaft sitzen die uniformierten Spießbürger des Dritten Reichs wie die Maden im Speck.« Und im »Neuen Deutschland« wurden zu DDR-Zeiten unter anderem die Bourgeoisie, die amerikanische Gesellschaft, das imperialistische Herrschaftssystem, die Moral der herrschenden Klasse in Frankreich, Adelsabkömmlinge im Bonner Parlament und – wieder einmal – der französische Impressionismus als *morbid* bezeichnet. Wie → *luzid* gehört *morbid* übrigens zu den Adjektiven auf *-id*, bei denen oft ein im Duden nicht verzeichnetes *e* am Ende des Wortes ergänzt wird.

mutieren

Man könnte annehmen, der heute massenhaft nachweisbare Gebrauch dieses Verbs in der allgemeinen Bedeutung von ›sich ändern, wandeln‹ sei angeregt durch die Genetik, in der *mutieren* ›sich spontan im Erbbild ändern‹ meint. Doch lange bevor Gregor Mendel die Gesetze der genetischen Vererbung entschlüsselte, bezeichnete man mit *mutieren* schon Wandlungen aller Art.

Bereits 1571 beklagt der Meistersinger und Hans-Sachs-Schüler Adam Puschmann die dichterische Unsitte, dass manch ein Poetaster »die Vocales mutirte, oder die Diphthongos in Vocales«, etwa wenn man A als O singt oder spricht, damit der Reim passt. In diesem Sinne war *mutieren* vom 16. bis zum späten 18. Jahrhundert bei Humanisten, Barockschriftstellern und Aufklärern sehr geläufig. Danach wurde es offenbar als antiquierter französierender oder latinisierter Gelehrtenbombast empfunden und kam im 19. Jahrhundert außer Mode. Wo man das Verb in der Literatur des frühen 20. Jahrhunderts noch liest, etwa bei Tucholsky oder in Joseph Roths Roman »Radetzkymarsch«, beschreibt es wie noch heute üblich ›die Stimme durch Stimmbruch verändern‹.

Erst nachdem der niederländische Biologe Hugo de Vries die

Mendel'schen Regeln zur Vererbung wiederentdeckt und durch eigene Versuche bestätigt hatte, bekam das Wort seinen neuen wissenschaftlichen Sinn. In den ersten Jahren des 20. Jahrhunderts prägte de Vries mit auf Deutsch veröffentlichten Schriften wie »Die Mutationen und die Mutationsperioden bei der Entstehung der Arten« oder »Die Mutationstheorie« den wissenschaftlichen Terminus der *Mutation* und benutzte nachweislich spätestens in seinen 1906 gedruckten Vorlesungen das Verb *mutieren* im Kontext der Genetik.

Für die nächsten 80 Jahre blieb das Wort allerdings weitgehend auf wissenschaftliche Texte beschränkt. Vermutlich bedurfte es erst etliche Jahre des Biologieunterrichts, bevor unzählige Journalisten und Schriftsteller auf die Idee kamen, *mutieren* im nicht genetischen Sinne zu nutzen. Ob sie wussten, dass diese Verwendungsweise schon einmal üblich gewesen war?

Seit den 1980er-Jahren taucht der übertragene Gebrauch in Intelligenzblättern wie »Spiegel« oder »Zeit« immer häufiger auf und macht sich schließlich in der Literatur breit, besonders bei Autoren, die zeitgeistig klingen wollen. Fast immer steht das Verb in der Verbindung *zu etwas mutieren*. In Maxim Billers »Harlem Holocaust« von 1990 stellt jemand die Frage: »Wie konnte sie, die Kopfarbeiterin, durch ihn zu jenem abscheulichen Frauentypus mutieren, den Intellektuelle, vor allem Amerikaner, so gerne um sich haben?« Und 1999 lässt Tanja Dückers in ihrem Nachwende-Berlin-Roman »Spielzone« eine Figur behaupten: »Manche Leute mutieren zu lebendigen Abbildern ihrer Lieblingsspeisen.«

Narrativ

Was für eine steile Karriere! Innerhalb kürzester Zeit konnte sich dieses Wort einen Weg aus der Verborgenheit der Soziologen- und Literaturwissenschaftlerterminologie in die Sprache der Leitartikel und Grundsatzreden bahnen. Bis in die ersten Jahre des neuen Jahrtausends hinein verwendete man *narrativ* fast ausschließlich als Adjektiv, und allein so stand es bis 2017 im Rechtschreibduden. Seine Bedeutung wird dort mit ›erzählend‹ erklärt; in direkter Nachbarschaft fand sich noch die *Narratologie* (›Erzählforschung, Erzähltheorie‹).

Erst seit der 28. Auflage des Dudens 2020 drängt sich das neutrale Substantiv *Narrativ* dazwischen. Seine Bedeutung wird mit ›(verbindende) sinnstiftende Erzählung‹ angegeben. Hierbei handelt es sich offenbar nicht um die Sorte Erzählungen, von denen im Deutschunterricht die Rede war. Gemeint sind vielmehr die ›großen Erzählungen‹, deren Ende der poststrukturalistische Philosoph Jean-François Lyotard 1979 in seiner Studie »Das postmoderne Wissen« verkündet. Als deren Urheber macht Lyotard zwei deutsche Philosophen aus: Immanuel Kant, der als Erster die Befreiung des rationalen Individuums durch die Aufklärung analysiert habe, und Georg Wilhelm Friedrich Hegel, auf den die Idee einer zielgerichteten Geschichte zurückgehe.

Von Hegel führt bekanntlich ein Weg zu Marx und von dort zum Sozialismus und Kommunismus des 20. Jahrhunderts. Nach Lyotards epochalem Buch dauerte es nicht lange, bis auch die Ideologien der Moderne als »große Erzählungen«, »Metaerzählungen« oder »Meistererzählungen« interpretiert wurden ebenso wie rückwirkend das Christentum oder das Abendland. Lyotard selbst spricht im französischen Original von *grands récits* oder *metarécits*; die englischen Übersetzungen seiner begrifflichen Neuschöpfungen lauten *grand narratives* oder *master narratives*.

Lyotards Ansatz wurde unter Fachleuten viel diskutiert und trug dazu bei, das neue Wort zunächst in einem Zirkel von Wissenden zu etablieren. Mit elektronischen Archiven lässt sich dann seit den späten Neunzigerjahren ein explosionsartiger Anstieg des Gebrauchs von *Narrativ* in deutschsprachigen Texten nachweisen. Ein Grund dafür ist paradoxerweise, dass die meisten *Narrative* mittlerweile als recht problematisch gelten: Solange sie funktionierten, musste niemand über sie reden, ja, man erkannte sie nicht einmal als solche. Gegen die inflationäre und oft nebulöse Verwendung des Wortes wendet sich unter anderem der Historiker Dan Diner in seinem Essayband »Kreisläufe. Nationalsozialismus und Gedächtnis« von 1994. Seine Kritik bringt er mit dem bemerkenswerten Satz auf den Punkt: »Die Massenvernichtung der europäischen Juden hat eine Statistik, kein Narrativ.«

2014 ist der Terminus schon so verbreitet, dass der Verlag Springer VS einen Sammelband unter dem Titel »Politische Narrative« veröffentlicht. In der Ankündigung wird der Titel erklärt:

> Die zentrale Bedeutung von Narrativen in der Sinnvermittlung menschlicher Kommunikation wird kaum noch bestritten. Politische Narrative finden sich nicht nur in der Literatur oder in Bildern, sondern auch in vielfältigen Legitimierungsstrategien und Herrschaftstechniken politischer Akteure.

Damit ist der Höhepunkt der Wortkarriere aber noch immer nicht erreicht. Obwohl es zunehmend als angeberisches Modewort empfunden wird, liest man im Zusammenhang mit Russlands Angriffskrieg gegen die Ukraine trotzdem zahlreiche Überschriften wie »Moskau muss Narrativ anpassen« (N-TV), »Moskaus Probleme mit dem Nazi-Narrativ« (ZDF) oder »Russland-Reporter Rainer Munz über das neue Kriegs-Narrativ des Kreml« (Stern). Selbst Klimawandel und Feminismus wurden schon als *Narra-*

tive bezeichnet. Dem engeren Bereich der Bildungssprache ist das Wort längst nicht mehr zuzurechnen.

obsolet

Viele einst bildungssprachlich gebräuchliche Wörter kommen in diesem Buch nicht vor, weil sie *obsolet* sind. Diesem Adjektiv selbst aber kann man das nicht nachsagen. Österreichs Bundespräsident Alexander Van der Bellen etwa bemerkt 2018 in einer Ansprache zur EU-Skepsis: »Es gibt aber nun wieder Parteien, Gruppierungen und Personen, die finden, dass die Europäische Union aus unterschiedlichen Gründen obsolet wäre.« Auch sein deutscher Amtskollege Frank-Walter Steinmeier sowie Bundeskanzlerin Angela Merkel setzten das Wort in Reden ein.

In den gut 300 Jahren, die das Wort im Deutschen existiert, ist seine Bedeutung unverändert geblieben: ›nicht mehr gebräuchlich; nicht mehr üblich; veraltet‹. So empfiehlt der Naturforscher Ehrenfried Walther von Tschirnhaus in seinem Bildungsratgeber »Getreuer Hofmeister« von 1727 angehenden Juristen und Medizinern zwar das Lateinstudium, doch gleichzeitig mahnt er: »Das Hauptwerck aber soll hernach seyn, bald ad Praxin Juris zu schreiten, sich in Theoria und unnützen alten obsoleten Materien nicht lange aufzuhalten, sondern den Proceß wohl verstehen zu lernen, und sich in Physicis Curiosis &c. wohl zu üben.«

Das Adjektiv geht auf lateinisch *obsoletus* (›abgenutzt‹) zurück und wird auf der dritten Silbe betont. Tschirnhaus' Gebrauch war durchaus wegweisend für die Zeit der Aufklärung und der Französischen Revolution. *Obsolet* wurde zu einem Schimpfwort, mit dem Anhänger des Fortschritts alles brandmarkten, was sie abschaffen wollten. Diese Manie parodiert Karl Immermann 1838/39 in seinem Roman »Münchhausen«. Hier schwadroniert der Titelheld, der die Lügen seines berühmt-berüchtigten Ahnen entschieden ablehnt: »Die Zeit verlangt Wahrheit, die ganze Wahrheit, nichts als die Wahrheit. […] Kein Briefgeheimniß, kein Hausgeheimniß! Alle diese obsoleten Begriffe müssen fallen! Alles muß öffentlich seyn!«

Diese polemische Konnotation haftet dem Adjektiv im Grunde bis heute an. Gelegentlich findet man *obsolet* in der reinen Bedeutung ›überflüssig‹ – ohne Bezug auf die Zeit. Doch in der Mehrzahl der Fälle bezeichnet es etwas, das früher einmal nützlich war. Das zeigt sich schon an der Häufigkeit von Verbindungen, in denen etwas *obsolet wurde* oder *wird*.

Odium

Man kann mehrere *Fehler* haben und dazu noch verschiedene *Makel* – obwohl dieses Wort allem Anschein nach äußerst selten im Plural benutzt wird. Aber man kann bloß ein *Odium* haben, denn das Wort existiert nur im Singular. Das DWDS definiert *Odium* als ›Makel‹, das Duden-Universalwörterbuch erklärt die Bedeutung mit ›Anrüchigkeit, übler Beigeschmack‹ – und ist damit meines Erachtens näher an der Sprachwirklichkeit. Im »Deutschen Fremdwörterbuch« umschreibt es Otto Basler mit ›Hass, Unwille; Vorwurf; Widerwärtigkeit‹; daneben können ›Verdacht‹ und ›(übler) Ruf‹ als erläuternde Synonyme herangezogen werden. Offenbar ist das Wort nicht leicht dingfest zu machen. Das war schon beim lateinischen *odium* ähnlich; das lateinisch-deutsche Wörterbuch »Georges« führt hier als Erläuterung ›der Hass, der Widerwille, die Abneigung, Feindschaft‹ an.

Nachdem *Odium* im 17. Jahrhundert als neutrales Substantiv ins Deutsche gelangte, war ›Hass‹ längere Zeit die einzige Bedeutung. Dementsprechend erwähnt Johann Philipp Abelin 1635 in einem Band des »Theatrum Europaeum« den »überauß unaußlößlich odium zwischen den beyden Churfürstlichen Häussern / Pfaltz und Sachsen«. Noch der Arzt Ignaz Semmelweis spricht 1861 in seiner epochalen Schrift über die Ursachen des Kindbettfiebers vom »Odium so zahlreicher Fachgenossen«.

Gleichzeitig begann man aber schon im 19. Jahrhundert, sich vom hauptsächlichen lateinischen Vorstellungsinhalt des Wortes loszumachen und ihn freier zu verwenden. Zum alleinstehenden Gebrauch des Wortes und den üblichen Verbindungen *ein Odium auf/gegen etwas haben/erregen* tritt die heute vorherrschende Konstruktion mit spezifizierendem Genitiv. Die Historikerin Luise Büchner beispielsweise lobt 1875 den Mut von Reichskanzler Bismarck, zum Schein »das ganze Odium eines starren, unversöhnlichen Aristokraten, eines Fürstendieners auf sich zu nehmen«. In den Verhandlungen des Reichstages wurde *Odium* nach 1871 schier zu einem Lieblingswort: Über dreihundert Mal kann es bis 1914 in den Debattenprotokollen nachgewiesen werden. Am lustigsten ist aus heutiger Sicht vielleicht die Kritik, die der Abgeordnete Franz Xaver Hoën von der Zentrumspartei im März 1910 am Rauchverbot in Eisenbahnwagen übt:

> Die Zahl derjenigen, die durch das Rauchverbot belästigt werden, ist wesentlich größer als die kleine Minderheit der Reisenden, die das Rauchen nicht lieben. Es wird dem Raucher geradezu ein Odium angehängt, als ob es ein unerlaubtes Vergnügen wäre; das ist denn doch zu weit gegangen. Man sollte hier etwas mehr Rücksicht auf die vorhandenen Bedürfnisse nehmen, die Erlaubnis weiter ausdehnen und die Einschränkungen in Zukunft fallen lassen.

Gegenwärtig liest man unter anderem vom *Odium der Lächerlichkeit, Odium des Verrats, Odium der Meinungsmanipulation, Odium des Banausischen.* Ungewöhnlich ist der Gebrauch im Sinne von ›Geruch‹, der sich 1985 in Patrick Süskinds Bestseller »Das Parfum« findet. Dort flieht die vom Duft der Menschen geplagte Hauptfigur Grenouille auf einen einsamen Berggipfel und frohlockt: »Er war dem verhaßten Odium entkommen!« Nahezu völlig verschwunden ist bedauerlicherweise das auf französisch *odieux* zurückgehende Adjektiv *ödiös* (›verhasst‹), das in der ersten Hälfte des 20. Jahrhunderts noch bei Fritz Mauthner, Max Weber und Joseph Roth üblich war. Es sollte dringend wieder in die Bildungssprache zurückgebracht werden.

Orkus

Noch 1942 kam der Sprachforscher Otto Basler zu dem Schluss, *Orkus* sei trotz sparsamer Verwendung im Dichterischen – besonders prominent bei Goethe und Schiller – nicht zum allgemeinen Gebrauch gelangt. Man wüsste gern, wie Basler zu dieser Ansicht gelangt war, denn erstens ist das von Dichtern so »sparsam« eingesetzte Wort genauso häufig unter anderem bei Jean Paul und Heinrich von Kleist vertreten und zweitens spricht man in Zeitungen, Zeitschriften und Reichstagsreden schon seit Mitte des 19. Jahrhunderts vom *Orkus des Antipatriotismus, Orkus der Hofkanzlei, Orkus des Vergessens, Orkus der philosophischen Terminologie* oder *Orkus des Steuerkompromisses.* Gemeint ist damit jeweils ein Gedankenbereich, ein Bürokratiefeld oder Ähnliches, in dem Dinge der Unklarheit und dem Vergessen anheimgegeben werden.

In Zeitungen taucht das um 1750 aus dem Lateinischen entlehnte Wort schon seit etwa 1800 auf. Die frühen Belege in Dichtung und Medien bezogen sich aber zumeist noch auf den Eigennamen des Gottes der Unterwelt, den die Römer unter anderem *Pluto* oder eben *Orcus* nannten, beziehungsweise dessen Herrschaftsbereich: Schon im klassischen Latein bezeichnete *Orcus* – ähnlich wie im Altgriechischen *Hades* – nicht nur die Gottheit, sondern ebenso den Aufenthaltsort der zu einer Strafe verdammten Seelen.

Die wohl berühmteste dichterische Verwendung im Deutschen findet sich in Schillers Gedicht »Nänie«, das mit den Versen endet: »Auch ein Klaglied zu sein im Mund der Geliebten ist herrlich; / Denn das Gemeine geht klanglos zum Orkus hinab.« Dieser konkrete Bezug zum Totenreich ist auf humorvolle Weise noch 1920 in Else Urys Roman »Nesthäkchen fliegt aus dem Nest« gegenwärtig. Hier fällt die Titelheldin durch ein Loch im Heuboden, auf dem sie mit Wanderkameraden übernachtet hatte, und resümiert: »Ja, ich wollte mich bloß auf die andere Seite umdrehen und da segelte ich plötzlich in den Orkus hinab.«

Die heutigen Wörterbücher verzeichnen für *Orkus* neben dem Synonym für *Hades* in der römischen Mythologie noch die zweite Bedeutung ›Toilette‹, die aber als »veraltend bildungssprachlich« erläutert wird. Sicher ist, dass der damalige Außenminister Joschka Fischer keine Toilette meinte, als er 2002 an den Zusammenbruch der UdSSR erinnerte und sagte: »In wenigen Monaten löste sich die alte Ordnung auf, und die DDR und die Sowjetunion verschwanden im Orkus der Geschichte.« Auch an das Totenreich der Römer dachte Fischer vermutlich nicht mehr konkret. Stattdessen gebrauchte er das Wort, wie es schon lange im übertragenen Sinne üblich ist: für das Reich des Vergessens, die Dunkelheit, irgendeinen Ort, an dem man nicht gerne ist. Es ist möglich, dass die Verwechslung mit *Lokus* ursächlich für die Toilette als *Orkus* ist. Ob das aber tatsächlich für eine Buchung im Wörterbuch ausreicht?

Paladin

Caspar Friedrich Neickel, der erste Theoretiker der Museumskunde, zitiert 1727 aus der Beschreibung einer Raritätenkammer in Florenz, dort werde ein Schwert »von den alten Paladinen aus Franckreich« gezeigt. *Palatinus* war im Spätlatein die Amtsbezeichnung für einen der wichtigsten Würdenträger an kaiserlichen oder königlichen Höfen. In der mittelalterlichen französischen Dichtung wurden mit dem Wort, das mit lateinisch *palatium* (›Palast, Pfalz‹) verwandt ist, die zwölf ritterlichen Gefolgsleute Kaiser Karls des Großen benannt. Noch heute ist »Paladin Karls des Großen« eine beliebte Frage in Kreuzworträtseln, für die es paradoxerweise dreizehn Antworten gibt: Gui, Riol, Ogier, Alfons, Arland, Garein, Holger, Oliver, Roland, Turpin, Astolfo, Ganelon und Lambert.

Im Jahr 1778 hielt *Paladin* dann offiziell Einzug auch in die deutsche Dichtung, als Gottfried August Bürger in seinem Gedicht »Das Lob Helenens« reimt:

Einst hätten in der Wunderzeit
Der Riesen und der Moren
Die Paladine weit und breit
Zur Dame sie erkoren.

Wieland gebrauchte das Wort ebenfalls, aber regelrecht Karriere machte es dann in der romantischen Mittelalter- und Märchendichtung bei Ludwig Tieck, Wilhelm Hauff und anderen.

Schon im 19. Jahrhundert nahm das Wort seine heutige übertragene Bedeutung ›eifrigster Anhänger‹ an. In der Zeitschrift »Die Grenzboten« ist 1842 der Satz zu lesen: »Die russische Negierung gehört zu den eifrigsten Paladinen der Legitimität.« Hier klingt bereits deutlich der spöttische Ton an, der dem Wort noch immer anhaftet, wenn es im Sinne von ›treuer Gefolgsmann, Anhänger (aus dem Kreis um jemanden)‹ verwendet wird. Oft soll damit angedeutet werden, dass es sich dabei um eine besonders speichelleckerische Schranze handelt. So meint es wohl der Historiker Herfried Münkler, als er 2022 kurz nach dem russischen Angriff auf die Ukraine urteilt:

> Putin ist der Herrscher in Russland. Aber hätte es dafür der demütigenden Vorführung seiner wichtigsten Minister und engsten Mitarbeiter bedurft? Es ging offensichtlich darum, vor aller Welt die Geschlossenheit der russischen Staatsspitze in der Ukrainepolitik zu demonstrieren. Alle Paladine Putins haben zugestimmt, keiner hat Bedenken geäußert oder Einwände vorgebracht.

In Medien wie »Zeit« oder »Berliner Zeitung« wurden als *Paladine* schon die Gefolgsleute Adolf Hitlers, Walter Ulbrichts, Saddam Husseins und des US-Präsidenten George W. Bush bezeichnet. Eine Ausdehnung des Wortgebrauchs auf Anhänger von einhellig positiv beurteilten Politikern erscheint undenkbar.

Paradigma

In einer Zeichnung aus den Achtzigerjahren karikiert der Künstler und Dichter Robert Gernhardt zwei Akademiker im Gespräch. Die Bildunterschrift dazu lautet: »Neulich in der Uni: ›Entschuldigen Sie bitte – wissen Sie zufällig, wo ich hier mein Paradigma wechseln kann?‹« Da war das Gerede von den Paradigmenwechseln vor allem in den geisteswissenschaftlichen Fächern gerade auf seinem Höhepunkt angelangt.

Schuld daran war der amerikanische Physiker und Philosoph Thomas S. Kuhn, der 1962 in seinem Buch »The Structure of Scientific Revolutions« eine Theorie darüber aufgestellt hatte, wie sich umwälzende neue Erkenntnisse in der Wissenschaft durchsetzen und es zum *paradigm shift* kommt. Gemeint war damit ein fundamentaler Wandel in den grundlegenden Konzepten und den experimentellen Praktiken einer Wissenschaft. Als *Paradigma* bezeichnete Kuhn den verbindlichen → *Kanon* von Konzepten und Denkfiguren, zu dem Theorien ebenso gehören wie Forschungsmethoden, Axiome und Standards für das, was man als Beiträge innerhalb der jeweiligen Disziplin anerkennt. Das wohl berühmteste Beispiel ist die sogenannte kopernikanische Wende im 16. und 17. Jahrhundert, also der Übergang von einem Weltbild, bei dem die Erde den Mittelpunkt des Universums darstellt, hin zur Erkenntnis, dass unser Planet um die Sonne kreist. 1967 wurde Kuhns Buch im Suhrkamp Verlag auf Deutsch unter dem Titel »Die Struktur wissenschaftlicher Revolutionen« veröffentlicht. Von da an war die Karriere von *Paradigma* und *Paradigmenwechsel* im intellektuellen Jargon nicht mehr aufzuhalten.

Das Wort *Paradigma* existierte zu diesem Zeitpunkt im Deutschen bereits für mindestens 350 Jahre. 1610 ist das auf den gleichlautenden griechisch-lateinischen Terminus zurückgehende *Paradigma* erstmals in einem deutschsprachigen Text nachzuweisen. Im Fremdwörterbuch »A la Mode-Sprach der Teutschen« von Sperander wird es 1727 als »ein Exempel, Beyspiel« erläutert. Vor allem galt es als grammatischer Fachausdruck: »Paradigma sind in der Grammatique die Exempel derer Decliniatonium und Conjugationium«, heißt es in Benjamin Hederichs »Schul-Lexicon« von 1731.

Zunächst blieb das Wort selten. Noch 1942 sah Otto Basler *Paradigma* genau wie das Adjektiv *paradigmatisch* überwiegend als grammatisches Fachwort an. In einem nicht grammatischen Sinne findet es sich immerhin bei Jean Paul, Rudolf Virchow und Jacob Burckhardt. Letzterer erläutert 1860 in seiner »Cultur der

Renaissance in Italien« zum Benimmtheoretiker Baldassare Castiglione und dessen Theorie des Witzes: »Dann folgt aber, nicht bloß zum Wiedererzählen, sondern als Paradigma für künftige Witzbildner, eine reiche Sammlung von Sach- und Wortwitzen, methodisch nach Gattungen geordnet, darunter viele ganz vortreffliche.«

Im 19. und frühen 20. Jahrhundert konnte man *Paradigma* zwar häufiger lesen, aber immer noch im Sinne von ›Beispiel‹ oder ›grammatische Beugungsmuster‹. Erst durch die Rezeption von Kuhns Buch steigt die Verwendung des Wortes dann seit 1970 nachweisbar an. Außerdem tritt eine dritte Bedeutung hinzu, die vom DWDS mit ›Summe der in einem Bereich geltenden Grundsätze; grundsätzliche Weltsicht‹ definiert wird, ohne dass die Verwendung synonym zu ›Beispiel‹ ganz außer Gebrauch kommt.

In den Belegen – von denen bei Großdenkern wie Habermas oder Luhmann sehr viele zu finden sind – ist nicht immer ganz genau erkennbar, wie die Autoren das Wort meinen. Man darf das wohl als Beweis für sein endgültiges Angekommensein in der allgemeinen Bildungssprache deuten. Herta Müller erweitert den Sinngehalt von *Paradigma* noch in Richtung von ›Deutungsmuster, Erklärmodell‹, wenn sie 2003 in »Der König verneigt sich und tötet« schreibt: »Je genauer ich Gegenwart betrachte, um so zudringlicher wird sie zum Paradigma für Vergangenes.«

In der trivialpsychologischen Ratgeberliteratur wird der Ausdruck neuerdings – etwa bei dem kanadischen Selbsthilfeautor Bob Proctor und seinen → *Epigonen* – auch für die »mentale Programmierung« eines Menschen benutzt. Damit ist dann allerdings das Feld der Unbildungssprache erreicht, die nicht Thema dieses Buchs ist.

Parforceritt

Ein *Parforceritt* ist keine *Ochsentour*. Während mit Letzterer die Vorstellung lang andauernder, mühseliger und beharrlicher Zielstrebigkeit verbunden ist, ist der *Parforceritt* immer etwas Schnelles und Rabiates. Das Wort geht zurück auf die Parforcejagd, eine mit Pferden und Hunden betriebene Hetzjagd, die sich vor allem beim Adel in Frankreich – von dort kommt ihr Name *par force* (›mit Kraft‹) – und in England großer Beliebtheit erfreute, aber auch in Deutschland Nachahmer fand. Die sogenannte Parforceheide südwestlich von Berlin verdankt ihren Namen dieser Leidenschaft; angelegt wurde sie zu Beginn des 18. Jahrhunderts als Jagdgebiet mit Reitschneisen, die durch den Baumbestand geschlagen wurden. Bei solchen Jagden mussten die Reiter bis zu 30 Kilometer dem Wild in hohem Tempo folgen. Davon ausgehend wurde schon im 18. Jahrhundert das Wort *Parforceritt* für jede Art von schnellen, gehetzten und anstrengenden Ritten geprägt.

Von Anfang an wird der Ausdruck ebenso im übertragenen Sinne gebraucht für etwas, das rasch und nicht allzu gut vorbereit erfolgen muss, zum Beispiel ein schneller, nicht sehr tief gehender Überblick über ein Wissensgebiet oder ein riskantes, schwieriges Unterfangen – in der Musik oft mit Bewunderung für einen Virtuosen verbunden. Der älteste Beleg hierfür bezieht sich auf die Juristerei und meint ein dahingeschludertes Werk: In der Fachzeitschrift »Archiv für die theoretische und practische Rechtsgelehrsamkeit« ist 1792 zu lesen, dass

> [...] das Civilgesetz in concreto gewöhnlich blos nur ein sehr unregelmäßiges und launigtes Werk des Zufalls ist, was durch einem [sic!, mh] Parforceritt in dem neuerlich in praktischen Umlauf gebrachten Campo aequitatis nach der Kaprice, Schwäche oder Stärke des Ritters im Sattel erzeugt zu werden pflegt.

Campo aequitatis, ein Wort, das Cicero in einer Gerichtsrede benutzte, dient hier als Wortspiel: Es kann mit ›Feld des Rechts‹ – *aequitas* war bei den Römern der Grundsatz der Rechtsgleichheit – ebenso übersetzt werden wie mit ›eingeebneter Reitplatz‹ – in Parforcejagdgebieten wurden Wege, auf denen die Jäger ritten, oft künstlich eingeebnet, damit sich niemand den kostbaren Hals brach.

Diese übertragene Verwendung blieb aber im 19. Jahrhundert relativ selten. Wenn etwa bei Verhandlungen im deutschen Reichstag über *Parforceritte* von Kavalleristen gesprochen wurde, dann waren damit tatsächlich anstrengende Truppenbewegungen zu Pferd gemeint. Das Gleiche gilt für die Werke von Karl May. In »Old Surehand I« von 1894 heißt es nach mehreren Stunden im Sattel, die Old Shurehand, Old Shatterhand und andere bei der Verfolgung von Komantschen zugebracht hatten: »Das ist der ›Kleine Wald‹, das Ziel unsers Parforcerittes.«

Im 20. Jahrhundert wurde *Parforceritt* wohl nicht zuletzt deshalb auf immer mehr Gebiete übertragen, weil der Reichsjägermeister Hermann Göring 1936 die Parforcejagd verboten hatte und in der Folge der ursprüngliche Sinn des Ausdrucks immer mehr in Vergessenheit geriet. Damit war die Schneise für den Galopp in die allgemeine Bildungssprache endgültig geschlagen und eingeebnet. Heute verkünden aktuelle Medienüberschriften unter anderem einen *Parforceritt durch Beethovens Musik*, einen *Parforceritt durch die Moralgeschichte* und – mit Saskia Esken bei einem Jahresempfang der SPD in Reutlingen – gleich einen ganzen »Parforceritt durch alle Problembereiche der Welt«.

par ordre du mufti

Ein *Mufti* ist ein islamischer Rechtsgelehrter. Das Wort gelangte um 1700 in deutsche Texte – zunächst als Exotismus; so nennt man fremdsprachige Wörter, die ausschließlich der Bezeichnung ferner Phänomene dienen. In Deutschland beschränkte sich *Mufti* wie das spezifizierende *Groß-* oder *Obermufti* lange auf den obersten Amtsträger des Osmanischen Reiches in allen rechtlich-religiösen Fragen. Der Islamforscher Bernard Lewis erläutert diese Position: »Es gab nicht nur Muftis eines Ortes, sondern auch eine Hierarchie von Muftis, an deren Spitze der Obermufti von Istanbul stand, den man logischerweise als den Primas des Osmanischen Reichs bezeichnen könnte.« In diesem Sinne gebraucht Heinrich Heine den Terminus 1828 in seinen »Englischen Fragmenten«: »der Obermufti, oder das Haupt des Mahomedanischen Glaubens«.

Heute kann mit *Obermufti* umgangssprachlich jede Art von leitender Person benannt werden, besonders wenn deren Autorität und Legitimation infrage gestellt werden soll. Von Anfang an eher bildlich und ironisch war die Redensart *par ordre du mufti*, die in den Wörterbüchern zwar als »scherzhaft« bezeichnet ist, aber so natürlich nur innerhalb der Bildungssprache verwendet wird. Sie bedeutet ›durch Erlass, auf Anordnung von vorgesetzter Stelle, ohne Einbeziehung der Betroffenen‹. Im Französischen existiert die Wendung seit dem frühen 18. Jahrhundert; im Deutschen ist sie merkwürdigerweise erstmals 1818 als Name eines Pfänderspiels nachweisbar. Dessen Regeln werden in Carl Fröhlichs »Euphrasia. Taschenbuch für Gesellschaftliches Spiel und Vergnügen« so erklärt:

> Die Gesellschaft setzt sich in einen Kreis und ein Mitglied derselben übernimmt die Direction des Spieles dadurch, daß sie allerhand lächer-

liche Stellungen und Gebehrden vormacht, welche alle Mitspielende nachmachen müssen, sobald er die Worte: par ordre du Mufti dazu sagt.

Wir wissen nicht, wie populär dieses Spiel wirklich war, aber sicher ist, dass die Redensart im 19. Jahrhundert immer häufiger in deutschen Texten erscheint. Der katholische Geistliche und Historiker Johann Diefenbach erklärt 1897 die Absurditäten der konfessionellen Kämpfe des 16. Jahrhunderts beispielhaft daran, dass der Augsburger Reichstag 1555 den Landesherren das Recht gewährt habe, »die Unterthanen zur Annahme ihrer Religion zwingen zu dürfen, so daß z. B. die Pfalz par ordre du Mufti in kurzer Zeit jene fünfmal wechseln mußte«.

Schwindende Französischkenntnisse führten im 20. und 21. Jahrhundert dazu, dass man heute wesentlich häufiger die doppelt falsche Formulierung *per ordre de mufti* liest. Wer sich bildungssprachlich exponieren möchte, sollte darauf achten, die korrekte französische Originalwendung zu nutzen.

Pendant

Man muss nicht pedantisch sein, um den Unterschied zwischen *Pendant* und *Pedant* wichtig zu finden. Während das letztgenannte Wort der Allgemeinsprache angehört, wo es einen übertrieben ordentlichen Menschen bezeichnet, meint *Pendant* in der Bildungssprache etwas ganz anderes.

Das Wort *pendant*, das mit unserem *Pendel* etymologisch verwandt ist, bedeutete im Französischen zunächst ›Gehänge‹ in Form von Schmuck, später zudem ›passendes Gegenstück, Ergänzung‹. Als Bezeichnung für Schmuckstücke gelangte das Wort um 1700 auch ins Deutsche; hier kann es zudem dekorative Anhängsel an Kronleuchtern und Hängelampen meinen. Von der Mitte des 18. Jahrhunderts an wird *Pendant* im Sinne von ›Gegenstück, Seitenstück‹ gebraucht. So berichtet Lessing an Gleim 1758 über Ewald von Kleists Heldengedicht »Cissides und Paches«, welches er gerade redigierte und zum Druck vorbereitete: »[E]r soll mit Ehstem ein Pendant zu den Kriegsliedern werden.«

Lange bekämpften Puristen das aus dem Französischen stammende Wort und schlugen in Verdeutschungswörterbüchern Alternativen vor, aber *Pendant* war nicht aufzuhalten. Goethe verwendete es in seinen Schriften sehr häufig, genauso Herder, Lavater, Schiller, Karl Philipp Moritz, Jean Paul, Kant, Kotzebue und so gut wie alle anderen, die um 1800 in der Literatur etwas galten. Lange schwankte allerdings sein grammatisches Genus; noch in den 1870er-Jahren wurde es bei Karl Gutzkow ebenso wie im Reichstag als Maskulinum gebraucht. Dann setzte sich das Neutrum durch. Die Bedeutung ist dagegen über zweieinhalb Jahrhundert genau die geblieben, die schon bei Lessing bezeugt ist.

peripher

Was *peripher* ist, kann oft das eigentlich Interessante sein, weil sich in der Mitte allzu viel Bekanntes tummelt. Das Adjektiv bedeutet ›am Rand gelegen‹ und hat natürlich mit der *Peripherie* zu tun, die man als Bezeichnung der Umfangslinie einer geometrischen Figur aus dem Mathematikunterricht kennt.

Das Substantiv wurde schon im 17. Jahrhundert als Fachausdruck zunächst in der lateinischen Form *peripheria* entlehnt; zu Anfang des 18. Jahrhunderts wurde es eingedeutscht. Das entsprechende Eigenschaftswort bildete sich dann im frühen

19. Jahrhundert und war zunächst fachsprachlich – aber nicht so sehr in der Mathematik, sondern in der Biologie und der Medizin.

In der Form *peripherisch*, die auch in Campes »Wörterbuch zur Erklärung und Verdeutschung der unserer Sprache aufgedrungenen fremden Ausdrücke« von 1801 verzeichnet ist, steht das Adjektiv 1807 in der Fachzeitschrift »Archiv für praktische Medizin und Klinik«, wo mit den *peripherischen* Teilen des Körpers die nicht lebenswichtigen gemeint sind. Bald wurde es auf *peripher* verkürzt. In anderen, meist medizinischen Publikationen des 19. Jahrhunderts ist die Rede von *peripheren Nerven, peripheren Gefäßen, der peripheren Netzhaut* und *peripheren Reizen* – Letzteres in den »Studien über Hysterie«, die Josef Breuer und Sigmund Freud 1895 veröffentlichten.

Im späten 19. Jahrhundert wurde das Eigenschaftswort in der Geografie auf Straßen am Stadtrand und abgelegene Gebiete bezogen; im frühen 20. Jahrhundert kam es dann auch übertragen mit der Bedeutung ›nebensächlich, unwichtig, randständig‹ auf. So urteilt der Psychoanalytiker C. G. Jung 1921 in seinem Buch über »Psychologische Typen« abwertend über die kynischen Philosophen im antiken Griechenland: »Die ganze Schule setzte sich aus Proletariern oder doch wenigstens aus ›peripheren‹ Leuten zusammen, denen allen eine zersetzende Kritik hergebrachter Werte eigentümlich war.« Und in der Zeitschrift »Deutsche Kunst und Dekoration« erklärt der Kritiker Karl Heinz Ruppel 1926 zum Thema »Natur und Architektur«: »Denn es wirken sich hier immanente räumliche Beziehungen aus, die nur scheinbar peripherer Natur, in Wahrheit aber im Wesen der Außenarchitektur zutiefst verwurzelt sind.«

Trotz dieser vielen Belege beurteilt 1942 Otto Basler in seinem »Deutschen Fremdwörterbuch« die Form *peripher* als »ganz jung«, weil sie bis dahin noch nicht in anderen Wörterbüchern verzeichnet worden war. Mittlerweile ist die übertragene Verwendung, die als einzige bildungssprachlich genannt werden sollte, weit verbreitet. Aber genauso besteht der fachsprachliche Gebrauch in der Medizin fort.

Petitesse

Die allermeisten Deutschsprecher hatten dieses Wort vergessen oder es war ihnen immer unbekannt gewesen, bis es der ehemalige Bundeskanzler und damalige SPD-Vorsitzende Willy Brandt wieder ausgrub. Nach der Bundestagwahl im Oktober 1976 verkündete er: »Jetzt geht es nicht um Petitessen!« Ein oberschlauer »Spiegel«-Leser meinte, Brandt korrigieren zu müssen: Das französische Wort bezeichne bei Frauen Kleinheit des Wuchses und bei Männern Bedeutungslosigkeit; die Verwendung im Sinne von ›Nichtigkeiten‹ sei »eine barbarische Fehlbildung«. Ein anderer Leser sprang Brandt jedoch bei: Ein Blick in das »Dictionnaire du français contemporain« belege, dass *Petitessen* sehr wohl im Sinne von ›entnervenden Kleinigkeiten‹ gebraucht werden könne.

Willy Brandt, so kann vermutet werden, hatte sich das Wort in der Korrespondenz eines Mannes angelesen, der – wie jeder Gebildete im 19. Jahrhundert und wie sein Freund Karl Marx – gut Französisch konnte: Ferdinand Lasalle ermahnte Jenny Marx in einer Nachricht vom 26. Juni 1853, sich nicht so viele Gedanken über das Porto und die Mühe mit Briefen zu machen, die er ihr und ihrem Mann Karl zuvor geschickt hatte: »Solche Petitessen lohnen nicht der Rede.« Dass Brandt diesen Brief des SPD-Mitbegründers Lasalle kannte, ist zumindest nicht auszuschließen.

Das Wort *Petitessen* wurde Mitte des 18. Jahrhunderts aus dem Französischen entlehnt. Den ältesten Beleg konnte ich in den ab 1751 von Peter von Hohenthal herausgegebenen »Oeconomisch-physicalischen Abhandlungen« finden. Ein schönes Beispiel findet sich bei Moses Mendelssohn, der 1760 im Hundertsten der »Briefe, die neueste Literatur betreffend« schreibt:

> Wir haben das Glück gehabt, von Regenten beherrscht zu werden, denen das kleinste Detail ihres weitläuftigen Reichs nicht zu »klein« geschienen hat, ihre väterliche Vorsorge bis dahin zu erstrecken. Unsere »Petitessen« mochten noch so tief unter ihrer Majestät seyn; sobald sie uns nur wichtig waren, so sahen wir mit Bewunderung den Thron sich bis zu ihnen herablassen und, wie einen liebreichen Hausvater, sogar an dem Spiele feiner Kinder mit Theil nehmen.

Das Wort blieb aber im 18. und 19. Jahrhundert selten. Niemals wurde es auch nur annähernd so häufig gebraucht wie heute. Die Dudenredaktion definiert es im deutschen Universalwörterbuch als ›Geringfügigkeit, nebensächliche, unwichtige Sache, Kleinigkeit‹; aufgenommen wurde es in den Rechtschreibduden erstmals 1980 – vier Jahre, nachdem Willy Brandt es zu neuem und alles vorangegangene überstrahlendem Ruhm gebracht hatte.

Philippika

Von der Redekunst der Griechen war hier schon einmal die Rede. Während die Spartaner als → *lakonisch* galten, war Athen die Hochburg der schmuckvollen und wirksamen öffentlichen Rhetorik. Beides hatte mit den jeweiligen Staatverfassungen zu tun. In der spartanischen Oligarchie mit monarchischer Spitze, in der nur wenige über Macht verfügten, bedurfte es keiner großen Debatten. Dagegen musste, wer in der Demokratie Athen politisch wirken wollte, die männlichen Vollbürger – denn nur auf die kam es an – durch öffentliche Ansprachen auf seine Seite bringen.

Niemand konnte das schwungvoller als der Staatsmann Demosthenes. Seine »logoi Philippikoi« (›Philippische Reden‹), mit denen er im 4. Jahrhundert v. Chr. das Volk von Athen zum Kampf gegen Philipp von Makedonien, den Vater Alexanders des Großen, aufstacheln wollte, galten schon in der Antike als unübertroffene Musterbeispiele einschlägiger Rhetorik. In dieser Tradition benannte Roms größter Redner Cicero seine Ansprachen gegen die Republikfeinde im Bürgerkrieg 44/43 v. Chr. »Philippica« – und zeigte damit zugleich an, dass er sich Demosthenes durchaus ebenbürtig fühlte.

In Erinnerung an die antiken Vorbilder entstand im 18. Jahrhundert unser deutsches Wort *Philippika* als Gattungsbegriff für eine wütende Rede. Über seine Auseinandersetzung mit dem damaligen Literatur- und Sprachpapst Johann Christoph Gottsched und dessen Anhängern spottet 1743 der Schweizer Johann Jakob Bodmer: »Die vertrauten Rednergesellschaften schwizen und sinnen auf neue Philippicas.« 1791 erklärt Wieland in seinem Dialog »Peregrinus Proteus«: »Wer das Unglück hat, der Gegenstand einer Philippika zu seyn, muß freilich unter diesem hergebrachten Vorrecht witziger Schriftsteller leiden: dafür aber befinden sich auch die Glücklichen, denen Lobreden zu Theil werden, desto besser dabei.«

Im Verlauf des 19. Jahrhunderts wurde das feminine Substantiv *Philippika* schließlich zum allseits geläufigen Bestandteil des Bildungswortschatzes – und dort ist es bis heute geblieben. Wie schon bei Bodmer und Wieland wird es oft gebraucht, um zugleich den Nutzen des gewaltigen rhetorischen Aufwands solcher Reden infrage zu stellen: Ist die ganze Aufregung dem Gegenstand angemessen? In diesem Sinne warnt 1996 der damalige Bundespräsident Roman Herzog seine Zuhörer bei einer Rede über die Transformation von der Informations- zur Bildungsgesellschaft vor: »Wenn Sie nach dieser Einleitung jetzt eine kulturpessimistische Philippika gegen das Fernsehen erwarten, dann täuschen Sie sich.«

Placet

Matin Luther prägte unsere Sprache durch seine Übersetzung der Bibel in ein volkstümliches Deutsch, nicht durch die Verwendung von Fremdwörtern. Gelehrte Ausdrücke gebrauchte er in seinen Tischreden zwar viele, aber was daran noch Lateinisch und was Deutsch war, ist nicht immer genau zu unterscheiden. Umso erfreulicher ist es, Luther in diesem Buch zitieren zu können als den Ersten, der ein bestimmtes Lehnwort in einem eindeutig deutschen Text verwendete. 1520 beschreibt der Reformator in der gegen seinen Widersacher Johannes Eck gerichteten Flugschrift »Von den nüwen Eckische Bullen und lügen«, wie man den böhmischen Theologen Jan Hus hingerichtet hatte, ohne seine Thesen zu widerlegen. Dies alles sei durch den Beschluss von »Junckern« geschehen, die zu allem »placet, placet« riefen: »Also ist er durchs placet der ungelehrte tyranne hingericht.«

Auf lateinisch heißt *placet* ›es gefällt, es ist angeordnet‹, und in diesem Sinne gehörte der Ausdruck zur Kanzleisprache, zur Sprache des Kirchenrechts und der Juristerei. Ein *Placet* konnte die Genehmigung zum Druck einer Schrift sein ebenso wie die Zustimmung weltlicher Behörden zu einer kirchlichen Verordnung. Max Weber beschreibt 1916/17 in seiner »Wirtschaftsethik der Weltreligionen«, wie solche Befugnisse der Obrigkeit in geistlichen Belangen schon im alten Japan üblich waren: »Am Kult des taoistischen Stadtgottes nahm der Stadtmandarin offiziell teil und die Kanonisierungen durch den taoistischen Patriarchen bedurften des kaiserlichen Plazet.«

Besonders gern wird *Plazet* – die Schreibweise mit z setzte sich im 19. Jahrhundert durch – seit Martin Luther bis heute gebraucht, um hochpolitische Vorgänge zu beschreiben. Im Jahr 2000 etwa meldet die »Zeit«, die diplomatischen Verhandlungen über den neuen Chef des Internationalen Währungsfonds seien vorangekommen: »Frankreich hat dem Deutschen Caio Koch-Weser nun offenbar endlich sein Plazet gegeben.« Vergebens, wie sich zeigte, denn die USA verweigerten dem Kandidaten ihr *Plazet*.

Vom 16. bis zum 19. Jahrhundert existierte zudem die schöne scherzhafte Bildung *Placetiner* (›Jasager‹). Der lutherische Theologe Christoph Irenäus zum Beispiel verurteilt 1566 die falschen Kirchenbrüder, die helfen, »rechte prediger« zu unterdrücken, als »Polstermacher / Placetiner / Leisentretter / Ohrentrauer quorum deus venter est [›Schmeichler, deren Gott der Bauch ist‹, mh]«. Der Ausdruck *Placetiner* sollte unbedingt wieder eingeführt werden.

postulieren

Wie so viele andere Wörter in diesem Buch hat dieses Verb eine alte kirchenrechtliche Bedeutung, die in Vergessenheit geraten ist. Als das Verb *postulieren* im 15. Jahrhundert geprägt wurde, bedeutete es zwar bereits wie heute ›fordern‹ – die frühen Wörterbücher erläutern es mit ›heischen, begehren‹ –, aber der Gebrauch war eingeengt auf die Besetzung kirchlicher Posten, und hier nahm es den Sinn von ›vorschlagen‹ an. In den frühneuzeitlichen Quellen liest man häufig, jemand sei zum Bischof oder Ähnlichem »postuliert und erwählt« oder »nominiert und postuliert« worden. Zugrunde liegt das ältere mittelalterlich-kirchenlateinische *postulatio*, das als *Postulation* eingedeutscht wurde. Das »Deutsche Rechtswörterbuch« definiert es ausführlich als ›Benennung eines durch das kanonische Recht eigentlich nicht zugelassenen Bewerbers für ein hohes Kirchenamt, die durch die wahlberechtigten Kanoniker erfolgt‹. Leopold von Ranke bringt in seiner »Deutschen Geschichte im Zeitalter der Reformation« ein anschauliches Bespiel: »Im Jahre 1516 postulirte das Capitel von Schwerin den Prinzen Magnus von Meklenburg, obwohl er noch nicht volle sieben Jahr alt war, zu seinem Bischof.«

Ebenfalls schon im Frühneuhochdeutschen tauchte das heute als Neutrum verwendete kürzere Substantiv *Postulat* auf, das – neben den vielen Bedeutungen, die der von *Postulation* entsprachen – einen durch *Postulation* nominierten Kleriker bezeichnen konnte; dieser angehende Würdenträger hieß dann *der Postulat*. Von dort aus entfaltete sich die Bedeutung des Verbs *postulieren* weiter in diverse Richtungen. Es konnte ›vorschlagen, nominieren‹ nun auch für weltlich-politische Gremien bedeuten; ebenso wurde ein angehender Drucker zum Gesellen *postuliert*. Zudem sind ›eine Schrift auslegen‹ und ›jemanden vor Gericht vertreten‹ frühneuhochdeutsch nachgewiesen.

Für die heutige Bildungssprache wurde die Verwendung von *Postulat* und *postulieren* in der Philosophie und Mathematik wegweisend. Ersteres bedeutet dort ›Voraussetzung‹, und das Verb wird definiert als ›etwas vorläufig als wahr und gegeben annehmen, ohne es beweisen zu können‹. Den philosophischen Gebrauch erläutert – gewissermaßen gesetzgebend – Immanuel Kant 1781 in seiner »Kritik der reinen Vernunft«:

> Wenn nun entweder, daß etwas sey, oder geschehen solle, ungezweifelt gewiß, aber doch nur bedingt ist: so kan doch entweder eine gewisse bestimte Bedingung dazu schlechthin nothwendig seyn, oder sie kan nur

> als beliebig und zufällig vorausgesezt werden. Im ersteren Falle wird die Bedingung postulirt, (per thesin) im zweiten supponirt, (per hypothesin).

Die Kernbedeutung von *postulieren* bleibt aber ›fordern, verlangen‹. Schiller verschmilzt schließlich 1793 den Kant'schen und den allgemeinen Sinn in seiner Schrift »Vom Erhabenen«: »Die Möglichkeit des Sittlichen postuliert also Freiheit«, und »moralische Sicherheit postuliert also, [...] Religionsideen, denn nur die Religion, nicht aber die Moral, stellt Beruhigungsgründe für unsere Sinnlichkeit auf«.

Franz Grillparzer setzte das Wort dann 1861 in seinem Aufsatz »Zur Literaturgeschichte« polemisch ein, um ›erfinden, zusammenlügen‹ auszudrücken. Den Philologen und Altertumswissenschaftlern, die von den offensichtlich französisch inspirierten Epen behaupteten, sie beruhten in Wahrheit auf urgermanischen oder uraltdeutschen Vorbildern, unterstellt Grillparzer spöttisch: »Man postulierte antediluvianische, mastodontisch-ichthyosaurische Volksepen.«

Die gesamte schillernde Bedeutungsentfaltung des Verbs würde eine vielseitige Monografie füllen und kann in der Gedrängtheit dieses Buchs nur angedeutet werden. Heute changiert sein Sinn im bildungssprachlichen Gebrauch zwischen ›verlangen, für notwendig erklären‹ und ›behaupten, als wahr hinstellen‹. Oft hat man den Eindruck, den Sprechern sei nicht mehr wirklich klar, was dieses wohlklingende Wort bedeutet. Denn sonst fiele ihnen wohl auf, dass Verbindungen in der Art von »Forderungen postulieren« oder »etwas als Wahrheit postulieren« Pleonasmen sind.

prädestinieren

Wieder einmal ein Wort, das den Weg von der Religion ins Profane (→ *profan*) genommen hat. Im Christentum ist die Idee der *Prädestination* ein auf den Kirchenlehrer Augustinus von Hippo zurückgehendes theologisches Konzept, demzufolge Gott von Anfang an das Schicksal der Menschen vorherbestimmt. Welthistorisch bedeutsam wurde es in der Reformation durch die Spaltung in die beiden großen Zweige des Protestantismus: Johannes Calvin vertrat die Idee, es gebe seit Anbeginn der Schöpfung von Gott »Erwählte« und »Verworfene«; Martin Luther hingegen behauptete, jeder Gläubige sei bereits durch die Gnade Gottes – und allein durch diese – errettet. Einig waren sich beide nur darin, dass man Gnade und Errettung nicht in irgendeiner Weise durch gute Werke verdienen könne. Durch diesen Streit wurde das mittellateinische *praedestinatio* im 16. Jahrhundert so wichtig, dass es als feminines Substantiv *Prädestination* eingedeutscht wurde. Genauso gelangte *prädestinieren* auf der Basis des lateinischen Verbs *praedestinare* ins Deutsche.

Schon der berühmte Arzt Paracelsus, der als Erster medizinische Fachbücher auf Deutsch verfasste und dessen Einfluss auf den deutschen Wortschatz kaum zu überschätzen ist, benutzte den Terminus in seinen Schriften nicht mehr im eng religiösen Sinne. In seinem Werk über »Wundartzney« aus den 1530er-Jahren erläutert er, dass das »universale Arcanum [das heilsame Prinzip einer Arznei, mh] in die Elementen predestinirt und ordinirt sey / un wo der Artzet nicht weist wohin die predestinationes medicaminum sich hinzichen oder fügen / der ist unbillich ein Artzet«. Auffällig ist, dass an der Stelle *predestinationes medicaminum* wie bei einem lateinischen Fremdwort üblich in Antiquaschrift gesetzt ist, während die Verben *prädestinieren* und *ordinieren* in Fraktur wiedergegeben werden. Offenbar empfand sie Paracelsus oder zumindest der Drucker als eingedeutschter, was sie durch die deutsche Wortbildungssilbe → *-ieren* tatsächlich waren.

Über *prädestinieren* schreibt Otto Basler im »Deutschen Fremdwörterbuch«, es habe zwar den »gleichen wortgeschichtlichen Verlauf wie Prädestination«, sei aber doch viel häufiger belegt und in allgemeiner Bedeutung bis heute gebräuchlich. Diese allgemeine Bedeutung erläutert der Online-Duden mit ›für etwas besonders geeignet machen, wie geschaffen erscheinen lassen‹. Menschen oder manchmal Orte werden zumeist durch eine bestimmte Eigenschaft für etwas *prädestiniert*: »Doktor Schatzheber, schon durch diesen Namen zum Geburtshelfer prädestiniert, sah sich genötigt, mit der Zange einzugreifen«, steht in »Stilpe. Ein Roman aus der Froschperspektive« von Otto Julius Bierbaum aus dem Jahr 1897. Man kann aber genauso *für* oder *zu etwas prädestiniert* sein. Martin Walser lässt in seinem Roman »Ehen in Philippsburg« von 1957 einen ehrgeizigen Politiker sagen: »Wir sind eine Partei, die jeden Wähler aufnehmen kann, CSLPD, bei uns kann jedes Interesse seine Heimstatt finden, und wir sind einig, sind eine Partei mit einem Apparat, für die Regierung prädestiniert.«

Prämisse

Noch so ein Wort, das wir – genau wie → *Distinktion* – der Scholastik und ihrem Bestreben, das logisch-philosophische Denken zu systematisieren, verdanken. Im Fachwortschatz der mittelalterlichen Philosophie ist die *praemissa* der Vordersatz eines logischen Schlusses, also die Voraussetzung, aus der eine *conclusio* gezogen wird. Aus den Prämissen »Eine Forelle ist ein Fisch« und

»Fische können nur im Wasser leben« lässt sich beispielsweise der Schluss ziehen »Eine Forelle kann nur im Wasser leben«.

Zu Beginn des 16. Jahrhunderts wurde das Wort eingedeutscht. So weisen der Bürgermeister und der Rat der Reichsstadt Nürnberg in einem gedruckten Rechtsgutachten von 1563 zu einem Streit mit benachbarten Fürsten um Hoheitsrechte ein Dokument des gegnerischen Anwalts zurück: »Darzu antwort Syndicus / daß dardurch der praemissen keine bewisen sey.« Bis ins 18. Jahrhundert überwog aber in juristischen und philosophischen Texten noch die lateinische Form *praemissa*; erst danach setzte sich die eingedeutschte Variante durch. Hierzu trugen wesentlich Christian Thomasius, einer der Schöpfer des deutschen philosophischen Wortschatzes, sowie Lessing und Wieland bei. Und als in Jakob Michael Reinhold Lenz' 1774 gedruckter Übersetzung des Shakespeare-Stückes »Love's Labour's Lost« Don Armado seinen Knappen auffordert: »Mot, du folgst mir«, antwortet dieser: »Wie eine Conclusion den Prämissen.«

Wie so viele andere philosophische Begriffe wurde *Prämisse* von Kant endgültig für die nächsten Jahrhunderte definiert. Über ein Beispiel für *Prämisse* und *Konklusion* macht sich dann Hegel 1816 im zweiten Band seiner »Wissenschaft der Logik« lustig:

> Alle Menschen sind sterblich,
> Cajus ist ein Mensch,
> Also ist er sterblich.
> Man wird sogleich von Langeweile befallen, wenn man einen solchen Schluß heranziehen hört; – diß rührt von jener unnützen Form her, die einen Schein von Verschiedenheit durch die abgesonderten Sätze gibt, der sich in der Sache selbst sogleich auflöst.

Heute wird das Wort im Sinne von ›Voraussetzung, Bedingung‹ gebraucht. Manchmal steht *Prämisse* auch für ›angestrebtes Ziel,

Leitlinie‹. So ist es wohl zu verstehen, wenn in Richard von Weizsäckers Buch »Dreimal Stunde Null?« aus dem Jahr 2001 zu lesen ist: »Umso wichtiger ist es, dass Amerika mit hinreichender Eindeutigkeit an seiner politischen Prämisse eines zusammenwachsenden Chinas festhält.«

profan

Man kann kein *Fan* von etwas sein, das *profan* ist. Zumindest dann nicht, wenn man sich streng an der etymologischen Bedeutung der Wörter orientiert. Denn das lateinische Adjektiv *profanus* bezeichnet den Bereich, der vor oder außerhalb eines *fanum*, eines heiligen Bezirks liegt. Unser Wort *fanatisch* und das englische *fanatic*, dessen Abkürzung *fan* ist, sind auf *fanum* zurückzuführen. Aber da die Bedeutung eines Wortes sein Gebrauch in der aktuellen Sprache ist – und nicht ein verborgen liegendes etymologisches Mysterium – wirkt sich das alles natürlich nicht auf die Gegenwart aus. Interessant zu wissen, ist es doch.

Das lateinische Adjektiv wurde im 16. Jahrhundert eingedeutscht und zunächst meist *prophan* geschrieben. Es hat die religiöse Bedeutung ›weltlich, nicht dem Gottesdienst dienend‹. So vermerkt beispielsweise die Chronik »Theatrum historicum« des Leonhardt Meyer für das »Jahr Christi 1612«: »Zu Regenspurg hielt Käiser Matthias einen Reichstag / um den Religion und prophan Frieden zu erhalten.« Erst in der zweiten Hälfte des 17. Jahrhunderts setzte sich allmählich die Schreibweise mit f durch.

In Friederike Helene Ungers Roman »Julchen Grünthal« von 1784/98 werden humoristisch die Schwierigkeiten mit dem *Profanen*, das uns immer wieder vom Heiligen weglockt, beschrieben: »Sonntags wagte ich nicht eher ein profanes Buch in die Hand zu nehmen, bis ich das mürrische zänkische Wesen, welches ich Gott nannte, durch das Lesen einer Predigt, oder mit sonst etwas Geistlichem, abgefunden hatte.« Ein solcher humoristisch-ironischer Gebrauch des Eigenschaftswortes, wie man ihn ungefähr zur gleichen Zeit auch bei Johann Karl August Musäus findet, bereitete die *Profanierung* des Wortes *profan* vor. Heute wird es viel seltener im religiösen Sinne, sondern in der allgemeinen Bedeutung ›gewöhnlich, alltäglich, geheimnislos, leicht (bezogen auf ein Rätsel und dessen Lösung)‹ gebraucht. Helmut Krausser etwa lässt 2006 in seinem Roman »Eros« den Helden vor Nahrung zurückschrecken: »Wollte die Lippen, mit denen ich Sofie geküßt hatte, nicht durch ein profanes Wurstbrot entweihen.«

Sehr häufig liest man in Medien und Unterhaltungsliteratur die Wendung, es gebe für irgendetwas eine *profane Erklärung*. Beispielsweise in einem »Julia«-Liebesroman oder im 2964. Perry-Rhodan-Heft »Späher in Dakkarraum« von 2018, wo aber das Wort freundlicherweise durch ein beigeselltes zweites Adjektiv erläutert wird: »Ich wollte nicht glauben, dass es eine ganz simple, profane Erklärung dafür gab.« Ob die Verwendung des Wortes in solchen Groschenheftsphären eventuell Anlass sein könnte, ihm den Status »bildungssprachlich« abzuerkennen, sollten Wörterbuchredakteure zumindest einmal erwägen.

Prokrustesbett

Vor 15 Jahren hätten Sie mit dem klanglich sehr ähnlichen Verb *prokrastinieren* noch Eindruck schinden können. Doch das ist mittlerweile zum Modewort geworden, mit dem in sozialen Medien Psychotipps gegen Faulheit, Schlaffsein und Aufschieberitis angepriesen werden. Wer wirklich gebildet klingen will, sollte die nüchterne Tatsache, dass er mit seiner Unihausarbeit nicht rechtzeitig fertig geworden ist, besser damit erklären, dass er in das starre deutsche Bildungssystem nun mal so wenig hineinpasse wie in ein *Prokrustesbett*.

Wie bei *prokrastinieren* liegt der Reiz von *Prokrustesbett* an seinen vielen harten Konsonanten, von denen zwei mitten im Wort sogar effektvoll lautmalend aufeinanderfolgen. Es klingt unangenehm und bezeichnet Unangenehmes – eine seltene Einheit von Klang und Vorstellunginhalt.

Prokrustesbett gehört wie *Ödipuskomplex* und *Sisyphusarbeit* zu den Wörtern, die uns »The Tyranny of Greece Over Germany« (›Die Tyrannei Griechenlands über Deutschland‹) bescherte – so nannte die britische Germanistin E. M. Butler 1935 ihr Buch, in dem sie analysiert, wie sich die Deutschen jahrhundertelang freiwillig der kulturellen Herrschaft der alten Griechen unterwarfen. Den Anfang machte Johann Joachim Winckelmann, der im 18. Jahrhundert folgenschwer die »edle Einfalt, stille Größe« der griechischen Kunst idealisierte und damit einer wirkmächtigen Reihe von Griechenschwärmern den Kurs wies – von Goethe und Schiller über Hölderlin und Heine bis zu Nietzsche; den damals gerade erst verstorbenen George hatte Butler noch nicht auf dem Radar.

Doch eigentlich begann die Griechenherrschaft über Deutschland schon viel früher. Nämlich am 28. August 1518. Da hielt der erst 21-jährige Philipp Melanchthon, den Martin Luther an die Universität Wittenberg geholt hatte, seine Antrittsvorlesung »De corrigendis adolescentiae studiis«. In ihr entwarf er ein Programm zur Reform der höheren Bildung, in der das Studium griechischer Texte in der Originalsprache eine gewichtige Rolle spielen sollte. Zunächst für den protestantischen Teil des deutschen Sprachgebiets, dann auch für katholische Schulen wurde Melanchthons Vorstellung wegweisend. Der junge Mann prägte entscheidend das, was bis heute humanistische Bildung heißt und zu der, wenn man es ernst meint, unabdingbar Altgriechischunterricht gehört. Wer es sich leichter machen will, für den reicht die Lektüre von Gustav Schwabs »Sagen des klassischen Altertums«.

In beiden Fällen macht man die Bekanntschaft mit dem Riesen Prokrustes (›der Gliedausrenker‹), einen Sohn des Meeresgottes Poseidon, der als Wegelagerer nördlich von Athen Wanderern auflauerte. Scheinheilig bot dieser antike Serienkiller arglosen Reisenden eine Übernachtungsmöglichkeit an. Lagen sie erst einmal auf seinem Bett, hackte er ihnen die Gliedmaßen ab, die über die Bettkante hinausragten. Wenn die Schlafgäste zu klein waren, hämmerte und streckte er sie auf einem Amboss, bis sie passten. Dies trieb er so lange, bis der mythische Held Theseus ihn tötete.

In den 1830er-Jahren wurde dann das Wort *Prokrustesbett* geprägt. Die Horrorstory vom Riesen mit dem Hackebeil war im Deutschland des 19. Jahrhunderts so bekannt, dass ein Satireblatt wie die »Berliner Wespen« 1878 Bismarck als Prokrustes darstellen konnte, der mit dem Sozialistengesetz der zu groß gewordenen Freiheit die Beine abhackt. Das verstanden damals alle halbwegs Gebildeten sofort.

Heute ist die humanistische Bildung im Schwinden; Altgriechisch lernen nur noch sehr wenige im Gymnasium. Das ist nun Ihre Chance, sich mit dem *Prokrustesbett* ins rechte Licht zu rücken. Gegenüber den vielen griechischen und pseudogriechischen Allerweltswörtern wie *Philharmonie* oder *hysterisch*, von denen unser Wortschatz nur so wimmelt und die oft auch von weniger Gebildeten benutzt werden, hat diese Zusammensetzung aus einem mythischen Namen und einem deutschen Grundwort den Vorteil, dass sie tatsächliche Kenntnisse der griechischen Welt elegant andeutet. Sie wissen ja nun, was es mit Prokrustes auf sich hatte, und sollten den Gebrauch dieses Wortes nicht länger *prokrastinieren*.

Pyrrhussieg

Als die CDU bei der Berliner Wahlwiederholung im Jahr 2023 zwar mit Abstand stärkste Partei wurde, aber sich zunächst keine realistischen Perspektiven für eine Regierungskoalition unter ihrer Führung anzubieten schien, sprachen mehrere Medien von einem *Pyrrhussieg* der Christdemokraten.

Dieses Wort existiert seit der Mitte des 19. Jahrhunderts im Deutschen. In den Medien der 1850er-Jahre wie der »Deutschen Allgemeinen Zeitung« und der »Gartenlaube« lässt er sich mehrfach im Zusammenhang mit englischen Erfolgen im Krimkrieg gegen Russland nachweisen. Man kann 160 Jahre später nur staunen, dass die Briten und die mit ihnen verbündeten Franzosen diesen Krieg trotz all der *Pyrrhussiege* doch noch für sich entschieden. Denn ein *Pyrrhussieg* wird im Duden-Universalwörterbuch definiert als ›Erfolg, der mit hohem Einsatz, mit Opfern verbunden ist und eher einem Fehlschlag gleichkommt‹.

Der Ausdruck gehört zu den Zusammensetzungen mit einem griechischen Namen und einem deutschen Grundwort, an denen unsere Sprache reich ist. Pyrrhos I., den die Lateiner Pyrrhus nannten, war ein griechische König im dritten Jahrhundert vor Christus, der ähnlichen Feldherrenruhm anstrebte wie sein Verwandter Alexander der Große. In einem Krieg gegen die Römische Republik, die damals dabei war, ganz Italien zu unterwerfen, gelang es ihm zwar aufgrund seines großen strategischen Talents, die Römer in Bedrängnis zu bringen, doch am Ende verlor er den Krieg. Entscheidend dafür war, dass seine Verluste in mehreren siegreichen Schlachten schwerwiegender waren als die seiner Gegner. Nachdem Pyrrhos die Schlacht bei Asculum in Apulien gewonnen hatte, soll er, wie Plutarch überliefert, eine ihm vorgetragene Gratulation mit dem Satz gekontert haben: »Noch einen solchen Sieg über die Römer, – dann sind wir vollständig verloren!«

Am Ende des 19. Jahrhunderts war das Wort schon so etabliert, dass es auf nicht militärische Verhältnisse übertragen werden konnte. Karl Kraus etwa schreibt 1899 in der »Fackel« über die Innenpolitik in Wien:

> Dritthalb Jahre lang hat eine parlamentarische Mehrheit von Schlachzizen, jungtschechischen Demokraten und clericalen Deutschen mittelst des Nothverordnungsparagraphen Oesterreich beherrscht. Dann gerieth sie in Conflict mit der Krone und unterlag. Ihr Sieg in dem Kampfe gegen die Minorität war ein Pyrrhussieg gewesen. Er hatte ihre Widerstandskraft so sehr geschwächt, dass sie beim ersten Streiche, den der Absolutismus führte, fiel.

In diesem Sinne erscheint es als nicht ganz zutreffend, den Wahlgewinn der CDU als *Pyrrhussieg* zu bezeichnen, denn die Partei ging ja nicht geschwächt aus der Abstimmung hervor, sie wäre auch ohne Regierungskoalition stärkste Kraft geblieben und ihr Sieg führt nicht zwangsläufig zu späteren Niederlagen.

qua

Hier bestaunen wir eine Perle des deutschen Bildungswortschatzes: ein nicht flektierbares Wort, das aus dem Lateinischen übernommen wurde. Verglichen mit der Entlehnung von Substantiven, Verben und Adjektiven ist dies ein eher seltener Vorgang, obwohl außer *qua* noch ein paar andere Konjunktionen, Adverbien und Präpositionen ins Deutsche gelangt sind: *exklusive, inklusive, kontra, minus, per, plus, pro, punkto,* → *respektive,* → *sic, versus* und *via.*

Bis zum 17. Jahrhundert war *qua,* der feminine Ablativ von *qui, quae, quod,* nur in lateinischen Einsprengseln und Zitaten in deutschen Texten zu lesen. Erst eingedeutscht konnte es in einem Satz, der ansonsten nur aus deutschen Stammwörtern besteht, gebraucht werden. Es blieb allerdings selten und war vornehmlich in der immer noch besonders gern latinisierenden philosophischen Sprache zu finden. Beispielhaft ist ein Satz aus der 1827 erschienenen zweiten Auflage von Hegels »Encyclopädie der philosophischen Wissenschaften«: »Der Körper qua Körper heißt nichts anders als das Abstractum des Körpers, was auch existirt, als selbstloser Körper.« Goethe verwendete das Wort ebenfalls, aber eben nicht in der Dichtung, sondern in Gebrauchstexten und theoretischen Schriften.

In seinem Verdeutschungswörterbuch von 1801 erklärt Johann Heinrich Campe: »Dieses Lateinische Umstandwort heißt als oder in sofern. Qua Fürst, d. i. als Fürst, oder in sofern er Fürst ist.« Das aktuelle Goethe-Wörterbuch zum Wortschatz des Autors verzeichnet ähnliche Bedeutungsnuancen wie der Duden: Dieser unterscheidet den Gebrauch von *qua* als Präposition einerseits im Sinne von ›durch, mittels, auf dem Wege über‹ und ›gemäß, entsprechend‹ in Wendungen wie *qua Amt* und *den Schaden qua Verdienstausfall bemessen*, andererseits als modale Konjunktion synonym zu ›in der Eigenschaft als‹ wie in *qua Beamter*.

Der dritte Band des »Deutschen Fremdwörterbuchs« von Schulz/Basler aus dem Jahr 1977 bezeichnet *qua* als »heute veraltet«. Dies erwies sich mittelfristig als Fehleinschätzung. Vor allem in den Wendungen *qua Amt* und *qua Geburt* ist es recht häufig. So erinnert Bundeskanzlerin Angela Merkel 2019 in einer Rede an den Außenpolitiker Andreas Schockenhoff: »Ich hatte den Eindruck, er fühlte sich nicht nur qua Amt, sondern auch ganz persönlich in der Verantwortung, sich nach Kräften für ein friedvolles Miteinander der Völker und Nationen stark zu machen [sic!, mh].« Und wenige Jahre zuvor attestiert Bundespräsident Joachim Gauck bei einer Ordensverleihung Herzog Franz von Bayern 2017:

Disziplin, Geist, Stil und Gespür sind noble Attribute. Sie zeichnen jemanden vor anderen aus, doch nicht, weil sie qua Geburt erworben wurden. Sie, Königliche Hoheit, haben sich diese Auszeichnung erworben, weil Ihr Wirken für die Kultur, Ihr Auftreten als Förderer moderner Kunst, Ihre Sammlung bedeutender Werke immer auf das Gemeinwohl gerichtet waren.

Quintessenz

Dieses Wort war in der frühen Neuzeit so populär, dass es mehrere Versuche gab, es zu verdeutschen, etwa als *Fünftelsaft* in dem Gedicht »Lob des Schweins« von Aloys Blumauer, aus dem Jahr 1786. Blumauer, ein Vertreter der Aufklärung, vergleicht dabei Mensch und Schwein – und gesteht dem Letzteren den Vorzug zu: »Der Mensch verschlingt den Fünftelsaft der Erde und nützt er so, wie du?« Den Ausdruck hatte Gottfried August Bürger als Übersetzung von *quinta pars nectaris* in einem Gedicht von Horaz geprägt. Er wurde bis ins 19. Jahrhundert einige Male aufgegriffen, setzte sich aber nie durch.

Zunächst in der lateinischen Form *quinta essentia* (›das fünfte Seiende‹) wird *Quintessenz* seit dem 16. Jahrhundert in deutschen Texten gebraucht. Es geht zurück auf griechisch *pempte usia*: Als dieses »fünfte Seiende« bezeichnete Aristoteles das von ihm angenommene fünfte Element – neben Feuer, Wasser, Erde und Luft –, den Äther. In der mittelalterlichen Naturlehre stand das spätlateinische Wort für die fünfmal ausgezogene Kraft eines Stoffes, über die hinaus Feineres nicht gewonnen werden kann. Gebraucht wurde es in dieser Bedeutung von Theologen, Philosophen und Alchimisten für den ätherähnlichen *Spiritus*. Dieser, so glaubten sie, erhalte und erzeuge Leben und könne in Experimenten durch

Destillation oder Ähnliches gewonnen werden. Der Arzt Paracelsus, der *quinta essentia* im späten 15. Jahrhundert als *funfftwesen* verdeutscht, beschreibt den Stoff

> [...] als ein materien, die da corporalischen wird ausgezogen aus allen gewechsen und aus allem in dem das leben ist, geschciden von aller unreinikeit und tötlikeit, gesubtilt auf das aller reinigeste, gesondert von allen elementen. nun ist zu verstehen, das quinta essentia ist alein die natur, kraft, tugent und arznei, die dan in dem ding verfasset ist.

Hiervon ausgehend meinte *quinta essentia* bis ins 19. Jahrhundert einfach das Beste von flüssigen Heilmitteln und Getränken oder das höchste Konzentrat einer Substanz. Eingedeutscht wurde das Wort schließlich im 17. Jahrhundert. In einer 1672 erschienenen Übersetzung der »Medicina Experimentalis« des englischen Naturphilosophen Kenelm Digby wird eine ganze Reihe von Tieren und Pflanzen aufgezählt, deren *Quintessenz* man gewinnen könne, darunter Kröten, Judenkirschen, Kellerasseln sowie Menschenblut oder -knochen.

Im 17. Jahrhundert nahm *Quintessenz* zudem die übertragene Bedeutung ›kennzeichnendes Merkmal, das eigentliche Wesenhafte‹ oder schlicht ›das Beste‹ an. In den philosophischen Debatten des 18. Jahrhunderts erlangte es den Status eines Modeworts. Die Intrigantin Adelheid von Walldorf aus Goethes »Götz von Berlichingen« etwa nennt ihren Gesprächspartner Weislingen »die Quintessenz des männlichen Geschlechts«. Und 1798 antwortet Schiller Goethe dankbar für einen gerade erhaltenen Brief: »Zu dem ersten Blatt Ihres lieben Briefes kann ich nur Amen sagen, denn es enthält die Quintessenz dessen was ich mir wohl auch zu Trost und Ermunterung zurief.« Das entspricht dann schon der heutigen Duden-Definition im Universalwörterbuch ›Wesentliches, Wichtigstes; Hauptgedanke, Hauptinhalt‹. Daneben wird das Wort weiterhin im Sinne von ›das Beste‹ oder ›das eigentlich Wesenhafte‹ verwendet. Walter Benjamin erläutert in dem bis zu seinem Tod 1940 unvollendeten »Passagen-Werk«, was Baudelaire mit dem »Neuen« meint: »Es ist die Quintessenz des falschen Bewußtseins, dessen nimmermüde Agentin die Mode ist.«

Rabulistik

In den »Gothaischen Gelehrten Anzeigen« wirbt 1781 der Gießener Universitätsbuchhändler J. Chr. Krieger für einen »Juristischen Almanach für 1782«, der auch einen Aufsatz über »Chikanen und Cabalen, oder Fragmente zu einer künftigen Rabulistik« enthalte. Zu diesem Zeitpunkt existierte schon eine Weile das Wort *Rabulist*, das Adelung in seinem Wörterbuch so definiert: »[E]in geschwätziger und dabey ränkvoller Sachwalter, welcher den Sinn des Gesetzes nach seinem Vortheile zu drehen weiß; ein Zungendrescher. [...] Es ist aus dem mittlern Lat. rabulare, viel leeres Geschrey vor Gericht machen, welches wieder von dem Lat. Rabula, ein Zungendrescher, Rabulist, abstammet.« Adelung nennt zudem das Wort *Rabulisterey*, das älter ist als das gleichbedeutende *Rabulistik* und in einem um 1700 anonym veröffentlichten Lexikon namens »Summarische Geographie und Regenten-Saal« so erklärt wird: »Rabulisterey / böser Advocaten Gewäsche / List und Betrug. ars rabulistica.«

Alle drei Wörter gehörten, wie deutlich erkennbar, zunächst dem Wortschatz der Juristen an. Im 19. Jahrhundert wurden sie auf ›substanz- und verantwortungslose politische Rede‹ ausgedehnt. In den Verhandlungsprotokollen der Reichstage des Norddeutschen Bundes und des Deutschen Reiches erscheint *Rabulistik* als ein ausgesprochen abwertendes Wort, mit dem natürlich nur die Argumentation politischer Gegner belegt wird. Der Online-Duden erklärt *Rabulistik* heute mit ›Argumentations-, Redeweise eines Rabulisten; Spitzfindigkeit, Wortklauberei‹. *Rabulist* wiederum wird definiert als ›[...] Person, die in spitzfindiger, kleinlicher, rechthaberischer Weise argumentiert und dabei oft den wahren Sachverhalt verdreht‹.

Der Literaturkritiker Marcel Reich-Ranicki wies darauf hin, dass *Rabulistik* während der NS-Zeit ein antisemitisches Schimpfwort gewesen sei. In einem Interview für die Rezensionsseite »literaturkritik.de« berichtet er:

> Ich habe das Institut für Zeitgeschichte in München angerufen und gebeten nachzuforschen, ob mein Eindruck stimmt, dass das Wort Rabulistik während des Dritten Reiches von Goebbels benutzt worden ist, die haben alles im Computer. Das Institut hat mir am nächsten Tag geantwortet: 16-mal in den Reden, 15-mal in den Tagebüchern taucht das Wort »rabulistisch« bei Goebbels auf. So ungefähr. Und meine Frage war dann: In welcher Verbindung? Immer dieselbe: jüdisch-rabulistisch. Jüdisch-marxistisch-rabulistisch. Es war ein antisemitischer Ausdruck.

Eine eigene Recherche bestätigt zwar die Verwendung bei Goebbels nicht – weder *Rabulistik* noch *rabulistisch* sind in seinen Reden nachzuweisen –, doch ist der antisemitische Gebrauch in der NS-Presse klar belegbar. 481-mal wird *Rabulistik* zwischen 1933 und 1945 in Druckwerken, die im »Deutschen Zeitungsportal« digitalisiert sind, verwendet. Und tatsächlich ist dort häufig die Rede von zum Beispiel *(typisch) jüdischer Rabulistik*. Die Behauptung, *Rabulistik* sei etwas typisch Jüdisches, lässt sich bis zu einem der Urväter des modernen Antisemitismus zurückverfolgen. Houston Stewart Chamberlain schreibt 1899 in »Die Grundlagen des neunzehnten Jahrhunderts«:

> Schlimmer noch als das Handelsmonopol der Phönicier wäre das Religionsmonopol der Juden gewesen; unter dem bleiernen Druck dieser geborenen Dogmatiker und Fanatiker wäre jede Denk- und Glaubensfreiheit aus der Welt entschwunden; die platt-materialistische Auffassung Gottes wäre unsere Religion, die Rabulistik unsere Philosophie gewesen.

Wer das klingende Wort heute noch verwenden will, sollte sich des antisemitischen Aspekts seiner Geschichte bewusst sein. Das galt offenbar nicht für den Literaturkritiker, der dem Autor Arnold Grünberg 2014 im Deutschlandfunkt bescheinigte, die Stärke seines Romans »Der jüdische Messias« sei »diese Rabulistik, dieses Auf-den-Kopf-Stellen politisch korrekten Verhaltens«.

Ratio

Die *Ratio* kennen wir aus der Sphäre philosophischer Diskussionen und der Bildungssprache, die *Ration* von Wandertagen und die *Eiserne Ration* vom deutschen Militär. Doch die Schreibweise beider Wörter wurde erst im 18. Jahrhundert sauber getrennt. Bis dahin schrieb man auch das philosophische Wort oft mit n am Wortende, vermutlich unter dem Einfluss flektierter lateinischer Formen wie dem Genitiv *rationis*.

Das Wort hat im Latein einen weiten Bedeutungshorizont: ›Rechnung; Vernunft, Einsicht, Denkvermögen, Vernunftgrund, Grund; Verhältnis; Beschaffenheit, Natur; Methode, Art und Weise; Gesetzmäßigkeit, Prinzip‹. Im 16. Jahrhundert tauchte es in deutschen Texten auf, oft noch als Zitatwort mit lateinischer Beugung. In einem Gutachten von 1590 zum Exorzismus bei der Taufe wirft der Theologe Polykarp Leyser der Ältere seinen Gegnern vor, »das diese ihre ratio lauter lügen sey«. Hier wird *Ratio* in dem heute veralteten Sinne von ›Vernunftsargumente, -gründe, vernünftige Überlegungen‹ verwendet. In der Bedeutung ›Vernunft, Einsicht, Denk-, Urteilsvermögen‹ wird *Ratio* ebenfalls schon seit dem 16.Jahrhundert gebraucht.

Häufig steht in politischen Schriften das Wort *ratio status* synonym zur heutigen *Staatsräson*. 1700 liest man in einer bearbeiteten Version von Heinrich Anselm von Ziegler und Kliphausens Bestseller-Roman »Die asiatische Banise«: »Ratio Status ist die eintzige Richtschnur grosser Herren / und hat die Gerechtigkeit zur Stieff-Schwester.« Eine erste Verdeutschung von *ratio status* war *Staatsration*. Erst im 18. Jahrhundert setzte sich durch den immer stärker werdenden französischen Einfluss *Staatsräson* durch.

Im selben Jahrhundert wurde *Ratio* als Gegenwort zu theologischen Begriffen wie *Glaube*, *Offenbarung*, *Dogma* zum Schlüsselbegriff der Aufklärung, die auf die Selbstständigkeit der Vernunft pocht. In der Folge kam es zu einem zunehmenden Gebrauch der daraus abgeleiteten Adjektive *rational* und *irrational* und vor allem des Begriffes *Rationalismus* als Bezeichnung für eine von der Vernunft geleiteten Denkrichtung. Diese wird 1788 von Kant in seiner »Kritik der praktischen Vernunft« definiert: »Der Empirism gründet sich auf einer gefühlten, der Rationalism aber auf einer eingesehenen Nothwendigkeit.«

Erst seit dem 19. Jahrhundert sprechen wir von einer *ultima ratio* als ›letztes Mittel, wenn es keinen anderen Ausweg mehr gibt‹. Diese Wendung hat die vielleicht interessanteste Geschichte von allen mit *ratio* zusammenhängenden Bildungen. Sie soll in der Form *ultima ratio regum* (›letztes Mittel der Könige‹) auf den Kanonen des Sonnenkönigs Ludwig XIV. eingraviert gewesen sein. Nachweislich findet sich der Spruch auf Spanisch jedoch schon im zweiten Akt von Calderóns vor 1664 verfasstem Schauspiel »En la vida todo es verdad y todo mentira«. Dort steht: »[Ú]ltima razón de reyes / son la pólvora y las balas.« (›Letzte Mittel der König sind das Schießpulver und die Kugeln‹).

realisieren

Die Geschichte dieses Wortes hat zwei Stränge; der ältere ist vom Französischen beeinflusst, der jüngere vom Englischen. Im 17. Jahrhundert wurde das Wort aus dem Französischen entlehnt, wo *réaliser* das Gleiche bedeutet wie heute unser deutsches Verb: ›etwas, einen Plan, eine Idee oder Ähnliches in die Tat umsetzen‹. 1650 bringt Georg Philipp Harsdörffer als Beispiel für »Makkaronische Dichtung« (›Nudelverse‹), einen Studentenulk, bei dem in irrwitzigster Weise Fremdwörter gereimt werden:

> Sol eur mentalconcept sich recht realisiren,
> mit à la mode Red und Reputation,
> so gourmandiret ihr der Wörter naifen Ton.

Interessant ist hier nicht nur das schöne Wort *mentalconcept*, der ganz modern nach dem Jargon aktueller Psychoratgeber klingt, sondern auch die reflexive Verwendung von *realisieren*. Häufiger war in den vier Jahrhunderten, die seit diesem Frühbeleg vergangen sind, der transitive Gebrauch des Verbs. Gottfried Benn etwa schreibt 1930 in »Der Aufbau der Persönlichkeit«: »Wir tragen die Reste und Spuren früherer Entwicklungsstufen in unserem Organismus, wir beobachten, wie diese Spuren realisiert werden im Traum, in der Ekstase und bei gewissen Zuständen der Geisteskranken.«

Unter dem Einfluss des Englischen steht dagegen der viel jüngere, erst seit dem 20. Jahrhundert nachweisbare Gebrauch des Verbs im Sinne von ›erkennen, einsehen, begreifen‹. Diese Verwendungsweise wurde von Sprachkritikern lange als besonders empörend dümmlicher Anglizismus kritisiert. Doch sie findet sich selbst bei Thomas Mann, dem man ja nachsagt, die deutsche Sprache nicht übel beherrscht zu haben. In seinem Tagebuch notiert

Mann im März 1943, wie in ihm allmählich der Entschluss zu einem neuen Großroman reife (es wurde der »Doktor Faustus«): »Erst jetzt realisiere ich, was es heißt, ohne das Joseph-Werk zu sein, die Aufgabe, die in dem ganzen Jahrzehnt immer neben mir, vor mir stand.« Aber mit diesem Mann-Zitat kann das Wort in dieser Bedeutung kaum dem Bereich der Bildungssprache zugeschlagen werden. Bildungssprachlich ist allein die ältere Verwendung wie bei Benn.

redundant

Bei diesem Adjektiv handelt es sich um einen nicht auf Anhieb zu erkennenden Anglizismus. Mehrmals verwendet es Karl Marx 1867 im ersten Band des »Kapitals«, um den britischen Wirtschaftstheoretiker David Ricardo im Original zu zitieren. Marx lobt diesen Vordenker: »Es ist eins der grossen Verdienste Ricardo's, die Maschinerie nicht nur als Produktionsmittel von Waaren, sondern auch von ›redundant population‹ begriffen zu haben.« Auch der Mathematiker Ernst Schröder gebraucht es 1890 in seinen »Vorlesungen über die Algebra der Logik« zweimal als englisches Zitatwort, wenn er von »redundant terms« (Schröder übersetzt es mit ›überflüssige Glieder‹) und »redundant factors (›überflüssige Faktoren‹) spricht.

Eingedeutscht wurde das im Englischen seit dem 17. Jahrhundert nachweisbare, aus dem Lateinischen entlehnte Adjektiv mit den Bedeutungen ›überflüssig, überreichlich‹ aber erst in den 1960er-Jahren. 1962 schreibt der »Zeit«-Wissenschaftsredakteur Thomas von Randow über den »Gefährlichen Telegrammstil« und kommt zum Schluss: »Je mehr Wert wir darauf legen, verstanden zu werden, um so redundanter wird unsere Sprache. [...] In anderen Sprachen ist das nicht viel anders; im Deutschen ist die Redundanz noch höher.« Randow bezieht sich in dem Text, in dem *redundant* und das feminine Substantiv *Redundanz* mehrfach auftauchen, auf den fachsprachlichen Begriff der *grammatischen Redundanz*, die nicht negativ bewertet wird, denn sie schützt vor Informationsverlust und dient dem besseren Verständnis.

Möglicherweise beförderte die Verwendung beider Wörter in Linguistik und Informationstheorie, die von 1970 an als Wissenschaften geradezu in Mode kamen, den bildungssprachlichen Gebrauch von *redundant* und *Redundanz*. Selbst die Duden-Definition von *Redundanz* im Universalwörterbuch steht ganz im Banne der Linguistik: ›das Vorhandensein von eigentlich überflüssigen, für die Information nicht notwendigen Elementen; Überladung mit Merkmalen‹. Doch noch in den späten 1970er-Jahren hielt das Linguistenteam um Alan Kirkness, das das »Deutsche Fremdwörterbuch« von Schulz/Basler vollendet, beide Wörter offenbar nicht für wichtig genug, um in das Nachschlagewerk aufgenommen zu werden. In den Rechtschreibduden waren sie immerhin schon 1966 gelangt.

Refugium

Das Wort hatte einen weiten Weg aus dem klassischen Latein eines Cicero oder Livius über mittelalterliche Rechtsquellen und Urkunden bis ins lateinisch-deutsche Schultheater zurückgelegt, als es im 16. Jahrhundert ins Deutsche entlehnt wurde: »Wir können nicht wol refugium gahn, Er fellet uns sonst von hinden an«, lässt der Pädagoge Martin Hayneccius 1582 in seiner Komödie »Hans Pfriem« einen Bewohner des Ölbergs im Heiligen Land, der vom Titelhelden bedroht wird, jammern. Bei dem Stück handelt es sich um die Übersetzung einer von Hayneccius zunächst auf Lateinisch verfassten Komödie für den Schulunterricht. In diesem Satz wird das Wort ungewöhnlicherweise wie ein Adverb gebraucht, obwohl es im Lateinischen wie in den folgenden Jahrhunderten im Deutschen immer ein Substantiv ist, im Deutschen mit neutralem Genus.

Refugium bedeutet von Anfang an ›Zufluchtsstätte‹, und so wird es bis heute verwendet, etwa in Raoul Schrotts Roman »Tristan da Cunha oder Die Hälfte der Erde« aus dem Jahr 2003, in dem ein Priester zwar längst am Sinn seiner Riten zweifelt, aber zugleich empört ist »zu beobachten, wie diese spirituelle Agonie als das letzte Refugium des Heiligen nur mit Füßen getreten wird«. Ingrid Noll benutzt das Wort 2006 in ihrem Roman »Ladylike« im weitaus trivialeren Sinne von ›Ruhestätte, Ort, an den man sich zur Muße oder Versenkung zurückzieht‹. Die Ich-Erzählerin ergreift hier nur vor banalem Lärm die Flucht: »Ich mische mich nicht ein, verlasse aber fluchtartig mein Refugium, als Ewald kurz darauf mit knatterndem Getöse den Rasen mäht.« In der Wendung *letztes Refugium* kann das Wort ebenso ›Mittel zum Zweck, Ausweg‹ bedeuten, so wie es schon im klassischen Latein auch für einen Fluchttunnel unter dem Haus gebraucht wurde.

renitent

Renitente Untertanen beziehungsweise deren *Renitenz* konnte die Obrigkeit schon im 17. Jahrhundert nicht leiden. Als nach dem Ende des Dreißigjährigen Krieges 1648 wieder einigermaßen Ruhe einkehrte, wurden die französischen Wörter *renitent* und *renitence* eingedeutscht; von Anfang an haben sie in deutschen Quellen die Bedeutungen ›aufsässig, widerspenstig im politischen Sinne‹ und ›Aufsässigkeit‹. In den 1660er-Jahren zitiert die »Chronica« des Johannes Gradelehnus aus einem Bericht ungarischer Gesandten über Verhandlungen mit offenbar unwilligen Osmanen: »Es mögen nun die Türcken bey dieser renitentz [...] im Sinn haben was sie wollen.« Und 1674 liest man in den »Relationis historicae« des Jacobus Francus, dass der römisch-deutsche Kaiser die »Ausschaffung« des französischen Gesandten Robert de Gravel(le) aus Regensburg verlangt, »[d]ieweil sich jedoch zutragen könte / daß er sich renitent und wiederspenstig erzeigen /und nicht pariren dörffte«.

In den folgenden vier Jahrhunderten änderte sich an der Bedeutung von *renitent* und *Renitenz*, die im 18. Jahrhundert aus der Kanzleisprache in die allgemeinen Bildungssprache übergingen, nichts Wesentliches mehr. Das Adjektiv erklärt der Duden im Universalwörterbuch mit ›sich dem Willen, den Wünschen, Weisungen anderer hartnäckig widersetzend, sich dagegen auflehnend; widersetzlich‹. Allenfalls lässt sich sagen, dass die Wörter heute oft, aber nicht immer mit einem leicht ironischen Unterton verwendet werden. So bei Johannes Bobrowski, der in seinem Roman »Levins Mühle« 1964 von den juristischen Ränken im Westpreußen des späten 19. Jahrhunderts berichtet: »Einzig mein Großvater, dem Bericht zufolge, nimmt eine renitente Haltung ein und führt obstinate Reden gegen die angeordneten Anordnungen.«

Wenn in der »Zeit« in den vergangenen Jahren von »renitenten Monsignori im Vatikan«, »renitenten Bürokraten«, »renitenten Emporkömmlingen«, »renitenten Nachwuchsköchen« und einer »renitenten Göre« die Rede ist, schwingt immer ein Element von Belustigung mit. Dieser häufige humoristische Gebrauch färbt mittlerweile so nachhaltig auf das Wort ab, dass es selbst dort, wo es doch einmal ernst gemeint ist, schwerfällt, es für voll zu nehmen – etwa bei den »renitenten Osteuropäern« in der EU oder den »renitenten Ostdeutschen«.

Replik

Die Wörter *Replik* und *Duplik* gelangten gleichzeitig, gewissermaßen als Zwillinge, ins Deutsche – aber nur eines schaffte es, in die allgemeine Bildungssprache vorzudringen. Während *Replik* seit Jahrhunderten zu den literaturfähigen Wörtern gehört, führt die *Duplik* ein unscheinbares Nischendasein in der Fachsprache der Juristerei, wo im 16. Jahrhundert die Laufbahn beider Wörter ihren Anfang genommen hatte. Damals wurden das lateinische *replicatio* und sein Gegenwort *duplicatio* als *Replik* und *Duplik* eingedeutscht, wobei das französische *réplique* noch miteinwirkte. *Replik* bezeichnete die Antwort des Klägers auf die erste Einlassung des Beklagten in einem Prozess; wenn der Beklagte dann darauf reagierte, nannte man diese erste Gegenantwort *Duplik*, die zweite *Triplik* und so weiter. In einer Satire aus der Reformationszeit, in der Franz von Sickingen am Himmelstor die Heiligen Petrus und Georg überredet, ihn in den Himmel einzulassen, berichtet der streitbare Ritter, dass in der Hölle keine Seele von den Teufeln so hart geplagt wird wie ein Armer, den die Advokaten quälen: »Dann da sint so vil action, exception, replik, duplik, triplik, quadriplik [...], also daß kein entledigung ist.«

Doch nicht nur in juristischen Wortwechseln sprach man zu Beginn des 16. Jahrhunderts von *Repliken*, sondern auch in theologischen Streitgesprächen. Hieronymus Emser etwa, ein Widersacher Luthers, nennt 1521 eine Flugschrift, mit der er auf eine Antwort des Reformators an seiner Kritik reagiert: »Auff des Stieres tzu / Wiettenberg wiettende / replica«.

Die heutige bildungssprachliche Verwendung unterscheidet sich davon nicht wesentlich. Das Duden-Universalwörterbuch definiert sie als ›Erwiderung auf Äußerungen, Thesen oder Ähnliches eines anderen‹. Beispielhaft ist ein Satz aus Thomas Manns »Buddenbrooks« über einen Familienstreit mit Beteiligung des missratenen Bruders Christian Buddenbrook: »Christian, der sich schon während der letzten Repliken im Zimmer hin und her bewegt hatte, räumte endlich den Kampfplatz.«

Seit dem 19. Jahrhundert bezeichnet *Replik* auch die Nachbildung eines Originals, meist eine, die vom Künstler selbst angefertigt wurde. Ausgangspunkt ist die Bedeutung ›Wiederholung‹, die *replicatio* im Lateinischen haben kann. Cineasten sprechen zudem von *Replikanten*, künstlich geschaffenen Menschen, aber die gibt es bisher nur im epochalen Science-Fiction-Film »Blade Runner«.

respektive

Diese Konjunktion konnte ihre Herkunft aus der Kanzleisprache nie ganz vergessen machen. Das im 16. Jahrhundert eingedeutschte Wort, das auf das mittellateinische Adverb *respective* zurückgeht, hatte zunächst in amtlichen Schriften die Bedeutung ›berücksichtigungs-, beachtenswert‹. Bis heute bleibt es in belletristischer Literatur eher selten und wird dort meist nur verwendet, um eine gewisse Pedanterie anzudeuten, beispielsweise in Jens Sparschuhs Roman »Der Zimmerspringbrunnen« aus dem Jahr 1995. Dort erklärt ein ehemaliger DDR-Wohnungsverwalter, warum er einem Straßenmusiker kein Geld geben konnte: »Nur höhere Gewalt, respektive fehlendes Kleingeld, hatten es verhindert.«

Häufiger kommt das Wort, dass synonym mit *beziehungsweise* ist, in der wissenschaftlichen Literatur zum Einsatz. So erklärt Sigmund Freud in seiner 1899 erschienenen »Traumdeutung« die psychoanalytische Dimension von alltäglichen Handlungen in Träumen: »Stiegen, Leitern, Treppen respektive das Steigen auf ihnen und zwar sowohl aufwärts als abwärts, sind symbolische Darstellungen des Geschlechtsaktes.«

Rudiment

Allgemein bekannt ist dieses neutrale Substantiv aus dem Biologieunterricht als Bezeichnung für den erhaltenen Rest eines weitgehend zurückgebildeten Organs. *Rudimente* beim Menschen sind beispielsweise das Steißbein als Rest der Schwanzwirbelsäule, die Körperbehaarung, die vom Fell übrig geblieben ist, und die Weisheitszähne als Erinnerung daran, dass ursprünglich alle höheren Säugetiere 44 Zähne besaßen.

Als das Wort im späten 16. Jahrhundert eingedeutscht wurde, bedeutete es zunächst das Gleiche wie lateinisch *rudimentum* (›Anfänge, Versuche, Ansätze‹). Beispielhaft dafür ist ein Satz in einem 1676 erschienenen Buch von Erasmus Francisci mit dem tollen Titel »Das eröffnete / Lust-Haus / Der Ober- und Nieder-Welt«. Dort beschreibt der barocke Polyhistor das Stoffliche: »Die Materi ist nicht / von Gott / geschaffen / als ein vollständiges / und unterschiedenes natürliches Ding; sondern vielmehr den natürlichen Sachen mit angeschaffen / und gleichsam ein Rudiment / oder Anfang / und Theil aller natürlichen Dinge.«

Zudem konnte und kann *Rudimente* im Plural bezogen auf das Erlernen eines Handwerks oder einer Sprache ›elementare Grundbegriffe, Anfangsgründe‹ meinen wie in *die Rudimente des Lateinischen* oder *die Rudimente der Klempnerei*. Den erwähnten medizinisch-biologischen Sinn nahm *Rudiment* erst im frühen 18. Jahrhundert an. Um 1850 findet sich schließlich die heute dominierende Bedeutung ›Überbleibsel, Bruchstück‹. Friedrich Christian Benedikt Avé-Lallemant berichtet 1858 in seinem Buch »Das deutsche Gaunerthum«:

> An den beiden Ufern des Main, im Spessart und im Odenwalde hauste eine große aus den Rudimenten der Schinderhannesbande zusammengezogene Räuberhorde, in welcher Veit Krämer, Manne Friedrich (Philipp Friedr. Schütz), Hölzerlips (Georg Philipp Lang), Krämer Matthes (Matthias Oesterlein) insbesondere als Straßenräuber und Raubmörder sich auszeichneten.

Max Weber etablierte dann den Gebrauch von *Rudiment* für übrig gebliebene Elemente älterer sozialer Realitäten. Über eine bestimmte Art von Volksfesten in Indien schreibt er 1916/17 in seiner »Wirtschaftsethik der Weltreligionen«: »Sie werden mit Gesang, Tanz, Mimus, Konfetti und Rudimenten sexualorgiastischer Freiheiten begangen.«

Mittlerweile wird auch in Fachtexten der Biologie das Wort keineswegs mehr nur auf Reste älterer Organe bezogen. Im »Indikatorenbericht 2019 der Bundesregierung zur Nationalen Strategie zur biologischen Vielfalt« liest man über die »Phänotypische Erhaltungspopulationen« gefährdeter alter Nutztierrassen: »Diese Rassen können aus tierzuchtwissenschaftlicher Sicht nur noch als Rudimente verstanden werden, der kulturelle Wert solcher Rassen ist jedoch unbestritten.«

sakrosankt

Sollte ein Sprachpurist auf die Idee kommen, dieses Wort zu verdeutschen, wären *heiligheilig* oder *doppelheilig* angemessene Übersetzungen. Dann das lateinische Wort *sacrosanctus* ist eine Zusammensetzung von *sacer* und *sanctus*, die beide ›heilig‹ bedeuten. Das Wort, das gelegentlich in der Schreibweise *sacersanctus* auftauchte, bezeichnete im alten Rom etwas, das ›unverletzlich und hochheilig‹ war, beispielsweise die Immunität der

Volkstribune. In einem ähnlichen Sinne wurde es dann von der christlichen Kirche gebraucht.

Nach vereinzelten Vorläufern schon im 16. Jahrhundert wurde das Wort im frühen 18. Jahrhundert dauerhaft ins Deutsche entlehnt, aber erst seit dem 19. Jahrhundert tritt es häufiger auf. Sehr bald schon wurde das Wort nicht mehr bloß im religiösen Sinne verwendet, sondern konnte ganz allgemein ›unantastbar‹ bedeuten. Oft wurde dabei ein kritischer Ton angeschlagen und die Unantastbarkeit des für *sakrosankt* Erklärten ironisch hinterfragt oder als angemaßt hingestellt. Typisch dafür ist schon ein früher Beleg aus einer Sitzung des Reichstages des Norddeutschen Bundes: Dort rechtfertigt der Bismarck-Vertraute Robert Viktor von Puttkamer die Verhaftung des sozialdemokratischen Abgeordneten Fritz Mende, der trotz seiner Immunität wegen eines Krawalls in Mönchengladbach festgenommen worden war. Dieser, so Puttkamer, habe sich »in seiner Qualität als Reichstagsabgeordneter [...] als eine über den gesetzlichen Autoritäten stehende, gewissermaßen sakrosankte Person« geriert.

Eine Gesellschaft, in der sogar das Religiöse nicht mehr unhinterfragt akzeptiert wird und alles Nichtgöttliche erst recht kritisiert werden darf, erkennt nichts mehr als *sakrosankt* an. »Genialische Veranlagung macht nicht sakrosankt gegen Kritik des Greifbaren, Positiven, das sie hervorbringt«, erwidert 1904 die frühe Feministin Grete Meisel-Heß auf die misogynen und antisemitischen Tiraden, die der Philosoph Otto Weininger kurz zuvor in seinem Buch »Geschlecht und Charakter« niedergeschrieben hatte. Dennoch gibt es bis heute durchaus Phänomene, die von den Medien für *sakrosankt* erklärt werden – zumindest aus der Perspektive ihrer Anhänger: Lionel Messi, als er noch für den FC Barcelona spielte, staatliche Krankenversicherung in Großbritannien, die schwarze Null in der Sparpolitik der Bundesregierung.

sardonisch

Wenn jemand *sardonisch* lacht, bedeutet das eigentlich immer etwas Schlechtes – entweder für den Lachenden oder für den Ausgelachten. Medizinisch bezeichnet man als *sardonisches Lachen* ein durch krampfhaftes Zusammenziehen der Gesichtsmuskulatur entstehendes Zähneblecken als Folge von Tetanus oder einer Vergiftung mit Strychnin. Das lateinische *rirus sardonius* ist eine Lehnübersetzung des griechischen *sardonios gelos* (›bitteres Lachen‹), das sich bereits auf das medizinische Phänomen bezieht.

Seit dem 17. Jahrhundert taucht *sardonisch* vereinzelt als Beschreibung von Gesichtszügen auf, etwa 1679 in der »Teutschen Academie« des Joachim von Sandrart. Dort wird das Wort für die auf einer Gemme festgehaltenen Physiognomie des römischen Philosophen Seneca verwendet, des Erziehers von Kaiser Nero.

In der Zeit um 1800 und unter dem Einfluss des gleichbedeutenden französischen *sardonique* wurde das Adjektiv auch im nicht medizinischen Sinne gebraucht. Christoph Martin Wieland definiert: »Sardonisches Lachen, ist so viel als ein lautes übermäßiges Lachen, das man nicht zurückzuhalten vermag.« Andere Stellen im Werk Wielands betonen ebenfalls das Unfreiwillige.

Doch das Wort nahm bereits die heute neben ›krampfhaft, fratzenhaft‹ vorherrschende Bedeutung ›höhnisch, boshaft‹ an, und ein heimtückisches Lächeln konnte von nun an *sardonisch* sein. So antwortet in Ernst Willkomms Roman »Die Europamüden« von 1838 ein Briefschreiber einem Freund namens Eduard, welcher eifrig die Tugend der Enthaltsamkeit predigt:

> »Wenn ich verlange, Eduard,« fuhr ich fort, nur mit Mühe ein sardonisches Lächeln unterdrückend, »Du sollst die Moralität Deiner so gepriesenen Ascese durch Selbstausübung derselben an Dir darthun, bist Du dann geneigt, dieser Forderung zu entsprechen?«

Bald konnte *sardonisch*, völlig ohne Referenz auf Gesichtszüge und erneut wie im Französischen, ebenso ›mit boshafter Ironie‹ meinen. Die »Neue Rheinische Zeitung« zum Beispiel zitiert 1848 den französischen Abgeordneten Henry Auguste Ceyras, der sich gegen politische Vorwürfe verteidigen musste: »Die Liktoren des Berichts, ruft er sardonisch, geben sich entsetzlich Mühe, mich als Kommunisten und Sozialisten darzustellen.«

Dieser nicht physiognomische Gebrauch ist heute sehr verbreitet. In neueren Medien liest man Wendungen wie *sardonischer Witz, sardonischer Ratschlag* oder – als Charakterbeschreibung – *sardonischer Typ*. Meryl Streep etwa wird nachgesagt, sie habe im Film »Der Teufel trägt Prada« eine »sardonische High-Fashion-Dominatrix« gespielt.

servil

Bei den Römern der klassischen Zeit waren alle Diener Sklaven. Mit dem Wort *servus* war immer ein Sklave gemeint, aber man kann es genauso gut mit ›Diener‹ übersetzen. Das zugehörige Adjektiv *servilis* bedeutet ›sklavisch‹ oder ›zu einem Sklaven gehörig‹. Mitte des 17. Jahrhunderts wurde das Wort ins Deutsche entlehnt, wo es lange Zeit die Form *servilisch* hatte, die noch 1813 im Verdeutschungswörterbuch von Adelung steht. Erst im 19. Jahrhundert setzte sich unter dem Einfluss des französischen *servile* die heute dominierende Form *servil* durch.

Der älteste Beleg aus dem Jahr 1657 zeigt eine Verwendungsweise, die heute ungewöhnlich wäre. Der lutherische Theologe und Schriftsteller Johann Balthasar Schupp schreibt über die Niederlande, die sich lange den katholischen Spaniern unterworfen hatten: »Aber als der Duc de Alba sie auff Spanisch / und gar zu servilisch tractiren wollte / da warffen sie dieses Joch / mit Gewalt von ihren Schultern.« Hier drückt das Wort offensichtlich ›in der Manier eines Sklavenhalters‹ oder ›wie Sklaven‹ aus.

Im Ideenstreit der Zeit vor dem Revolutionsjahr 1848 wurden *servil* und das daraus gebildete Substantiv *Servilismus* zu politischen Kampfbegriffen. Wolfgang Menzel etwa, der später zu einem Franzosen hassenden und antisemitischen Nationalisten wurde, urteilt 1828 in der ersten Fassung seiner Literaturgeschichte:

> Im Allgemeinen aber muß der subtilste Kritiker so gut wie das gemeine Zeitungspublikum einen Strich ziehen zwischen Liberalismus und Servilismus, Republikanismus und Autokratie. [...] Die liberale Partei ist diejenige, die den politischen Charakter der neueren Zeit bestimmt, während die sogenannte servile Partei noch wesentlich im Charakter des Mittelalters handelt.

Die als *Servilismus* bezeichnete reaktionäre Geisteshaltung verkörpere niemand besser als der österreichische Staatkanzler Fürst Metternich – darin waren sich der noch liberale Menzel von 1828, Heinrich Heine, der *servil* oft als Schimpfwort benutzte, ihr Freund Karl Gutzkow und die übrigen Literaten des sogenannten Vormärz einig. Spätestens zu diesem Zeitpunkt stieg *servil*, das vorher schon wie *servilisch* fast immer mit der Bedeutung ›knechtisch, kriecherisch, unterwürfig‹ einherging, zum eindeutig abwertenden Modewort auf. Allerdings ist vor allem in den Streitschriften nicht immer zu erkennen, ob es nun eher politisch oder privatpsychologisch gemeint ist.

Je weiter die politische Begrifflichkeit des 19. Jahrhunderts verblasste, desto stärker dominierte die Verwendung von *servil* wie des Substantivs *Servilität* als Charakterbeschreibung. *Servil* wird jemand genannt, der nicht nur kurze Zeit taktisch überhöflich und unterwürfig ist: Vielmehr ist ihm das Kriechertum schon zur Natur geworden. Laut Nietzsche ist dieser Wesenszug weit verbreitet: »Alle Menschen, welche sich nicht auf irgendein Waffenhandwerk verstehen – Mund und Feder als Waffen eingerechnet –, werden servil«, verkündet der Philosoph in »Menschliches, Allzumenschliches«, seinem »Buch für freie Geister« von 1878.

sibyllinisch

Der letzte König von Rom, Lucius Tarquinius Superbus, musste um 500 v. Chr. erfahren, warum man mit weisen Frauen lieber nicht um die Zukunft feilschen sollte. Eine alte Frau habe ihm neun Bücher mit Orakelsprüchen, aus denen man die Zukunft lesen könne, für einen horrenden Preis angeboten, lautet die Legende. Als der König zögerte, verbrannte die *Sibylle* – denn so wurden die Wahrsagerinnen in Rom genannt – drei der Bücher und verlangte die gleiche hohe Summe für die übrigen sechs. Der König knauserte immer noch, und so warf die Alte erneut drei Bücher ins Feuer. Schließlich entschloss sich der verunsicherte König, den geforderten Preis zu zahlen.

Die Bücher wurden nach der Vertreibung von Tarquinius und der Gründung der Republik zum festen Bestandteil des römischen Staatskultes. Man befragte sie in Krisensituationen, um Ratschläge für die notwendigen religiösen Riten zu erhalten. Abgefasst waren die Sprüche in griechischen Hexametern, sechshebigen daktylischen Versen, in denen auch die Werke Homers niedergeschrieben sind. Im Jahre 83 v. Chr. gingen die Bücher beim Brand des Jupitertempels verloren. Die praktisch gesinnten Römer ließen daraufhin einfach neue Bücher mit Sprüchen anfertigen, die man aus dem gesamten Mittelmeerraum unter anderem von anderen berühmten *Sibyllen* zusammentrug. Diese neue Sammlung blieb mindestens bis zum vierten nachchristlichen Jahrhundert im Gebrauch.

Da die Orakelsprüche, wie üblich in der Antike, in einem dunklen, zweideutigen Ton abgefasst waren, konnte das Adjektiv *sibyllinisch* im deutschen Bildungswortschatz des 18. Jahrhunderts die Bedeutung ›rätselhaft, geheimnisvoll‹ annehmen. Caroline von Wolzogen nutzt es 1798 in ihrem Roman »Agnes von Lilien« noch im Sinne von ›nach der Art einer Sibylle‹, ohne die Dunkelheit der getanen Prophezeiung zu betonen: »Die gute treue Rosine umarmte mich mit tausend Freudenthränen, hatte mit sibyllinischer Weisheit vorhergesagt, wie es kommen würde, und bediente uns mit unerschöpflicher Redseligkeit.« Da die genannte Rosine eine schlichte Bedienstete ist, bekommt das Wort hier einen eher ironischen Ton. Bei Goethe ist dann 1811 in »Dichtung und Wahrheit« vom »sibyllinischen Stil« einer Jugendschrift die Rede. Als Vorbild nennt er den Schriftsteller und Philosophen Johann Georg Hamann, der wegen seiner oftmals dunklen Sprache bekannt war.

Heute ist *sibyllinisch* längst ein massenhaft gebrauchtes Zeitungswort der Intelligenzblätter. In der »Zeit« wurden in den vergangenen Jahren unter anderem Äußerungen der Fußballtrainer Jürgen Klopp und Dick Advocaat sowie der Dirigenten Riccardo Muti und Mariss Jansons als *sibyllinisch* bezeichnet.

sic!

Dieses Wort stellt Bildung auf eine ganz besondere Weise heraus: Es zeigt an, dass in einem wörtlich wiedergegebenen Text ein Fehler entdeckt wurde. Karl Marx etwa zitiert im 1885 erschienenen zweiten Band des »Kapitals« aus Friedrich Kirchhofs »Handbuch der landwirthschaftlichen Betriebslehre« von 1852: »Weit wünschenswerther aber für Pächter und Verpächter bleibt es aber immer, wenn die Pachtzeit ein Vielfaches der Pachtzeit [sic!] ausmacht.« Das *sic!* soll andeuten, dass Marx hier eine unbeabsichtigte Wortwiederholung identifiziert; beim ersten Mal müsste dort eigentlich »Umlaufzeit« stehen.

Das Verfahren stammt aus der akademischen Zitat- und Editionspraxis, die ursprünglich in der Renaissance im Zusammenhang historisch-kritischer Quellenausgaben von antiken Schriften entwickelt worden war. Auf diese Weise macht ein Autor klar, dass er einen Fehler bewusst wiedergibt, um die philologische Exaktheit des Zitats nicht zu beschädigen. Für gewöhnlich wird *sic!* – fast immer mit Ausrufezeichen – in eckige Klammern gesetzt. Dies soll verdeutlichen, dass es sich um eine metasprachliche Anmerkung handelt, die gegebenenfalls auch von originalen, rund eingeklammerten Einschüben innerhalb des Zitats abzuheben ist.

Das lateinische Adverb *sic* bedeutet ›so‹ und ist die Abkürzung für die Wendung *sic erat scriptum* (›genauso steht es im Text‹), die sich oft in lateinischen akademischen Werken von der frühen Neuzeit bis zum 19. Jahrhundert wiederfindet. Dieses *sic* ist wohl das einzige Wort in diesem Buch, das ausschließlich schriftlich gebraucht wird. Für eine Interjektion – denn als solche fasst es der Duden in dieser Verwendung auf – ist das beinahe ein Widerspruch in sich. In mündlicher Rede haben die heute oft gebrauchten *air quotes* (›Luftanführungszeichen mit beiden Zeige- und Mittelfingern‹) eine vergleichbare Funktion.

Neben dem Hinweis auf Fehler kann *sic* Befremden oder Abscheu über den Inhalt eines Zitates, das geschilderte Phänomen oder nur ein ungewöhnliches Wort ausdrücken. Viktor Klemperer verwendet es in seinen Tagebüchern der NS-Zeit auf beide Weisen. 1942 gibt er einen jüdischen Leidensgenossen wieder, der sich von seinen ehemaligen deutschnationalen Mitkämpfern im Wehrverband »Stahlhelm« verraten fühlt: »Das ist Stahlhelmdank (sic) für fast 15jährige Stahlhelmarbeit, das ist Stahlhelmtreue (sic), die man mir sooft geschworen.« Hier zeigt Klemperer, wie kurios ihm die beiden Wörter erscheinen. Im selben Jahr zitiert er einen Gesprächspartner, der von der Fremdwortschwäche Adolf Hitlers berichtet: »Er meint (und ich habe das auch schon von anderer Seite gehört), Hitler habe wirklich in seinen frühen Reden diskrimieren (sic) gesagt.« Klemperer benutzt *sic* nicht nur besonders häufig, sondern auch für Belege mündlicher Rede – was eher ungewöhnlich ist. Damit überträgt der habilitierte Romanist und ehemalige Lehrstuhlinhaber akademische Gewohnheiten auf die Schilderung des alltäglichen Lebens unter den Nationalsozialisten.

In jüngerer Zeit nimmt die Verwendung von *sic!* in Zeitungstexten selbst im Kontext banaler Zitate oder Darstellungen erkennbar zu – zumindest in Intelligenzblättern wie »Zeit«, »FAZ« und »Tagesspiegel«.

sophistisch

Sophia heißt auf Griechisch Weisheit. Die *Sophisten* oder altgriechisch *sophistai* der Antike waren zunächst nichts anderes als Weisheitslehrer, die jungen Leuten gegen Bezahlung die Grundlagen der griechischen Philosophie (›Liebe zur Weisheit‹) und vor allem der Rhetorik beibrachten. Redekunst wurde in der aufblühenden Demokratie Athens zu einer wichtigen Fähigkeit für alle, die politisch Einfluss erlangen wollte. Philosophisch gesehen waren die Sophisten eine wenig einheitliche Gruppe. Versuche, sie aufgrund einer recht schmalen Quellenbasis von originalen Texten irgendeiner Denkrichtung zuzuordnen, sind immer heikel. Kant zum Beispiel rechnete die Sophisten zu den Skeptizisten, die alle überlieferten Dogmen infrage stellten.

Schon in der Antike trug Platon dazu bei, dass das Wort *Sophist* einen negativen Beiklang bekam. Ins Deutsche gelangte das maskuline Substantiv *Sophist* dann um 1500 durch die neue Rezeption griechischen Bildungsgutes. Als *Sophist* gilt seitdem jemand, der zwar über oft herausragende rhetorische Fähigkeit verfügt, mit ihnen aber nicht zu einer wirklichen philosophischen Erkenntnis gelangt, sondern nur → *Rabulistik* und Haarspalterei betreibt. Im schlimmsten Fall hinterfragt der *Sophist* mit geschliffenen Argumenten jedwede Position und letztlich die Möglichkeit, Wahres und Falsches zu unterscheiden.

Martin Luther gebrauchte das Wort abwertend für die Vertreter des alten Glaubens im Sinne einer bibelfernen Scholastik. Als 1523 die beiden zum Protestantismus übergetretenen Augustinermönche Hendrik Vos und Johannes van Esschen in Brüssel auf dem Scheiterhaufen verbrannt wurden, dichtete Luther ein Lied, in dem er den Tod der beiden ersten Märtyrer der Reformation beklagte. Veröffentlich wurde es 1524 unter dem Titel »Eynn hubsch Lyed von denn zcweyen Marterern Christi, zu Brussel von den Sophisten zcu Louen verbrandt«. Luther imaginiert darin die Versuche scholastischer Gelehrter der Universität Löwen, die beiden Mönche zur Abkehr von ihren neu gewonnenen Überzeugungen zu bringen: »Sie sungen sueß, sie sungen sawr, versuchten manche lystenn, die knaben stundten wie eynn mawr, verachten die Sophisten.« Von da an hatten *Sophist* und das Adjektiv *sophistisch* im Deutschen meist einen negativen Klang, trotz Versuchen von Hegel und vor allem von Nietzsche, die antiken Sophisten zu rehabilitieren.

Sophistisch argumentieren in Streitgesprächen natürlich immer nur die anderen. Unter Politikern wird der Vorwurf, Gegenargumente seien *sophistisch*, oft erhoben. Im Nationalsozialismus und überhaupt im »völkischen« Denken wurde *sophistisch* auch genutzt, um vermeintlich typische parlamentarische, jüdische oder jesuitisch-katholische Haarspalterei zu bezeichnen. So ist es kein Zufall, dass der rechtsnationale Abgeordnete Heinrich Leuchtgens 1950 der Erste im Bundestag war, der das Wort gebrauchte. Er forderte Konrad Adenauer in einer Debatte über die Zukunft des Saargebiets auf: »Ich bitte also den Herrn Bundeskanzler: Lassen Sie sich bei der Gestaltung der deutschen Lebensfragen nichts abringen, schenken Sie sophistischen Gründen keine Beachtung!« Heute ist die Gebrauchshäufigkeit nicht nur im Bundestag zurückgegangen.

stoisch

Noch ein Wort, das wir wie → *sophistisch* einer antiken philosophischen Schule verdanken. Die *Stoiker* und ihr Lehrgebäude sind nach der Stoa Poikile, einer bemalten Säulenhalle auf der Agora von Athen, benannt, wo sich um 300 v. Chr. Zenon von Kition mit seinen Schülern traf. Die von ihnen begründete Denkrichtung, deren berühmtester Vertreter der römische Kaiser Marc Aurel im zweiten nachchristlichen Jahrhundert war, propagierte viele bis heute wirkmächtige Ideen über den Kosmos und die Rolle des Individuums darin.

Der breiten Mehrheit der Menschen jedoch war damals wie heute nur die große Rolle geläufig, die die Selbstbeherrschung im Denken der *Stoa* spielte. Die systematische Unterdrückung von Affekten wie Angst und Gier sollte helfen, das höchste ethische Ziel der *Ataraxia*, der unerschütterlichen Seelenruhe, zu erreichen. Von dort leitet sich die bildungssprachliche Bedeutung ›beherrscht, nicht aus der Ruhe zu bringen‹ des Adjektivs *stoisch* sowie die Bezeichnung eines sehr gelassenen Menschen als *Stoiker* ab.

Im späten 15. Jahrhundert wurde *stoisch* zunächst zur Bezeichnung der philosophischen Schule gebraucht – beim Humanisten Niklas von Wyle 1478 im positiven Sinne (»adel stoyischer tugenden«), aber oft mit negativem Einschlag bei christlichen Theologen. Der Halberstädter Dompfarrer Johann Reineck etwa predigt 1613, wer den Willen Gottes nicht als das allgemeine Prinzip anerkenne, der müsse wohl »ein stoischer Stock und Storrkopff / oder ein sicherer Epicurer seyn«. Und Johann Jacob Bauller verkündet 1681 in seinem »Laster-Spiegel«:

> Wir seyn von Gott nicht zu Stoischen Stock-Fischen / zu Blöcke und Holtz-Böcken / zu Melancholischen Sauer- und Trauer-Töpffen / sondern von Natur zu empfindlichen Menschen erschaffen / die wir uns / in unserm Leben zu frommen Leuten gesellen / und mit ihnen in Gottesfurcht frölich seyn sollen.

Ein Gebrauch des Wortes, der nicht mehr unbedingt die Kenntnis der antiken Verhältnisse vorausetzte, etablierte sich allmählich im 18. Jahrhundert. Bei Gottlob Wilhelm Rabener, Johann Karl August Musäus und anderen häuften sich Kollokationen wie *stoische Gelassenheit* oder *stoische Gemütsruhe* als Beschreibung der Psyche nicht antiker literarischer Figuren. So preist Rabener in einer satirischen Schrift die Tugenden des Sancho Pansa, des treuen Dieners Don Quichottes: »Deine unverbrüchliche Redlichkeit gegen Deinen Herrn, und Deine Freunde überhaupt; Deine stoische Gelassenheit bey allen Unglücksfällen, welche Dich und Deinen Herrn trafen; die seltne Tugend der Zufriedenheit […].«

Heute wird *stoisch* gelegentlich wieder negativ verwendet im Sinne von ›gefühllos, anteilslos‹; auf Gesichter und Musik bezogen meint es ›regungslos, gleichförmig‹, oder es wird einfach synonym zu *phlegmatisch* gebraucht.

stupend

Im Jahr 1740 berichtet der Pädagoge Georg Sarganeck in seinem Traktat über die Folgen der Unzucht und vor allem der Onanie mit dem erbaulichen Namen »Ueberzeugende und bewegliche Warnung vor allen Sünden der Unreinigkeit und Heimlichen Unzucht«, dass »in den Jünglingsjahren, wenn der Same anfängt generirt zu werden, und sich wieder mit dem Geblüte zu vermengen, […] stupende Veränderungen im Leibe und Gemüthe vorgehen«.

Zu diesem Zeitpunkt war das Anfang des 18. Jahrhunderts aus dem gleichbedeutenden lateinischen *stupendus* (›erstaunlich, verblüffend‹) entlehnte Adjektiv bereits fest etabliert und weit verbreitet. Zunächst wurde es auch als Adverb in Wendungen wie *stupend reich* oder – wie 1797 in einem Brief von Goethes Lebensgefährtin und späterer Ehefrau Christiane Vulpius – *stupend schön* verwendet. Daneben existierte es als allgemeines Steigerungswort in Formulierungen wie *stupend wichtig*, *stupendes Geld* oder, bei Fontane, »stupendes nie dagewesenes Glück«.

Schon um 1800 wurde *stupend* bei Wieland, Haller und anderen oft auf Bildungsfülle bezogen. Heute sind die Ausdrücke *stupende Gelehrsamkeit* und *stupendes Wissen* stehende Wendungen. Doch bereits 1910 machte sich Franz Mehring in einem

Beitrag für Karl Kraus' »Fackel« über einen sinnentleerten Gebrauch lustig. In einer »Der Fürst der Gecken« überschriebenen Polemik gegen den Publizisten Maximilian Harden ätzt Mehring gegen dessen viel bewunderten Scharfsinn: »Welch ein Mann von stupender Gelehrsamkeit! sagt dann der gelehrige Professor der Historie in Leipzig [...] und der naive Junker auf seiner hinterpommerschen Sandbüchse ruft nicht minder staunend: Ein verflixter Kerl, dieser Harden.« Es half nichts – in den Medien liest man diese längst zu Floskeln gewordenen Formulierungen noch *stupend* häufig.

Suada

Die *Suada* ist die etwas unordentliche, nicht ganz so angesehene Verwandte der → *Philippika*. Heute nennt man so eine lange, meist in erregtem Ton gehaltene Ansprache. Der Online-Duden definiert *Suada* als ›wortreiche Rede, ununterbrochener Redefluss, Redeschwall‹ und weist darauf hin, dass das Wort oft abwertend gebraucht werde. Bei den Römern war das noch anders; ihnen galt die *suada* oder *suadela* als Verkörperung der überzeugenden Redekunst oder gar als Göttin der Überredung. Als solche wird sie bei Horaz und Quintus Ennius dargestellt.

Zugrunde liegt dem Namen der Göttin das Verb *suadere* (›zureden, raten, überreden, überzeugen‹). Martin Opitz dichtet 1624 in seinen »Teutsche Pöemata« über die Gaben der römischen Götter für eine Frau:

> Die Juno / Jovis Weib und Schwester / thet jhr geben Viel Reichthumb / Gut und Gelt / die Parcae langes Leben / Die zarten Charites verehrten Freundlichkeit / Die Suada, Witz und List / Minerva, Kunst und Tugent /

> Die Venus machte sie den Spiegel aller Jugent / Natura gab mich jhr zum Sclaven jederzeit.

Spätestens Mitte des 17. Jahrhunderts nahm das Wort die Bedeutung ›Redekunst‹ ganz losgelöst von der antiken Göttin an. Der Theologe Johann Conrad Dannhauer schreibt eine solche Gabe sogar einer ganz und gar unheidnischen Gestalt zu:

> Also ist freylich der Engel / der Christum im Garten am Oel-Berg gestärcket / kein [...] stummer Oel-Götze / seine Stärckung keine stumme Sprach-lose action und Handlung gewesen / sondern er hat mit seiner Englischen Zungen und himmlischen suada demselben zugesprochen [...].

Dannhauer benutzte das Wort auch schon im Sinne von ›Ansprache‹, aber noch ohne negativen Beigeschmack. Er nennt zum Beispiel die Rede, die im 2. Buch Samuel eine »kluge Frau« an den biblischen König David richtete, eine »listige Suda«. Trotzdem wurde das Wort noch lange überwiegend in Bezug auf ›Beredsamkeit, Überredungskunst‹ verwendet. Und so spottet Karl Kraus 1911:

> In Wien soll ein Hochschulkurs für Redekunst errichtet werden, weil es ein dringendes Bedürfnis ist, den Leuten, die nichts zu sagen haben, das Stottern abzugewöhnen. Zumal ist es ein oft beklagter Übelstand, daß die Persönlichkeiten, die in unserm öffentlichen Leben stehen, Parlamentarier, Beamte, Advokaten, zwar manchmal an die Intelligenz, aber nie an die Suada eines deutschen Weinreisenden hinanreichen.

Erst in neuer Zeit ist mit *Suada* im bildungssprachlichen Gebrauch der Medien fast immer ein weitschweifiger Monolog gemeint. In der Politik setzt man das Wort gern zur Abwehr von verbalen Attacken gegnerische Redner ein. Wer ausführlich geäußerte mündliche Kritik als *Suada* abwertet, entzieht sich damit einer ernsthaften Erwiderung. Dieser Taktik bedient sich beispielsweise der österreichische Bundeskanzler Alfred Gusenbauer, als er im Juli 2007 eine Frage des FPÖ-Abgeordneten Peter Westenthaler zum Mindestlohn beantwortet: »Aber auch nach dieser 20-minütigen Suada ist mir nicht klar geworden, worin die Dringlichkeit liegen sollte.«

sublim

Im 2002 erschienenen Roman »Grand Tour« von Steffen Kopetzky heißt es über ein Schriftstück: »Das alles war im Ton eines schwachsinnigen Anklageprotokolls abgefaßt, mit vielen Ausrufezeichen und sublimen handschriftlichen Anmerkungen, wie ›Verdächtig!‹« Die ironische Stelle ist ein Indiz dafür, dass der Bedeutungshorizont von *sublim* mittlerweile so weit ausgedehnt ist, dass es fast überall hingeschrieben werden kann, wo der Klang des Wortes Eindruck schinden soll. Denn an solchen plumpen Anmerkungen ist im herkömmlichen Sinne gar nichts *sublim*.

Als das Adjektiv in der zweiten Hälfte des 17. Jahrhunderts entlehnt wurde, bedeutete es das Gleiche wie das lateinische *sublimis*, auf das es zurückgeht, nämlich ›hoch, erhaben, emporstehend, emporragend‹. Dabei konnte es zunächst auch einfach zur Lagebeschreibung dienen. Ohne Bezug auf Topografie erwähnt der Staatstheoretiker Iriniphilus Nugaeserius Freymund in seinem »Europäischen Geheimen Staats-Cabinet« von 1690 den byzantinischen Historiker Theophylaktos Simokates. Für diesen sei »die Reichs-Herrschafft etwas so Sublimes und über die gemeine Beschaffenheit erhöhtes«, dass sie die Regenten oft dazu bringe,

»wider die Vernunfft selbst mit Grausamkeit zu toben«. Der neue Ausdruck wurde zudem für prächtige Titel oder pompöse Zeremonien herangezogen, die ebenfalls *sublim* genannt werden. Bald übertrug man das Wort auf den literarischen Stil – als höchstes Lob. Über Homer etwa heißt es 1767 im zwanzigsten »Brief über die Merkwürdigkeiten der Litteratur« von Heinrich Wilhelm von Gerstenberg: »Die Sentiments selbst, die bey andern Schriftstellern ermüden, zeigen hier die Erhabenheit ihrer Abkunft; sie sind Funken aus der glühenden Hitze des Genies, reine, geistige und sublime Funken ohne den Rauch des Schwätzers.«

Dann nahm das Adjektiv – vielleicht unter dem Einfluss des französischen *sublime* – mehr und mehr den bis heute üblichen Sinn ›fein‹ an. Das Duden-Universalwörterbuch definiert *sublim* zum einen mit ›nur mit großer Feinsinnigkeit wahrnehmbar, verständlich; nur einem sehr feinen Verständnis, Empfinden zugänglich‹ und nennt als Beispiel *ein sublimer Witz*. Zum anderen führt dieses Duden-Wörterbuch ›von Feinsinnigkeit, einem feinen Verständnis, Empfinden zeugend‹ an, was sich beispielsweise auf die Interpretation eines Musikstückes beziehen könne.

Der Gebrauch im oben angeführten Kopetzky-Zitat entspricht keiner dieser beiden Erklärungen – bestenfalls ist es eine Verwendung im Sinne einer giftigen Ironie. Aber es ist das Vorrecht des Autors, Wörtern eine neue Bedeutung zu verleihen – man muss nur alle anderen Deutschsprecher davon überzeugen. Dies gelang Sigmund Freud mit dem Verb *sublimieren*, das im 18. Jahrhundert ›erhöhen, verfeinern‹ im literarischen Kontext meinte. Zuvor beschrieb es schon im 15. Jahrhundert in der Chemie das Übergehen in einen anderen Aggregatszustand. Freud erreichte, dass wir das Wort heute oft im Sinne seiner Psychoanalyse auffassen, wo unter *sublimieren* die Umleitung sexueller Triebenergie in die Kunst oder in die allgemeine Schaffenskraft zu verstehen ist. So ist es gemeint, wenn Helmut Krausser 2006 in seinem

Buch »Eros« eine Figur sagen lässt: »Ich sublimierte, verdrängte meine Liebe und wurde erwachsen, wurde ein fabelhafter Geschäftsmann.«

Sujet

Das Anfang des 18. Jahrhunderts aus dem Französischen entlehnte Wort kann man zwar getrost mit ›Thema‹ übersetzen, aber man bezieht es nur auf den Inhalt künstlerischer Werke – bei einer Magisterarbeit oder einer Parlamentsdebatte vom *Sujet* zu sprechen, wäre ein stilistischer Missgriff.

Vom ältesten Beleg, den ich finden konnte, bis in die Gegenwart hat das neutrale Substantiv immer die Bedeutung ›Gegenstand oder Motiv einer künstlerischen Gestaltung‹. Dies umfasst nicht nur erzählerische Formen wie Literatur und Film, sondern genauso Theater, Tanz, Musik, Malerei. So erläutert Julius Bernhard von Rohr 1729 in seiner »Einleitung zur Ceremoniel-Wissenschafft der großen Herren«, alle Ballette begännen mit der »Ouverture, welches die Erklährung des Sujets oder der Haupt-Abhandlung giebt, so man praesentiren will«. Und knapp 250 Jahre später schreibt Peter Rühmkorf über seine Parodien klassischer Poesie: »Ein Sujet, ein Motiv, ein Besingungsgegenstand mögen noch so verjuxt, veralbert und ins Komische gewendet worden sein – [...] in dem großen Regenerator der Poesie kann es trotzdem noch einmal unerwartete Tiefen aufreißen und tragischen Ernst gewinnen.«

Die Wortbedeutung hält sich also; doch der Gebrauch in den Intelligenzblättern steigt so an, dass man sich fragen muss: Ist das noch Bildungssprache? Wer wirklich gebildet wirken will, muss schon mal ein übles Subjekt als *mauvais sujet* titulieren, wie man bei E. T. A. Hoffmann, Theodor Fontane, Paul Heyse und Wilhelm Raabe nachlesen kann. Zugleich zeigt man damit, dass man die weitere Verwendung des Wortes im Französischen kennt, wo *sujet* auch ›Subjekt, Person‹ bedeutet.

Im 20. Jahrhundert war Gershom Scholem einer der Letzten, der von einem *mauvais sujet* sprach. Es ist schon beeindruckend, mit welch vernichtender Wucht er die Wendung nutzt, um sein Urteil über Arthur Koestler zu fällen, und regt dazu an, den eigenen Wortschatz entsprechend zu erweitern. Im August 1945 berichtet Scholem aus Paris:

> Ich habe hier inzwischen Arthur Koestler gesprochen, der vielleicht ein sehr begabter Autor, aber als Person ein solches mauvais sujet und so widerlich ist, daß ich sogar die Absicht, ihn einmal in mein Haus einzuladen, nach der ersten erneuten Begegnung fallen ließ.

sybaritisch

Sybaris, eine von griechischen Kolonisten an der Ostküste Kalabriens gegründete Stadt, war das Schlaraffenland der Antike. Die Genusssucht der Einwohner, die die Erträge des fruchtbaren Umlandes und der Handel reich gemacht hatte, war sprichwörtlich. In einer von den vielen »Sybaritischen Geschichten«, die ein halbes Jahrtausend vor Christi Geburt im Umlauf waren, ist die Rede von ganzen Strömen von Fleisch, gebratenem Fisch und Käsekuchen, die auf dem Stadtgebiet flossen. Ob mit dieser Völlerei der Mangel an Siegen bei den Olympischen Spielen zusammenhing, den man unter den anderen griechischen Stadtstaaten als beschämend empfand, bleibt dahingestellt. Selbst die Erfindung von Badewanne und Nachttopf, die die alten Griechen offenbar als dekadente Accessoires empfanden, sagte man den Sybariten nach. Den Nachttopf sollen sie vor allem gebraucht haben, um bei Gelagen nicht ihren Platz verlassen zu müssen.

Das Legendenhafte solcher Erzählungen konnte beliebig ausgeschmückt werden, nachdem die Stadt 510 v. Chr. in einem Krieg vollständig zerstört worden war. Sybaris wurde nun – ähnlich wie Atlantis – zum Inbegriff einer Kommune, in der man Zucht, Gemeinsinn und Ehrfurcht vor den Göttern so vernachlässigt hatte, dass sie als Strafe ihren Untergang erleben musste. Alsbald wurde der Name der Sybariten zum Synonym für Lust und Völlerei: So gebrauchte Aristophanes *sybaritikos* in seinen Lustspielen, und bei den Römern war *sybaritcus* gleichbedeutend mit ›wollüstig‹. In den poetischen Briefen, die Ovid von seinem Verbannungsort Tomis am Schwarzen Meer schickte, zählt er zahlreiche Dichter auf, die Schlimmeres getan hätten als er, ohne deshalb ins Exil geschickt worden zu sein – darunter einen Mann, der kürzlich »sybaritica«, also schamlose erotische Gedichte, veröffentlich hatte.

In viele neuere europäische Sprachen gelangte *sybaritisch* durch die »Adagia« genannte Sammlung antiker Redensarten, die Erasmus von Rotterdam zwischen 1500 und 1533 in stets wachsendem Umfang veröffentlichte. Im Deutschen liest man zunächst die Wendung *nach sybaritischer Art*. So beschreibt Daniel Casper von Lohenstein in seinem Roman »Arminius« von 1689 die Verweichlichung der Römer:

> Die Taffeln und die Köche waren nach Sybaritischer Art nicht nur mit Blumen überdeckt / alle Schüsseln und Gerüchte darmit überstreuet / alle Trinck-Geschirre mit Blumen-Krántzen umbflochten /und der Wein mit Blumen vermischt; sondern man gieng auch so gar auf nichts / als Rosen; und denen Gästen waren zum Sitzen Küssen und Polster aus Rosen untergelegt; also daß dieser Ort mehr / als die Stadt Paläa der Götter Rosen-Tisch genennet zu werden verdiente.

Im 18. Jahrhundert wurde das alleinstehende *sybaritisch* bei Gottsched wie schon bei Ovid zur Beschreibung erotischer Literatur gebraucht. Zeitgleich nahm es auch den Sinn ›verweichlicht, überempfindlich, genusssüchtig‹ an, ohne notwendig auf antike Verhältnisse zu verweisen. Ebenso ist des maskuline Substantiv *Sybarit* als allgemeine Bezeichnung für einen genusssüchtigen Menschen seit dieser Zeit nachweisbar. Heute nennen der Duden und das DWDS *sybaritisch* »veraltet«, doch verschwunden ist es nicht. Die Historikerin Christina Morina schreibt 2017 in ihrem Buch »Die Erfindung des Marxismus« über Rosa Luxemburg: »Die musische, naturverliebte, sybaritisch-schwelgerische Seite, die an Luxemburgs Persönlichkeit bis heute bewundert wird, ist zugleich auch ihre erklärungsbedürftigste.« Der Satz beweist auch, dass bei den Menschen, die es noch gebrauchen, der abwertende Sinn des Wortes in Vergessenheit geraten ist, denn der Autorin ging es ja wohl nicht darum, Rosa Luxemburg zu schmähen.

tangieren

Dieses Verb ist ein faszinierendes Beispiel für ein Wort, das einmal von einem Autor benutzt wurde – als Hapaxlegomenon (›nur einmal belegtes‹), wie man in der Sprachwissenschaft Wörter nennt, die singulär bleiben –, und dann für drei Jahrhunderte in Vergessenheit geriet. 1571 erklärt Simon Roth in seinem Fremdwörterbuch »Ein Teutscher Dictionarius« *tangiren* mit »Berüren / anrüren / angreiffen«. Wir wissen nicht, warum Roth das Verb aufnahm, aber sein Titel verspricht, dass es hier um Wörter geht, die tatsächlich im Gebrauch und daher für Leser erklärungsbedürftig sind: »Ein Teutscher Dictionarius / dz ist ein außleger schwerer / unbekanter Teutscher / Griechischer / Lateinischer /

Hebraischer / Wälscher und Frantzösischer / auch andrer Nationen wörter / so mit der weil inn Teutsche sprach kommen seind.« Doch bis heute konnte kein Sprachwissenschaftler das vom lateinischen *tangere* (›berühren, anrühren‹) abgeleitete Wort in irgendeiner anderen frühneuhochdeutschen Quelle finden. Erst im 18. Jahrhundert, knapp 300 Jahre nach Roth, gelangte das Wort als Fachterminus der Botanik, der Mechanik und der Mathematik ein zweites Mal ins Deutsche – diesmal, um zu bleiben.

Spätestens seit Mitte des 19. Jahrhunderts kommt *tangieren* auch in einer psychologischen Bedeutung vor, etwa bei Ludwig Feuerbach, der 1841 in »Das Wesen des Christentums« die schleichende Säkularisierung erklärt: »Der Mensch entschuldigt mit der Unerkennbarkeit Gottes vor seinem noch übriggebliebenen religiösen Gewissen seine Gottvergessenheit [...]; er greift seine Existenz nicht an; er läßt ihn bestehen. Allein diese Existenz tangirt und incommodirt ihn nicht.« Dieser Gebrauch des Verbs ist heute am weitesten verbreitet. Das Duden-Universalwörterbuch definiert seinen Sinn mit ›jemanden in bestimmter Weise (innerlich) berühren, im Denken oder Handeln beeinflussen‹. Das DWDS nennt diesen psychologischen Gebrauch in Wendungen wie »Das tangiert mich nicht« mit einigem Recht »gespreizt«. Ironisch verwendet wird das Verb aber noch in der Wendung »Das tangiert mich peripher«, wo der zweifache Gebrauch entlegener Fremdwörter die Distanz des Sprechers betonen soll. Wir erinnern uns an das, was in der Einleitung über Bildungssprache als »Sprache der Distanz« gesagt wurde.

Es gibt aber eine Verwendung im Jargon der Politik, die man als fach- oder sondersprachlich vom stilistischen Verdammungsurteil der genannten Lexikografen ausnehmen kann. Willy Brandt schreibt in seinen »Erinnerungen« über die Europäische Union: »Österreich hat im Frühsommer 89 sein Beitrittsgesuch eingereicht, es allerdings an die Voraussetzung geknüpft, daß seine Neutralität nicht tangiert werde.« Ähnlich nutzten das Verb unter anderem auch Helmut Kohl und Richard von Weizsäcker – und die Berichterstatter in Medien wie dem »Spiegel« taten es den Akteuren der hohen Politik gleich.

Taxonomie

Dieses feminine Substantiv ist der typische Fall für die Gemengelage des europäischen Bildungswortschatzes. Entstanden ist der Terminus zu Beginn des 19. Jahrhunderts in Frankreich auf der Basis des Altgriechischen und des Lateinischen. Er bezeichnet Systeme wissenschaftlicher Klassifizierung, etwa von Tieren, Pflanzen, Mineralen und Ähnlichem, wie sie zum Beispiel Carl von Linné entwickelt hatte. Grundlage ist das griechische Wort *taxis* (›Ordnung, Klasse‹).

Als Erster verwendete der Schweizer Augustin-Pyramus de Candolle 1813 das Wort in seiner »Théorie élémentaire de la botanique«. Es folgten Entlehnungen in verschiedene andere europäische Sprachen, zum Beispiel ins Englische als *taxonomy* und – spätestens Mitte des 19. Jahrhunderts – als *Taxonomie* auch ins Deutsche. Bis zum späten 20. Jahrhundert blieb seine Bedeutung eng auf den wissenschaftlichen Sinn begrenzt. Im Jahr 2019 verkündete der »Verband Biologie, Biowissenschaften und Biomedizin in Deutschland« allerdings eine »Krise der Taxonomie«, weil die Universitäten immer weniger qualifizierte Insektenkundler ausbilden.

Mittlerweile wird das Wort zunehmend auf nicht wissenschaftliche Bereiche übertragen. Der Berliner »Tagesspiegel« etwa berichtete jüngst Ironisches über die »Taxonomie von Schnurrbärten« sowie Tiefsinniges über die »Taxonomie von Lebenskrisen«. Zum massenhaften Medienwort wurde das Wort, als 2022 im Sinne des »Taxonomie« genannten Systems, mit dem die EU Wirtschaftsaktivitäten im Hinblick auf deren Nachhaltigkeit klassifiziert, Atomkraft und Erdgas vor allem auf Druck Frankreichs und Deutschlands ein »grünes« Etikett erhielten. Über diese Regelung wurde lange und intensiv gestritten, sodass erstmals viele Menschen, die von Biologie und Mineralogie keine Ahnung hatten, mit dem Ausdruck *Taxonomie* konfrontiert wurden – unter ihnen übrigens auch der Autor dieses Buchs.

Tirade

Gebildete Menschen hören sich oft gern reden, und daher ist es nicht erstaunlich, dass nach der → *Philippika* und der → *Suada* in diesem Buch nun ein drittes Wort auftaucht, dass eine längere, emotionale mündliche Einlassung bezeichnet. Das Duden-Universalwörterbuch und das DWDS nennen das aus dem Französischen entlehnte Wort *Tirade* »abwertend« und erklären seine Bedeutung mit ›wortreiche, geschwätzige (nichtssagende) Äußerung; Wortschwall‹ beziehungsweise ›Wortschwall, leeres Gerede, Geschwätz‹.

Daneben meinte *Tirade* früher in der Theatersprache wertfrei ›längere ununterbrochene Folge von Sätzen, Versen, zusammenhängende Passage‹. Der berühmte Schauspieler Eduard von Winterstein schreibt 1947 in seiner Lebensgeschichte: »Wer eine Schillersche Tirade mit Seele und Herz empfindet […], wer sie künstlerisch erlebt, der kann auch im höchsten Schwung, den die Sprache Schillers verlangt, ›natürlich‹ sein.«

Dieser positive Gebrauch lässt sich bis zu Lessings »Hamburgischer Dramaturgie« von 1767/69 zurückverfolgen. Dort werden die Stärken aufgezählt, die Shakespeares Stück »Richard III.« ausmachen:

> Poesie des Ausdrucks; Bilder; Tiraden; kühne Gesinnungen; einen feurigen hinreißenden Dialog; glückliche Veranlassungen für den Akteur, den ganzen Umfang seiner Stimme mit den mannichfaltigsten Abwechselungen zu durchlaufen, seine ganze Stärke in der Pantomime zu zeigen u. s. w.

In der gleichen Schrift setzt Lessing das Wort aber auch abwertend ein, wenn er dem Franzosen Pierre Corneille nachsagt: »Mißgeschilderte Charaktere, dergleichen schaudernde Tiraden, sind indeß bey keinem Dichter häufiger«.

Möglicherweise wurde das Theater hier durch die musikalische Fachsprache beeinflusst, in der eine *Tirade* einen Lauf von schnell aufeinanderfolgenden Tönen als Verzierung zwischen zwei Tönen einer Melodie bezeichnet. So gebrauchte es beispielsweise Leopold Mozart 1756 in seiner »Violinschule«.

Heute ist die außermusikalische Verwendung nur noch negativ; oft werden in Medien und Politik die Reden Hitlers beziehungsweise allgemein Ergüsse rechter Gesinnung als *Tiraden* bezeichnet.

Topos

Vom Online-Duden wie vom DWDS wird dieses Wort den Fachsprachen der Literatur- und der Sprachwissenschaft zugerechnet und als ›festes Schema, feste Formel, feststehendes Bild oder Ähnliches‹ oder als ›feststehende, allgemein anerkannte Redensart‹ definiert. In diesem Sinne schreibt Rüdiger Safranski 2004 in seiner Schiller-Biografie über »Kabale und Liebe«: »Seit Lessing war die Verbindung zwischen der Kritik adliger Lasterhaftigkeit und dem Lob bürgerlicher Tugend zu einem dramatischen Topos geworden.«

Der Linguist Gerhard Augst rechnet *Topos*, das im Griechischen einfach ›Ort‹ bedeutet, längst dem allgemeinen Bildungswortschatz zu. Dorthin gelangte es offenbar erst im 20. Jahrhundert – wohl nicht zuletzt durch die prägende Rolle, die die Geisteswissenschaften für die Generation der 68er spielten. In Zeitungen findet man das Wort vor 1970 so gut wie nie, und selbst in der politischen Kommunikation war es inexistent – in sämtlichen Reichstagsprotokollen von 1871 bis 1942 taucht das Wort nicht einmal auf.

Im Nachkriegsdeutschland sieht das anders aus. Zwar entspricht der Gebrauch in den Feuilletons noch weitgehend dem literaturwissenschaftlichen. Aber schon 1971 antwortete der damalige SPD-Minister Horst Ehmke dem Unionspolitiker Hans Katzer im Bundestag: »Ich muß Ihnen sagen, ich bin nicht der Meinung, daß diese Gesellschaft ›Leitbilder‹ braucht. Ich halte das für einen sehr konservativen Topos.« In diesem eher allgemeinen Sinne von ›gängige Vorstellung‹ oder ›stehender Begriff‹ wurde das Wort immer mal wieder in Parlamentsdebatten verwendet. 2010 etwa ermahnt die SPD-Abgeordnete Angelika Graf die Regierung, »nicht inflationär mit dem Topos ›Verfolgung‹ umzugehen«.

Gelegentlich liest man *Topos* auch abwertend als Synonym für *Gemeinplatz*. Dieses Wort bildete Wieland 1770 – unter dem Einfluss des englischen *commonplace* – als Übersetzung von *locus communis* zur Bezeichnung einer nichtssagenden Binsenweisheit. Das griechische *topos* und das lateinische *locus communis* werden spätestens seit der Renaissance in der Rhetorik als sinnverwandt benutzt.

ubiquitär

Die Karoline Stöhrs (→ *Agonie*) dieser Welt lieben dieses Wort. Es wurde im 19. Jahrhundert als Adjektiv zum älteren, seit dem 17. Jahrhundert nachweisbaren *Ubiquität* (›Allgegenwart‹) gebildet und erhielt die dem Französischen entlehnte Endung → *-är*. Grundlage beider Wörter ist das lateinische *ubique* (›überall‹). Eigentlich bedeutet *ubiquitär* ›allgegenwärtig, auf der ganzen Welt zu finden, überall verbreitet‹. In diesem Sinne liest man es zum Beispiel 1855 in den »Medizinischen Neuigkeiten für praktische Ärzte«. Über die Krankheiten Masern, Pocken, Keuchhusten und Scharlach heißt es dort: »Geographisch erweisen sie sich als ubiquitär. Sie sind demnach auch völlig unabhängig von der Bodenbeschaffenheit, Temperatur, Jahreszeit etc.«

Lange blieb das Wort auf medizinische und biologische Fachliteratur beschränkt. Erst in der zweiten Hälfte des 20. Jahrhunderts breitete es sich über den fachsprachlichen Bereich in den Bildungswortschatz aus. Vorreiter war, wie so oft, das bildungsbürgerliche Leitmedium »Die Zeit«, in der 1964 verkündet wurde: »Die ubiquitäre Mißachtung der Gesetze sollte nicht Schule machen, sondern uns zum Nachdenken zwingen.« Bereits ein Jahr zuvor hatte man in einer Reportage von der Frankfurter Buchmesse »regionalistische« gegen »ubiquitäre« Literatur ausgespielt, wobei sich das illustre Autorenkollektiv Kipphoff-Leonhardt-Zimmer noch für die Verwendung des »umständlichen aber treffenden« Wortes entschuldigte.

Von da an etablierte sich die nicht fachsprachliche Verwendung von *ubiquitär* allmählich im deutschen Bildungswortschatz. Spätestens um die Jahrtausendwende wurde es dann zum Modewort. Im Webkorpus »Mode- und Beauty-Blogs« des DWDS liest man über pinken Pfeffer, Monogrammtaschen von Louis Vuitton, Pigmentflecken und Iris Berben, sie seien *ubiquitär*. Dieser nunmehr *ubiquitäre* Gebrauch des Adjektivs stiftet jedoch Verwirrung, die üblich ist bei solchen neuen, bedeutungsvoll klingenden Wörtern, deren Semantik aber noch nicht recht eingeübt ist. So schreibt mein Kollege Johann Michael Möller 2000 in der »Welt« über die junge Funktionärsgarde der CDU: »Sie halten sich für modern und ubiquitär und stehen vielen Trends und Tendenzen offen.« Mir ist nicht ganz klar, wie Möller das meint. Zwei Jahre zuvor informierte Claus Heinrich Meyer in der »Süddeutschen Zeitung« über Delfine: »Einmal sollen die ubiquitären, krankhaft neugierigen Tiere im Rhein bis Worms vorangekommen sein, dann aber erschrocken kehrtgemacht haben.« Wenn sie aber nur einmal im Rhein gesichtet wurden, können die Tiere ja eigentlich nicht besonders *ubiquitär* im Sinne von ›allgegenwärtig‹ sein. Was ist hier also gemeint? Wie diese Zitate zeigen, hat der *ubiquitäre* Gebrauch des Wortes seine Tücken.

usurpieren

Im Januar 1621 beschloss Kaiser Ferdinand II., mit Friedrich von der Pfalz abzurechnen. Dieser hatte, als »Winterkönig« verspottet, gut ein Jahr lang in Böhmen geherrscht, bis er Anfang November 1620 in der Schlacht am Weißen Berg bei Prag von kaiserlichen Truppen vernichtend geschlagen und vertrieben wurde. Der Kaiser verhängte nun die Reichsacht über Friedrich, schließlich habe der Pfälzer »wider uns / in vil weg Conspirirt / unsern Königlichen Titul / Wapen / und Klainot usurpirt«.

Das Verb *usurpieren* wurde in der zweiten Hälfte des 16. Jahrhunderts aus lateinisch *usurpare* entlehnt und bezog sich im Deutschen von Anfang an zumeist auf eine widerrechtliche Aneignung; nur gelegentlich wurde es neutral aufgefasst. In einer Leichenpredigt etwa berichtet der schlesische Pfarrer Martin Etner 1618 über einen Arzt, dieser habe »gantz Italiam, Insubriam und Paedemontium durchwandert« und dort »die vornehmbste lumina Medicorum usurpiret«.

In den folgenden Jahrhunderten meinte das Wort in der Regel die erzwungene Inbesitznahme politischer Titel oder Privilegien. Doch spätestens um 1800 wurde *usurpieren* genauso in unpolitische Kontexte übertragen. So höhnt Friedrich Schelling 1803 in seinen Vorlesungen über die französischen Denker: »Ich läugne nicht, daß Räsonneurs in allen Wissenschaften und nach allen Richtungen in Frankreich den Namen der Philosophen usurpirt haben.« Ungefähr zur gleichen Zeit spricht Friederike Helene Unger von »usurpirtem Vertrauen« und Jean Paul von »usurpirten Briefen«, die in falsche Hände gelangen. Heute ist *usurpieren* wieder mehr auf die Sphäre der hohen Politik eingeengt als zu Zeiten Schellings, Ungers und Jean Pauls.

Seit dem 17. Jahrhundert existiert zum Verb das maskuline Substantiv *Usurpator* für jemanden, der seine Herrschaftsgewalt unrechtmäßig in Besitz hat. Als solcher wird der kaiserliche Generalissimus Wallenstein in Rüdiger Safranskis Schiller-Biografie von 2004 bezeichnet: »Es gibt also Augenblicke, da weiß Wallenstein, daß er ein Usurpator ist, zwar der Abgott seiner Soldateska, aber eine Geißel für die übrige Menschheit.« Dass er dabei den kaiserlichen General mit einem Wort belegte, das der Kaiser selbst so ähnlich für seinen Gegner Friedrich von der Pfalz gebraucht hatte, war ihm dabei vielleicht nicht bewusst.

utilitaristisch

Dieser philosophische Fachterminus hat einen Abstieg hinter sich. Das Adjektiv war im 19. Jahrhundert aus dem Englischen entlehnt worden. Dort hatte der Philosoph und Sozialreformer Jeremy Bentham im späten 18. Jahrhundert den Begriff *utilitarian* geprägt, hinter dem das englische *utility* (›Nützlichkeit‹) steckt. Nach Bentham besitzt – grob gesagt – eine Handlung mit dem größten allgemeinen Nutzen auch den höchsten ethischen Wert. John Stuart Mill führte Benthams Überlegungen fort, etwa in seiner 1861 veröffentlichten Schrift »Utilitarianism«, und setzte für die Denkrichtung die Bezeichnung *Utilitarismus* durch.

In Deutschland wurde *utilitaristisch* bald abgewertet zur Beschreibung einer ganz alltäglichen Haltung, die nur den jeweils größtmöglichen und oft rein persönlichen Nutzen im Blick hat. So klingt es schon an, als 1882 im Reichstag über ein Verbot der Sonntagsarbeit diskutiert wurde. Dabei beharrte der Zentrumspolitiker und spätere Reichskanzler Georg von Hertling darauf, »daß zur Beurtheilung dieser Frage es nicht genügt, sich blos auf einen allgemeinen philanthropischen oder sanitären oder utilitaristischen Standpunkt zu stellen«. Hertling, der als junger Mann in den 1860er-Jahren Philosophie studiert hatte, war mit den britischen Geistesströmungen der Zeit sicher vertraut. Aber als gläubigem Katholiken konnte ihm die Idee, eine Ethik auf nicht christliche, rein gesellschaftliche Überlegungen zu gründen, nicht sympathisch sein.

In der heutigen Bildungssprache wird *utilitaristisch* oft geringschätzig im Sinne ›unter reinen Nützlichkeitsgesichtspunkten‹ gebraucht. Dieser negative Beigeschmack ist nicht aufs Deutsche beschränkt. Als Papst Franziskus 2020 für die Inklusion von Menschen mit Behinderungen wirbt, zitieren ihn die deutschen Medien: »Man trifft ablehnende Haltungen an, die auch aus einer narzisstischen und utilitaristischen Mentalität heraus zur Marginalisierung führen.« Der Satz erhält besonderes Gewicht, weil der gegenwärtig bedeutendste Vertreter der utilitaristischen Philosophie, der Bioethiker Peter Singer, unter anderem die Tötung schwerstgeschädigter Neugeborener rechtfertigt.

va banque

Im 17. Jahrhundert verbreitete sich in Frankreich und dann im Rest Europas das ursprünglich aus Italien stammende Kartenspiel Pharo. Einer der Mitspieler übernimmt darin die Rolle des Bankhalters. Mit der Ankündigung »Va (la) banque!« (›Es geht/gilt die Bank!‹) setzt ein Spieler eine Summe ein, die dem Betrag entspricht, der sich in den Händen beziehungsweise in der *banque* des zu Beginn der Partie bestimmten *banquiers* befindet. Der Bestandteil *va* des Mehrwortausdrucks ist die dritte Person Singular des französischen Verbs *aller* (›gehen‹). Die Wendung gehört – wie *Spielbank* (um 1800 zuerst im Deutschen) und *Banco!* beim Baccara zu einer Gruppe von Ausdrücken rund um Glücksspiele, die aus dem ursprünglich italienischen Wortschatz der Finanzsprache stammen. Das italienische Wort *banco* bezeichnete zuerst den Tisch der Geldwechsler, bevor es zum Wort für eine Institution wurde. Sowohl in der Frühzeit des Bankwesen als auch des Glücksspiels war bei *banco/banque* der Bezug auf das Möbelstück noch nachvollziehbar.

Bereits um 1750 ist die Redensart *va banque* in deutschen Texten nachweisbar. Bald wurden *va banque* und *va banque spielen* zu adverbialen Umschreibungen für Handlungen, die mit großen Risiken verbunden sind. In Heinrich Zschokkes Räuberdrama »Abellino« ruft der venezianische Edelmann Parozzi seine

Mitverschworenen auf: »Alles oder nichts! va banque! / Bald entweder stehen wir glorreich, / Schöpfer einer neuen Schöpfung; / Oder wir, und unsre Feinde, / Finden gleichen Untergang / Im Zusammensturz des morschen / Tausendjährigen Gebäu's!« Der Ausdruck ist synonym mit der Wendung *alles auf eine Karte setzen*, betont aber noch stärker den Nebensinn von ›unkalkulierbares Risiko‹ und ›Herausforderung des Schicksals‹. Dies muss auch der Bürgermeister Gareis in Hans Falladas Roman »Bauern, Bonzen und Bomben« aus dem Jahr 1931 erfahren. Gareis hatte mit allerlei Finten versucht, die politische Lage in seiner Stadt zu entschärfen; nun steht er vor Gericht: »›Sie haben‹, sagt der Vorsitzende, ›auf Kosten des Gerichts, auf Kosten unserer aller Zeit *va banque* gespielt [Hervorhebung im Original, mh].‹«

Grammatisch wie ein Substantiv tritt der Ausdruck seit dem frühen 19. Jahrhundert auf. Ludwig Börne schreibt 1833 aus Paris: »Die europäische Aristokratie spielt ein va banque. Desto besser; so werden wir ihrer in einem Satze los.« Etwas jünger ist die erläuternde Zusammensetzung *Vabanquespiel*, die seit den 1840er-Jahren in deutschen Zeitungen zu finden ist.

Verve

»Verve« heißt ein bekanntes amerikanisches Plattenlabel, das ursprünglich auf Jazz spezialisiert war, und auch im Deutschen steht das Wort oft für künstlerische Ausdruckskraft. Die älteste Fundstelle in der Zeitung »Kölnischer Korrespondent« von 1830 attestiert einem Pariser Maler fehlende »Verve des Pinsels«. Weitere frühe Belege stammen ebenfalls aus Frankreich und betreffen Künstlerisches. Heinrich Heine etwa schreibt 1832 in »Französische Zustände«:

> Alexander Dümas ist kein so großer Dichter wie Victor Hugo, aber er besitzt Eigenschaften, womit er auf dem Theater weit mehr als dieser ausrichten kann. Ihm steht zu Gebote jener unmittelbare Ausdruck der Leidenschaft, welchen die Franzosen Verve nennen, und dann ist er mehr Franzose als Hugo.

Mitte des 19. Jahrhunderts war das Wort bei uns so eingebürgert, dass man es unabhängig von seiner französischen Herkunft auch im Zusammenhang der italienischen Oper anwenden konnte. 1867 wurde es dann zum ersten Mal im Reichstag des Norddeutschen Bundes im Sinne von ›Engagement, politische Leidenschaft‹ gebraucht. Die Bedeutungsbandbreite des Wortes wird vom »Deutschen Fremdwörterbuch« so beschrieben: ›Begeisterung, Schwung, Elan, Feuer, Brio; Esprit, auch künstlerischer Funke, Inspiration; (schöpferische) Phantasie‹.

Bis heute wird das feminine Substantiv vor allem auf musikalische und politische Vorträge bezogen. Typisch ist die Verwendung in Hermann Kants Roman »Die Aula« von 1965: »Bei aller Verve, mit der er für die Bildungsrevolution eintrat, hielt er sich in allen Dingen zurück, die dem Sektor Herz zugerechnet werden mußten.«

virulent

Dem Adjektiv hört man schon an, dass es ursprünglich aus der medizinischen Fachsprache stammt, wo es ›ansteckend, giftig‹ meint. Dementsprechend warnt in der neunten Auflage der »Schatz-Kammer Medicinisch- und Natürlicher Dinge« von 1737 der Arzt Johann Jacob Woyt vor Blutegeln, welche einen grossen Kopff haben, grün und gläntzend sehen, und derer Rücken wollicht und mit dunckeln Linien gezeichnet ist, und welche sich in Pfützen und faulen Wassern aufhalten; denn solche pflegen etwas virulentes an sich zu haben, und werden insgemein für gifftig gehalten.

Politisch aktive Ärzte wie Rudolf Virchow oder Wilhelm Loewe trugen den Terminus, der auf lateinisch *virulentus* (›giftig‹) zurückgeht, schließlich in den weiteren öffentlichen Sprachgebrauch. Letzterer erklärt 1874 in einer Reichstagsdebatte über die Pockenimpfung, dass die gefährliche Kraft des Virus von Infektion zu Infektion zunehme, »die Ansteckung wird also viel virulenter«.

Die heutige bildungssprachliche Bedeutung ›sich gefahrvoll auswirkend, drängend, aus der Latenz hervorbrechend‹ ist seit den 1930er-Jahren belegt; diese sei, so vermuten Alan Kirkness und sein Team im »Deutschen Fremdwörterbuch«, unter dem Einfluss des sinngleichen englischen *virulent* entstanden. Heinrich Mann schreibt in seinen 1943/44 im amerikanischen Exil verfassten Memoiren »Ein Zeitalter wird besichtigt«, die deutsche Barbarei im Nationalsozialismus, sei »Wirklichkeit geworden auf Grund einer uralten, jetzt akuten, virulenten und aggressiven Mißbilligung der gesamten Geschichte, der Kultur – des Christentums und des Mittelmeeres«.

Ebenfalls zum Bildungswortschatz gehört das ursprünglich medizinische, schon bei Woyt 1737 nachweisbare feminine Substantiv *Virulenz*. Der Philosoph Arnold Gehlen gebraucht es 1956 in seinem Buch »Urmensch und Spätkultur« auch im Sinne von ›kreative Unruhe, Neugier‹: »Eine weitere Eigenschaft des menschlichen Antriebslebens ist hier einzurechnen, nämlich seine chronische nichtpausierende Virulenz.« Häufiger wird es jedoch synonym zu ›politische Bedeutsamkeit‹ verwendet. So erklärt die »Zeit«, ein Festivalbeitrag von Mario Bellocchio habe

»politische Virulenz und aktuelle Relevanz« in die Filmfestspiele von Venedig gebracht, und den Drehbuchautoren der Marvel-Filme wird versichert, sie könnten sich auf die »Virulenz des X-Men-Themas eigentlich verlassen«.

volatil

Der subjektive Eindruck ist, dass dieses Wort erst in jüngster Zeit zu einem festen und regelmäßig gebrauchten Bestandteil des deutschen Bildungswortschatzes wurde. In der medizinischen Fachsprache hingegen ist *volatil* seit dem 16. Jahrhundert im Sinne von ›flüchtig, unschädlich, verdunstend‹ bekannt. Bei Paracelsus etwa heißt es 1565 im »Buch Paragranum«: »Allein das volatile, das ist das Flüchtige.« Zunächst wurde das Wort noch lateinisch dekliniert. In seiner »Georgica curiosa« empfiehlt Wolf Helmhardt von Hohberg 1682 den Samen des Löffelkrauts als Mittel gegen »Kinds-Blattern« (›Pocken‹) und »Schorbock« (›Skorbut‹), denn es »macht alle zähe und schädliche Schleime subtil [→ *subtil*] und volatiles, und treibt sie durch den Urin und Schweiß aus«.

Von Lessing wird *volatil* 1767/69 in der »Hamburgischen Dramaturgie« übertragen verwendet: »Will ich denn nun aber damit sagen, daß kein Franzose fähig sei, ein wirklich rührendes tragisches Werk zu machen? daß der volatile Geist der Nation einer solchen Arbeit nicht gewachsen sei?« Obwohl später noch August Wilhelm Schlegel und Karl Rosenkranz *volatil* ähnlich wie Lessing einsetzen, bleibt dieser Gebrauch insgesamt recht selten.

Weiter verbreitet ist seit dem 17. Jahrhundert die Bezeichnung *sal volatile* für verschiedene als Medizin genutzte Salze. Das *sal volatile,* dass sich Effi Briest in Fontanes gleichnamigen Roman von 1895 aus der Apotheke holt, ist eines der früher üblichen

Riechsalze auf Basis von Hirschhornsalz, die bei Ohnmachtsanfällen den Betroffenen zur Wiedererlangung des Bewusstseins unter die Nase gehalten wurden.

Dennoch ist die Einschätzung, bei *volatil* handele sich um ein Modewort, richtig. Seine Häufigkeit in Medien nahm zu, als im späten 20. Jahrhundert Aktien und Börsenhandel zum populären Thema wurden. 1990 erläutert beispielsweise das »Aktuelle Lexikon« der »Süddeutschen Zeitung« unter dem Stichwort *Volitalität*: »Generell sind die Finanzmärkte in den vergangenen Jahren volatiler geworden, und dies dürfte sich auch fortsetzen.« Diese neue Bedeutung ›unbeständig, sprunghaft‹ findet sich mittlerweile selbst in Politik und Psychologie. Im »Berliner Tagesspiegel« werden 2022 und 2023 unter anderem menschliche Beziehungen, die Weltlage, die Zeiten, die politische Situation im Iran sowie ganze Länder wie Syrien, Jemen oder der Irak als *volatil* bezeichnet.

Volte

Fechten, Reiten, und Gesellschaftstänze spielten in früheren Gesellschaften eine größere Rolle als heute. Bei allen drei Aktivitäten konnte das ursprünglich französische Wort *Volte* jeweils eine rund ausgeführte Bewegung bezeichnen: Der Fechter weicht seinem Gegner durch eine schnelle Drehung aus, der Reiter führt sein Pferd in möglichst engen Kreisen, und der beliebte Modetanz – auch *Volta* genannt – war so schnell, dass die Röcke hochflogen und Moralapostel Anstoß nahmen. Von diesen Bedeutungen lassen sich die *Volten* aus der Reitkunst als Erste seit dem 17. Jahrhundert im Deutschen nachweisen. Sie gelten noch den → *Epigonen* in Karl Immermanns gleichnamigem Werk von 1836 als Inbegriff adeliger Reitkunst. Als der Romanheld ein mittelalterliches

Kampfspiel nachstellen lässt, heißt es: »Hermann ließ die Ritter nun zuvörderst einige Volten auf dem Turnierplatze machen, und dabei den Speer senkrecht im Bügel führen.«

Seit dem 18. Jahrhundert beschreibt *eine Volte schlagen* auch ein geschicktes Manöver beim Kartenmischen, mit dem sich der Geber selbst das beste Blatt zukommen lässt. Wohl von dort stammt der heutige bildungssprachliche Gebrauch des Wortes *Volte*. Bezeichnet wird damit ein rhetorischer Kniff, eine plötzliche Änderung der Argumentation. Schon die Aufklärer Friedrich Nicolai und Thomas Abbt benutzten das Wort in diesem Sinne. Abbt zum Beispiel, der sich Mitte des 18. Jahrhunderts in seinem Aufsatz »Von der Gewissheit in sinnlichen, theoretischen und moralischen Wahrheiten« mit Gottfried Wilhelm Leibniz auseinandersetzt, wirft dem großen Gelehrten vor, »die philosophische Volte« zu schlagen, wenn eigentlich Deutlichkeit geboten sei.

Derartige *Volten* identifizieren die Medien unter anderem in Politik und Wirtschaft. Der »Spiegel« etwa berichtet 1982 über den FDP-Minister Otto Graf Lambsdorff: »Wir besprechen die staunenswerte Volte des Grafen Lambsdorff, der über Nacht die Ergänzungsabgabe als machbar entdeckt hat, genau jene Abgabe, über die er und Genscher die Koalition neulich noch zu Fall zu bringen planten.« Und 2000 wundert sich die »Zeit« über eine »unternehmerische Volte« des Besitzers der Meyer Werft.

Xenophobie

Bei diesem femininen Substantiv handelt es sich um den ältesten Terminus eines Musters, nachdem mittlerweile zahlreiche politische Schlagwörter wie *Homophobie*, *Islamophobie*, *Queerphobie* oder jüngst *Russophobie* sowie die dazugehörigen Adjektive geprägt werden. Die gelehrte Bildung besteht aus zwei dem Griechischen entnommenen Bestandteilen: dem Präfix *xeno-* (›Gast, fremd, Fremdling‹) sowie der Endung *-phobie*, die Abneigung oder Furcht ausdrückt. Es handelt sich um eine Entlehnung aus dem Französischen, wo das Wort um 1800 entstand.

Die frühesten deutschen Belege für *Xenophobie* um 1850 stammen alle aus der Schweiz. Ende des 19. Jahrhunderts ist das Wort dann auch in Texten aus dem Deutschen Reich zu finden. In der Biografie des russlanddeutschen Historikers Alexander Brückner über Peter den Großen liest man 1879 zur ständigen Gefährdung der Deutschen im Zarenreich: »Die Xenophobie, welche in Rußland herrschte, konnte jeden Augenblick ihrer Thätigkeit ein Ziel setzen.« Seit den 1920er-Jahren existiert dazu das Adjektiv *xenophob* mit der Bedeutung ›Fremden gegenüber feindlich eingestellt‹. Max Horkheimer und Theodor W. Adorno gebrauchen es in ihrer von nahezu jedem deutschsprachigen Intellektuellen nach 1945 studierten »Dialektik der Aufklärung«: »In Deutschland hat der Faschismus gesiegt unter kraß xenophober, kulturfeindlicher, kollektivistischer Ideologie.« Damit trugen sie sicher dazu bei, sowohl das Adjektiv als auch das Substantiv im allgemeinen Bildungswortschatz zu etablieren.

Seit etwa 1970 ist ein Anstieg der Verwendungshäufigkeit festzustellen. Mitverantwortlich dafür sind die Debatten über Ausländerfeindlichkeit und Fremdenfeindlichkeit der vergangenen Jahrzehnte. Im »Tagesspiegel« stellt 2022 der österreichische Leiter des New Yorker Metropolitan Museums of Art, Max Hollein, resigniert fest: »Wir leben in einer Zeit, in der wir wieder verstärkt mit Xenophobie, Rassismus, Antisemitismus konfrontiert werden.«

Zäsur

Die deutsche Literaturgeschichte lässt sich in zwei Großepochen einteilen: vor Martin Opitz und nach Martin Opitz. Alles, was vor Opitz gedruckt und vor allem gereimt wurde, kommt einem Muttersprachler heute falsch vor. Denn: Nach dem Erscheinen von Opitz' »Buch von der Deutschen Poeterey« im Jahr 1624 schrieben die Deutschen jahrhundertelang genauso, wie Opitz es festgelegt hatte.

So forderte Opitz für die Reim- und Verskunst, diese müsse die natürliche Wortbetonung beachten, was seither als Selbstverständlichkeit gilt. Hingegen hatte der Meistersinger Hans Sachs Worte wie *genannt* und *Bedarf* noch auf der ersten Silbe betont. Unreine Reime wie *Höhen* / *stehen* untersagte Opitz. Willkürliche Wortkürzungen, mit denen Dichter vorher der Sprache Gewalt angetan hatten wie *eim* statt *einem*, verbannte er ebenfalls. Dies betraf zunächst nur die Dichtung, doch auf lange Sicht trug es zu einer Aufwertung des Deutschen als Literatursprache bei. Opitz' Nachfolger als Sprachreformer, Johann Christoph Gottsched, lobt 1739 in einer Rede zum 100. Todestag des Dichters, Opitz habe das Deutsche erst auf ein Niveau gebracht, das den Ansprüchen an eine gehobene Sprache genüge.

Opitz führte zudem mindestens einen poetologischen Fachausdruck in die deutsche Sprache ein, der heute bildungssprachlich oft benutzt wird, aber in einem anderen Sinne: *Zäsur*. Über die Versform des Alexandriner erklärt Opitz: »Es muß aber allezeit die sechste sylbe eine caesur oder abschritt haben / und masculinae terminationis, das ist / entweder ein einsylbig wort sein / oder den accent in der letzten sylben haben.« Da frühere Belege für die Verwendung des Wortes nicht zu finden sind, darf Opitz als derjenige gelten, der das lateinische Wort *caesura* (›Sinneinschnitt, Pause in einer Verszeile‹) eindeutschte. Von da an war der Terminus in der deutschen Dichtungstheorie geläufig.

Im 18. Jahrhundert konnte das Wort *Cäsur* – nun schon meist mit ä statt ae – in der Musik eine kurze Pause bezeichnen. So verwendete es beispielsweise Johann Joachim Quantz, der Flötenlehrer Friedrichs des Großen, in seinem Lehrbuch für die Querflöte. In der zweiten Hälfte des 19. Jahrhunderts nahm *Cäsur* dann die bildungssprachliche Bedeutung ›Trennung‹ oder ›(historischer) Einschnitt, bedeutsame Veränderung‹ an. In den Reichstagsprotokollen findet man es ab Mitte der 1870er-Jahre in diesem Sinne. Die Schreibung mit Z setzte sich im Ersten Weltkrieg durch, als man – so lächerlich das heute auch klingen mag – durch die Eliminierung des vermeintlich undeutschen C am Anfang seine vaterländische Gesinnung demonstrieren wollte.

Zerberus

Mit diesem Höllenhund ist der philhellenische Zoo der deutschen Sprache, in dem sich auch die → *Chimäre* und die → *Hydra* tummeln, erst vollständig. Benjamin Hederich beschreibt das Tier mit den furchterregenden drei Köpfen in seinem 1770 erschienenen »Mythologischen Lexikon« so:

> Er war der Hund des Pluto, welchen dieser vor den Eingang der Hölle geleget, da er denn zwar alle und jede gern in dieselbe hinein, allein niemanden wieder heraus ließ, indem er die, welche dergleichen unternahmen, entweder mit seinem ungeheuren Bellen wieder zurück trieb oder auch gar zerriß und fraß.

Seit den 1830er-Jahren ist das Wort in der Bedeutung ›Pförtner, Türhüter oder Ähnliches, der streng oder unfreundlich ist‹

Teil des deutschen Bildungswortschatzes und wird in diesem Sinne zum Beispiel in Zeitungen gebraucht. 1885 träumt dann der Dichter Arno Holz in seinen »Liedern eines Modernen« von einer Aussöhnung der Erbfeinde Deutschland und Frankreich:

> Wohl steht noch heut, Gewehr bei Fuß,
> Ein Cerberus an jeder Grenze,
> Doch schon umweht's mich wie ein Gruß
> Aus ferner Zukunft fernem Lenze.
> Dann schlägt kein Tambour mehr Allarm,
> Dann steht die Welt voll goldner Halme
> Und Frankreich ringt dann Arm in Arm
> Mit Deutschland um dieselbe Palme.

Schöner kann ein Buch, in dem so viele Wörter vorkommen, die wir dem Französischen verdanken, nicht enden.

Leseempfehlungen

Adelung, Johann Christoph: Grammatisch-Kritisches Wörterbuch der Hochdeutschen Mundart, Ausgabe letzter Hand, Breitkopf: Leipzig 1793–1801. https://www.woerterbuchnetz.de/Adelung

Augst, Gerhard: Der Bildungswortschatz. Darstellung und Wörterverzeichnis, 10. Auflage, Georg Olms Verlag: Hildesheim/Zürich/New York 2023.

Bayerische Staatsbibliothek (Hrsg.): Münchener Digitalisierungszentrum. Digitale Bibliothek mit Handschriften, Drucken, Musikalien, Karten, Fotografien, Zeitungen und Zeitschriften aus den Beständen der Bayerischen Staatsbibliothek. https://www.digitale-sammlungen.de/de

Berlin-Brandenburgische Akademie der Wissenschaften (Hrsg.): Deutsches Textarchiv. Grundlage für ein Referenzkorpus der neuhochdeutschen Sprache. https://www.deutschestextarchiv.de/

Dies. (Hrsg.): DWDS – Digitales Wörterbuch der deutschen Sprache. Das Wortauskunftssystem zur deutschen Sprache in Geschichte und Gegenwart. https://www.dwds.de/

Dudenredaktion (Hrsg.): Duden – Das Fremdwörterbuch. Unentbehrlich für das Verstehen und den Gebrauch fremder Wörter, 12. Auflage, Dudenverlag: Berlin 2020.

Dudenredaktion (Hrsg.): Duden – Das Herkunftswörterbuch. Etymologie der deutschen Sprache, 6. Auflage, Dudenverlag: Berlin 2020.

Dudenredaktion (Hrsg.): Duden online. Onlinewörterbuch. https://www.duden.de/

Eisenberg, Peter: Das Fremdwort im Deutschen, 3., überarbeitete und erweiterte Auflage, De Gruyter: Berlin/Boston 2018.

Grimm, Jacob; Grimm, Wilhelm: Deutsches Wörterbuch, Hirzel: Leipzig 1854–1984. https://www.woerterbuchnetz.de/DWB

Dies.: Deutsches Wörterbuch von Jacob Grimm und Wilhelm Grimm. Herausgegeben von der Akademie der Wissenschaften der DDR in Zusammenarbeit mit der Akademie der Wissenschaften zu Göttingen, Neubearbeitung, Hirzel: Leipzig/Stuttgart, 1983–2018, 9 Bde.: A–F. https://www. woerterbuchnetz.de/DWB2

Habermas, Jürgen: Umgangssprache, Wissenschaftssprache, Bildungssprache. In: Max-Planck-Gesellschaft zur Förderung der Wissenschaften (Hrsg.): Jahrbuch (1977), Vandenhoeck & Ruprecht: Göttingen 1977. S. 36–51.

Institut für deutsche Sprache (Hrsg.): Deutsches Fremdwörterbuch. Digitale Zusammenfassung der 1913 von Hans Schulz begründeten, von Otto Basler fortgeführten und von Alan Kirkness et al. bis 1988 vollendeten ersten Auflage und der seit 1990 am Institut für deutsche Sprache in Mannheim entstehenden komplett überarbeiteten Neuauflage. https://www.owid.de/wb/dfwb/uebersicht.html

Kluge, Friedrich: Etymologisches Wörterbuch der deutschen Sprache. Bearbeitet von Elmar Seebold, 25., durchgesehene und erweiterte Auflage, De Gruyter: Berlin/Boston 2011.

Munske, Horst Haider; Kirkness, Alan (Hrsg.): Eurolatein. Das griechische und lateinische Erbe in den europäischen Sprachen, Max Niemeyer Verlag: Tübingen 1996.

Pfeifer, Wolfgang et al.: Etymologisches Wörterbuch des Deutschen, 2. Auflage, Akademie-Verlag: Berlin 1993. https://www.dwds.de/d/wb-etymwb

Strauß, Gerhard; Zifonun, Gisela: Die Semantik schwerer Wörter im Deutschen, 2 Bände, Günter Narr Verlag: Tübingen 1985.

Zifonun, Gisela: Das Deutsche als europäische Sprache. Ein Porträt, De Gruyter: Berlin/Boston 2021.

Inhalt

Weitere Bücher von Matthias Heine

18 € (D) · ISBN 978-3-411-74266-0

18 € (D) · ISBN 978-3-411-75690-2

Redaktion: Dr. Laura Neuhaus
Layout und Satz: L 101 Mediengestaltung
Umschlaggestaltung: 2issue, München

www.duden.de
www.cornelsen.de

1. Auflage, 1. Druck 2024

Druck und Bindung: Livonia Print, Riga

ISBN 978-3-411-75707-7
Auch als E-Book erhältlich unter: 978-3-411-91410-4